Judith Goetz Lydia Haider Marina Weitgasser

Du Herbert

HAYMON
verlag

Anleitung zur Grausamkeit!

Männliche Gewalt ist allgegenwärtig. Ob in Beziehungen, im Berufsleben, an öffentlichen Orten oder in dunklen Ecken: Es sind in der Regel Männer, die zerstören, verletzen, rauben, morden, über andere herfallen, Macht und Kontrolle ausüben und ihre langsam bröckelnde Vorherrschaft um jeden Willen verteidigen wollen. Sie stellen eine Bedrohung für sich selbst und ihre Umwelt dar, glauben sich dennoch stets im Recht und verstehen sich als Maßstab aller Dinge. So sind diese toxischen Verhaltensweisen auch Beweis dafür, dass unzählige Männer nie gelernt haben, mit Konflikten, Streit und Zurückweisung konstruktiv umzugehen und sich selbst sowie mit männlicher Sozialisation verbundene Privilegien einer kritischen Reflexion zu unterziehen.

Ein Jahr lang – 2020 – haben wir Screenshots der orf.at-Startseite (Chronik Österreich) gesammelt, um zu dokumentieren, in welcher Fülle und Rasanz die unterschiedlichsten Taten von Männern begangen werden. Sie liefern die Grundlage für die hier abgedruckte, vielschichtige Auseinandersetzung mit der Gewaltförmigkeit unterschiedlicher Männlichkeiten, die sich aus dokumentarischen, literarischen wie auch wissenschaftlichen Elementen speist und ein hybrides Text-Bild-Format entstehen ließ. Aus den Geschichten und Themen der Berichterstattung sowie der darin erwähnten Gewalttaten von Männern schuf Lydia Haider das hier vorliegende literarische Werk, das von Judith Goetz durch die Taten erklärende Fußnoten ergänzt wurde, während Marina Weitgasser die von ihr gesammelten Screenshots aufgearbeitet und im Text platziert hat.

Die rund 450 Berichte, die wir dabei zusammengetragen haben, stellen jedoch nur einen kleinen Ausschnitt aller gewalttätigen Handlungen von Männern dar, da unsere Sammlung doppelt begrenzt wurde: einerseits dadurch, welche Taten – beispielsweise über Anzeigen, polizeiliche Meldungen oder politische Skandale – überhaupt Eingang in die öffentliche Wahrnehmung fanden, und andererseits dadurch, welche Ereignisse orf.at als so relevant eingestuft hat, dass sie es auf die Startseite schafften. Die sogenannte Dunkelziffer muss folglich noch deutlich höher eingeschätzt werden.

Die Informationen, die wir aus den Beiträgen zusammengetragen haben, sind oft selektiv und spärlich. Durch die Berichterstattung finden bereits erste Interpretationen statt, und bei vielen Einordnungen handelt es sich um Spekulationen, da ausreichende Informationen oftmals fehlen. Diese Herausforderungen haben an dieser Stelle jedoch keine Bedeutung, denn letztlich sind die konkreten Taten und Täter austauschbar, weil sich ähnliche Muster immer wieder wiederholen. Entsprechend kam es im Jahr 2020 nicht nur einmal dazu, dass Burschen oder Männer aus Langeweile mit verschiedenen Waffen aus ihren Wohnungen schossen oder im stark alkoholisierten Zustand sowie unter Drogeneinfluss (zu schnell) Auto fuhren und dadurch andere Menschen verletzten oder zumindest gefährdeten. Zigfach missbrauchten Männer in diesem Jahr Kinder, Mädchen wie Burschen und Frauen sexuell, bedrohten andere Menschen – häufig mit dem Umbringen – und/oder taten ihnen Gewalt an. 31 Mal wurden Frauen von Männern ermordet, in den allermeisten Fällen kannten sich Opfer und Täter und standen entweder in einer (Liebes-)Beziehung zueinander oder hatten sich gerade getrennt. Oft sind die den Taten zugrundeliegenden Motive (noch) unbekannt, und werden diese in der Berichterstattung genannt, stehen nicht selten verharmlosende, sexistische Deutungsmuster wie Eifersucht als Begründung der Taten im Mittelpunkt. So zeigt sich wiederholt, dass Trennungen und Scheidungen die gefährlichsten Phasen im Leben von Frauen darstellen, da zahlreiche Gewalttaten gegen Frauen – auch in diesem Jahr – genau zu ebendiesen Zeitpunkten verübt wurden.

Wenngleich die häufigsten Mittel der männlichen Gewaltanwendung 2020 (Küchen-)Messer und Schusswaffen sowie körperliche Gewalt darstellten, reichten sie von einem Fondue-Spieß, einem Sparstrumpf über Schwerter, Schnitzelklopfer, Golfschläger, Pfefferspray, Schraubenzieher, Macheten bis hin zu Schuhlöffeln, Lattenroststangen oder Äxten und Hundeleinen. Ebenso unterschiedlich sind die beruflichen und sozialen Hintergründe der Täter, zu denen neben (hochrangigen) Polizisten oder (Polizei-)Ärzten u.a. auch Gastwirte, Köche, Lehrer, Bankmanager, Feuerwehrmänner, Politiker, Busfahrer oder (einfache) Jugendliche zählten. Entgegen hegemonialer Vorstellungen findet männliche Gewalt in allen Berufsgruppen statt und wird mit allen möglichen und vorhandenen Mitteln von Männern ausgeübt. Durch den Ausbruch von Covid-19 zeigte sich zudem spätestens ab Mitte März 2020, dass zahlreiche Taten in direktem Zusammenhang mit der Pandemie oder den Maßnahmen zu ihrer Bekämpfung standen.

Wenn wir im Folgenden Bezug auf die in Österreich von Männern verübten Gewalttaten nehmen, verzichten wir darauf, diese im Konjunktiv zu beschreiben und von Unschuldsvermutungen oder ‚mutmaßlichen', ‚vermeintlichen' oder ‚angeblichen' Tätern zu schreiben – auch wenn entsprechende strafrechtliche Verurteilungen zumeist (noch) nicht gegeben waren oder bis heute nicht sind. Wir haben diese aus mehreren Gründen nicht weiterverfolgt oder recherchiert.

Weder schenken wir der Berichterstattung, die unsere zentrale Informationsquelle darstellt, kritiklos Glauben, noch vertrauen wir der Polizei und Justiz, geschlechtsbezogene Gewalt als das zu erkennen, was sie ist, und sie innerhalb des bestehenden Rechtssystems adäquat bestrafen zu können. Nicht zuletzt wissen wir, dass Bestrafungen oder auch die Androhung selbiger Täter nicht davon abhält, anderen Menschen Gewalt anzutun, und entsprechend sehen wir den Handlungsbedarf auch und vor allem an anderer Stelle. Insofern ist es für unser Projekt irrelevant, ob und wer rechtlich belangt wurde oder nicht, und so werden Verurteilungen ebenso wie Freisprüche nur dann erwähnt, wenn sie Thema der gesammelten Berichte sind. Wir setzen die beschriebenen Taten als gegeben, denn selbst wenn sich eine dieser unzähligen ungeheuerlichen Geschichten als unwahr herausgestellt hätte oder ein Täter – aus welchen Gründen auch immer – freigesprochen worden wäre, können wir uns sicher sein, dass die erwähnten Taten auf ähnliche Art und Weise in anderen Kontexten von Männern verübt wurden (und lediglich von der Berichterstattung unerwähnt blieben). Sie fungieren somit als Ausgangspunkt unseres Texts, den wir mit der Intention verfasst haben, männliche Gewalt und patriarchale Verhältnisse sichtbar zu machen und zu benennen. Es geht uns dabei weniger um die individuellen Vorfälle, als darum, die hohe Frequenz, Brutalität und Systematik, mit der die Taten vollzogen werden, aufzuzeigen.

In unserem Text verzichten wir weitgehend darauf – wie in der österreichischen Berichterstattung zumeist üblich –, die in den Reisepässen angegebenen Staatsbürgerschaften oder sogenannten ‚ursprünglichen Herkunftsländer' der Täter zu erwähnen, weil wir glauben, dass diese Informationen in erster Linie dazu dienen, Rassismus zu schüren und von den eigentlichen Problemen abzulenken. Alle in unserem Text erwähnten Täter teilen sich schließlich nicht den gleichen Geburtsort, sondern weisen eine andere, ganz zentrale Gemeinsamkeit auf: ihre Männlichkeit. Auch die hinter den Taten stehenden Legitimationsmuster wie die Vorstellung männlicher Überlegenheit, Dominanzansprüche, patriarchales Besitzdenken und Kontrollstreben, Selbstüberschätzung oder heteronormative Geschlechterrollen unterscheiden sich weniger im Hinblick auf Nationalitäten als auf gelebte und angestrebte Männlichkeitsbilder. So haben selbst Dschihadisten mit autochthonen Rechtsextremen mehr gemeinsam, als ihnen lieb ist.

Da die Berichterstattung, auf die wir Bezug nehmen, von einem binären Geschlechtersystem ausgeht und nur Männer und Frauen als geschlechtliche Identitäten anerkennt, haben wir diese Logik in unserem Text übernommen, auch wenn wir wissen, dass sich abseits dieser Positionen noch viele andere geschlechtliche Lebensentwürfe finden. Diesen Widerspruch, dass wir von den Gewalttaten aus jenen Medien erfahren, die geschlechtliche Vielfalt nicht berücksichtigen und es daher verunmöglichen, die jeweiligen Selbstbezeichnungen der Betroffenen adäquat wiederzugeben, konnten wir hier folglich nicht auflösen. Dennoch ist es nicht unsere Intention, dazu beizutragen, die Lebensrealitäten und insbesondere die Gewalterfahrungen von Lesben, intergeschlechtlichen, nichtbinären und trans* Personen unsichtbar zu machen. Vielmehr wollen wir dazu auffordern, beim Lesen des Texts immer mitzudenken, dass nicht alle von Gewalt Betroffenen sich in der Geschlechterdichotomie von Mann und Frau wiederfinden – auch wenn die jeweiligen Identitäten nicht immer explizit benannt werden (können).

Nicht nur die Gewalttaten selbst, sondern auch die Art und Weise, wie darüber auf orf.at berichtet wird, macht Teil unserer Auseinandersetzung aus. Neben den bekannten irreführenden und dadurch verharmlosenden Schlagwörtern wie ‚Bluttaten', die 26 Mal in der Berichterstattung vorkommen oder ‚Beziehungstaten', die fünf Mal erwähnt werden, ist die Häufigkeit, mit der orf.at von ‚Situationen' (34 Mal) oder ‚Streits' (145 Mal, davon zehn Familien- und vier Beziehungsstreits) schreibt, die ‚eskaliert' (39 Mal) seien, gelinde gesagt, auffallend. Gerade die Rede von ‚Situationen' versucht vermutlich, Bewertungen und (vorschnelle) Einordnungen zu vermeiden, um dadurch vermeintliche (journalistische) Neutralität und Äquidistanz zu transportieren, die eine Teilschuld aller Beteiligten zumindest als möglich einräumt. Genau diese Darstellung blendet aber aus, dass diese ‚Situationen' nicht vom Himmel fallen oder ohne das Mitwirken bestimmter Personen entstehen. Dadurch wird schlichtweg verschwiegen, wer die eigentlichen Verursacher dieser Gewalttaten und -dynamiken sind, und unsichtbar gemacht, dass kein Verhalten oder Tun der Betroffenen es rechtfertigt, auf die in den gesammelten Beispielen veranschaulichte Art und Weise mit Gewalt zu reagieren. Dasselbe gilt auch für das in der Berichterstattung häufig wiederkehrende Erklärungsmuster, dass den Taten ein ‚Streit' vorausgegangen sei, obgleich auch Streitigkeiten keinen hinreichenden Grund darstellen, anderen Menschen Gewalt anzutun, sie zu verletzen, zu missbrauchen, zu bedrohen, zu demütigen oder im schlimmsten Fall zu ermorden. Nicht selten werden in der Berichterstattung den Perspektiven der Täter bzw. deren Erklärung ihrer Gefühle umfassend

Raum gegeben, während die Perspektiven der Betroffenen oder ihrer Angehörigen ausgespart bleiben – und dadurch auch die zumeist fatalen Konsequenzen der Taten.

Sich selbst nicht als potentielle Betroffene dieser Gewalt zu sehen oder entsprechende Taten zu leugnen, kleinzureden und runterzuspielen, ermöglicht und erleichtert es vielen Menschen, sich zu distanzieren und nicht dort hinzusehen, wo es wehtut. Die hier in diesem Buch zusammengetragene Auswahl männlicher Gewalttaten übersteigt in vielerlei Hinsicht unsere Vorstellungskraft – in Hinblick auf die Grausamkeit, die Alltäglichkeit oder auch die Häufigkeit der Taten. Aber das ist gut so, denn nur, wo sich die Abstumpfung noch nicht gänzlich ausbreiten konnte und die Normalisierung noch nicht abgeschlossen wurde, besteht die Möglichkeit, in den Wunden dieser Gesellschaft zu bohren und die Unerträglichkeit in den Blick zu rücken.

In diesem Buch wollen wir daher nicht nur die männlichen Gewalttaten benennen und sichtbar machen, sondern auch (erklärende) Verbindungslinien zeichnen und zeigen, was Taten wie Täter mit Patriarchat, Sexismus, Misogynie und Männlichkeit zu tun haben.

Mit diesem Buch wollen wir aber auch zu einem oder mehreren Arschtritten ausholen, die die Perspektive hin zum Unerträglichen verschieben und längst überfällige Veränderungen dahingehend einleiten, (gewalttätigen) Männlichkeiten ihre konstitutiven Fundamente zu entreißen.

Wien, am Valentinstag 2022

1 Jahr im Leben

Und es tut auf wie es aufgeht in eines Leben und geht hin dazu wie es geht in eines Leben und es geht los mit nun wo ich bin heißt es Hand oder Mund geben dass ich lebe und mich lebend weiß es diese junge Fut nicht ehrerbietend und anstands- wie standesgemäß, folglich muss sie sterben ist eh klar wie das Klarste in meinem Leben in ihrem sicher nicht länger, dass sie sterben muss und alle mit dazu und alle sterben sie und sie zuerst, das sag ich ihr und benenne die Sache, wie sie nicht geschieht, dann ist es nicht so, weil das nicht immer ein solches zu sagen[1] hey was ist denn los ich will und bin was ich bin und eine andere läuft mir da rein und es läuft jetzt doch ein Wasser möchtest du es Blut nennen, dann nenne es Blut, Laufen ist da Laufen, gestochen hierzu und aufzu und ohne Betulichkeit, die ich nicht brauch, weil eine Notwendigkeit[2] und ich gehe weiter wenn der Tag kurz ist lang macht er sich mir nicht dir ebenso da kann ich sagen was ich will und wenn wer zu meinem Pitbull süß sagt, dann streckt sich naturgemäß die Faust bei mir oder bei wem denn nicht oder was soll so ein süßer Hund von wem da sein, der mir das andichtet, dichte ich ihm was an auf lange Zeit wird der sehen, dass da einst das Wort des süßen Hundes sein Gesicht geziert und mehr da[3] zu fressen hat er nichts und ich in solchem zu tun mit solchem Kasperl hello Bello da rennt mir der nächste rein mit seiner Pizza, denn fressen muss der Mensch doch und ich ein solcher muss fressen wie der Mensch das tut, nun wenns nicht passt, passts halt nicht, da flack ich ihm mein Feidl ins Fleisch rein pronto aber noch sowas geht auf keine

[1] Grüßen als Ausdruck der Höflichkeit oder der ‚guten Manieren‘ wird in Österreich scheinbar bei manchen Personen so groß geschrieben, dass ein 57-jähriger Mann in Lavamünd/Kärnten Anfang Jänner 2020 zwei ihm nicht bekannte junge Frauen an einer Bushaltestelle belästige – weil sie ihn nicht gegrüßt hatten. Er wurde dabei sowohl verbal als auch physisch gewalttätig. Anstatt das erschreckende Verhalten des Mannes zu verurteilen, spricht orf.at davon, dass „es zu einem Streit“ gekommen und „die Situation eskaliert“ sei, wodurch letztlich ein Fehlverhalten bzw. eine ‚Mitschuld‘ der Mädchen nicht gänzlich ausgeschlossen wurde.

[2] Am 16.1.2020 fand in Österreich der erste von insgesamt 31 Femiziden in ebendiesem Jahr statt. In Ybbs an der Donau (Bezirk Melk) tötete der

12:56 89 %

ORF.at News

EU CHRONIK WIRTSC

Nicht gegrüßt: 13-Jährige mit Mord bedroht

Online seit heute, 8.06 Uhr

Bei einer Bushaltestelle in Lavamünd (Kärnten) ist es gestern zu einem Streit zwischen einer 13-Jährigen und einem 57-jährigen Mann gekommen. Im Zuge dessen bedrohte der Mann das Mädchen damit, es umzubringen. Es ging darum, dass das Mädchen nicht gegrüßt hatte.

[1]

10:03 8 %
NÖ CHRONIK

42-jährige Frau erstochen

In Ybbs an der Donau (Bezirk Melk) ist am Mittwochabend eine 42-Jährige das Opfer einer Bluttat geworden. Sie wurde laut Polizei erstochen. Der Ehemann des Opfers wurde festgenommen.

Online seit heute, 7.08 Uhr

Der 50-jährige österreichische Staatsbürger gilt nach Angaben der Landespolizeidirektion als dringend tatverdächtig, seine Ehefrau am

Aktuell in ORF.at

[2]

18:24 61 %
ORF.at News
ORT CHRONIK LIFEST

Pitbull „süßen Hund“ genannt – Herrl schlug zu

Online seit heute, 17.10 Uhr

Weil sein Pitbull als „süßer Hund“ bezeichnet worden ist, hat heute ein Unbekannter im Salzburger Stadtteil Elisabeth-Vorstadt zugeschlagen und zwei Personen verletzt.

[3]

50-jährige Ehemann seine 42-jährige Frau mit mehreren Messerstichen. Als Tatmotiv werden – wie bei zahlreichen weiteren Gewaltdelikten, die Männer im Laufe des Jahres verübten – Eifersucht sowie eine bevorstehende Trennung genannt. Entsprechend zeigt sich bereits bei diesem Femizid, dass Trennungsphasen für Frauen sehr gefährliche Zeiträume darstellen. In der medialen Berichterstattung wie auch der gesellschaftlichen Debatte werden die Morde über das Framing als ‚Beziehungstaten‘ oder ‚Affekthandlungen‘ nicht nur verharmlost, sondern durch die Betonung der Gefühle der Täter – wie Eifersucht als Ausdruck von großer Liebe – auch Empathie mit ihnen hergestellt. Anstatt von Eifersucht und Angst vor der bestehenden Trennung zu sprechen, wäre es angebracht, den Kontrollwahn und das Besitzanspruchsdenken des Täters zu thematisieren und auf die Problematik hinzuweisen, dass zahlreiche Männer auf Kränkungen und Zurückweisungen mit (femizidaler) Gewalt reagieren.

[3] Dass Haustiere oft der ganze ‚Stolz‘ ihrer Besitzer*innen sind, zeigte sich Anfang Jänner, als ein Mann in Salzburg zwei Personen mit Faustschlägen ins Gesicht verletzte, weil sie seinen Pitbull als „süßer Hund“ bezeichnet hatten. Da Pitbulls als besonders gefährliche Kampfhunde eingestuft werden, liegt die Vermutung nahe, dass der Hundebesitzer durch die Bezeichnung ‚süß‘ die ‚Ehre‘ seines ‚wehrhaften‘ Hundes verletzt sah und diese durch Gewaltanwendung wiederherstellen wollte. Dadurch wird nicht nur deutlich, wie sehr wehrhafte Männlichkeits- und Ehrvorstellungen miteinander verknüpft,

17:39 32 %
ORF.at News
ORT CHRONIK MEDI

Mann in Pizzeria in Niederösterreich erstochen

Online seit heute, 13.25 Uhr

In Pitten (Niederösterreich) dürfte ein Mann in einer Pizzeria erstochen worden sein. Der mutmaßliche Täter wurde bereits festgenommen, so die Landespolizeidirektion Niederösterreich.

Mehr dazu in **noe.ORF.at**

[4]

Kuhhaut$_4$ Familie hin oder her daneben deppert schauend, ich habe schon gesagt, dass der Tod über und über kommen muss und soll und wenn ich es spreche, hat es zu sein also sage ich es, wie es sein soll und ist$_5$ nun denn mein Weg auch weit und lang, so sind doch meine Taten echt und recht in mir und aus mir gehe ich, Herbert, hin und tue, was getan werden muss und sammle mir die Waffen, damit ich Waffen habe zu schützen und zu richten, denn ich bin der Richter dieser Welt, wozu ich viele Waffen brauche, über 100 sollen mein sein$_6$ und sind also auch meine lieben Babys, um meiner schwangeren Freundin zu zeigen, wo der Hammer hängt, das tue ich für sie und uns und der Unsegen fährt aus meinem Mund hin sehr geschickt$_7$ und normal es ist

sondern auch wie fragil entsprechende Konstruktionen sind, wenn sie bereits durch ein Kompliment bedroht werden können. Erneut ist in dem Beitrag auf orf.at, der auch eine rassistische Täterbeschreibung („osteuropäischer Typ“) enthält, von „Streit“ und „Eskalation“ die Rede.

[4] Der Fall eines Mannes, der in Pitten (Bezirk Neunkirchen) von einem anderen Mann in einer Pizzeria erstochen wurde, zeigt, dass männliche Gewaltanwendung auch für Männer immer wieder tödlich sein kann. Insgesamt wurden hierzulande 2020 54 Personen ermordet, davon 23 Männer – zumeist von Männern. Österreich war 2020 das einzige Land in der Europäischen Union, in dem mehr Frauen als Männer ermordet wurden.

[5] Männliche Gewalt gegen Frauen tritt besonders häufig in familiären

17:39 32 %
ORF.at News
ORT CHRONIK MEDI

Mann bedrohte Familie - verhaftet

Online seit heute, 16.34 Uhr

In Kapfenberg (Steiermark) ist, wie die Polizei heute mitgeteilt hat, Freitagabend ein Familienstreit eskaliert. Ein 75-jähriger Mann wurde festgenommen, weil er Familienangehörige mehrfach attackiert und Todesdrohungen ausgesprochen haben soll.

[5]

17:12 LTE+ 36 %
ORF.at News
ORT CHRONIK KULT

Niederösterreicher hortete über 100 Waffen

Online seit heute, 14.48 Uhr

Im Bezirk Baden (Niederösterreich) hat die Polizei ein Waffenlager entdeckt. Bei einem 60-Jährigen wurden mehr als 100 Waffen sichergestellt, darunter auch verbotenes Kriegsmaterial und mehrere tausend Schuss Munition. Der Besitzer wurde angezeigt.

[6]

10:36 99 %
ORF.at News
SCHAFT CHRONIK KULT

Schwangere von Freund bedroht

Online seit heute, 10.29 Uhr

In einer Wohnung in Spittal/Drau in Kärnten hat ein 25-jähriger Mann seine schwangere 20-jährige Freundin und das ungeborene Kind mit dem Tod bedroht. Die Frau rief die Polizei.

[7]

kalt und es ist Jänner und das ist die Natur und so ich auch der Koch bin und weiß, was zu kochen, so wissen es meine dummen Lehrlinge nicht da sie

Kontexten bzw. im sozialen Umfeld der Betroffenen auf. Das zeigt auch ein Fall aus Kapfenberg (Bezirk Bruck-Mürzzuschlag), bei dem Mitte Jänner 2020 ein 57-jähriger Mann seine Frau und Stieftochter mehrfach angegriffen und mit dem Umbringen bedroht hat. Obgleich der Mann keinen Waffenschein besaß, fanden Beamt∗innen am Tatort mehrere Gewehre, Pistolen, verschiedene Messer sowie Munition. Anstatt die für Frauen oftmals tödliche Kombination von Männlichkeit, Alkohol, Aggressionen gegenüber Frauen und illegalem Waffenbesitz zu thematisieren, spricht orf.at von den Betroffenen als „Familienangehörige" und macht dadurch unsichtbar, dass es sich um Frauen handelte. Zudem ist ein weiteres Mal von einem „Familienstreit", der „eskaliert" sei, die Rede, wodurch ein Fehlverhalten oder eine ‚Mitschuld' der Frauen nicht ausgeschlossen wird.

[6] Die enge Verbindung zwischen Wehrhaftigkeit und Männlichkeit zeigt sich immer wieder am ausgeprägten Bedürfnis von Männern, Waffen zu besitzen. So auch im Bezirk Baden, wo bei einem 60-Jährigen über 100 Waffen, darunter zahlreiche verbotene, sowie 80 Kilogramm Munition gefunden wurden. Es kam zwar zu einer Beschlagnahmung der Waffen, nach der politischen Gesinnung des Besitzers wird trotz der häufigen Funde von (verbotenen) Waffen in der rechtsextremen Szene in den vergangenen Jahren nicht gefragt.

[7] Im Falle einer Morddrohung gegen eine schwangere Frau durch ihren Freund in Spittal/Drau Ende Jänner 2020 ist auf orf.at von einem „Beziehungsstreit" zu lesen, wodurch die Verantwortung

zu Verstand zu bringen und ihnen zurückzugeben, was fehl, da ist kein Wort mehr fehl, denn hier ist meine Rede und meine Tat und sie geht über die gebückten Auszubildenden hinweg, zu lehren sie die Wahrheit, worin sie hernach sind[8] und ist alles finster, such ich meine Gruppe mir und dreh mit ihr eine Runde zuerst schlagen und treten wir und entstellen ein paar Widersacher schwer, damit sie es sich merken, wer ist und wer nicht[9] hernach fahr ich mit meinem Bus herum und transportiere ein paar Leute für den Staat und ich weiß schon, wie man wirklich grüßt und das ist in dieser jetzig kalten Zeit allein der wahre Wolfsgruß mein Schatz, denn

19:48 60 %

ORF.at News

K CHRONIK

Lehrlinge belästigt: Koch verurteilt

Wegen sexueller Übergriffe und Nötigung ist am Montag ein 38 Jahre alter Chefkoch in Klagenfurt vor Gericht gestanden. Er hatte minderjährige Lehrlinge begrapscht und beschimpft. Nach einem Geständnis muss er 300 Tagessätze zu je 35 Euro zahlen.

Online seit heute, 13.46 Uhr

Viereinhalb Jahre war der Mann als Chefkoch in einem renommierten Kärntner Hotel tätig. In dieser Fun

[8]

für die Tat abermals nicht ausschließlich beim Täter verortet wird. Doch damit nicht genug: Darüber hinaus wird im Beitrag betont, dass „sich seine Todesdrohung auch auf das gemeinsame ungeborene Kind erstreckte", als sei es in Ordnung, die Freundin zu ermorden oder sie mit dem Tod zu bedrohen, nicht aber das Baby. Gerade der Begriff „Beziehungsstreit", der bekanntermaßen bei allen Paaren vorkommt, verharmlost und normalisiert zutiefst bedrohliche Situationen wie diese, zumal männliche Gewalt oft nicht bei Worten bleibt, sondern zu Taten führt. Angesichts der Alltäglichkeit männlicher Gewalt gegen Frauen und ihrer Verharmlosung in der medialen Berichterstattung mag es nicht verwundern, dass Gewalt gegen Kinder und Föten skandalisierungsfähiger erscheint als gegen Beziehungspartnerinnen.

[8] Männliche Gewalt hat viele Erscheinungsformen, zu denen vor allem auch sexualisierte Übergriffe zählen. Nicht selten werden dabei gesellschaftliche Hierarchien und Machtpositionen sowie Autoritätsverhältnisse und Abhängigkeitsbeziehungen von den Tätern ausgenutzt, die es den Betroffenen erschweren, sich dagegen zur Wehr zu setzen. Das zeigte sich u.a. am Beispiel eines 38-jährigen Chefkochs, der immer wieder Lehrlinge beleidigte und begrapschte, sich dafür aber Ende Jänner 2020 in Klagenfurt vor Gericht für seine Taten verantworten musste.

[9] In einem Gerichtsprozess mussten sich acht junge Männer verantworten, die im Sommer des Vorjahres an mehreren Wochenenden „besonders brutale" Überfälle in Salzburg begangen hatten. Bei den Betroffenen handelte es sich

Brutale Jugendbande in Salzburg vor Gericht

Online seit heute, 12.28 Uhr

Am Salzburger Landesgericht läuft seit heute Vormittag der Prozess gegen eine mutmaßliche Jugendbande. Die acht jungen Männer sollen im vergangenen Sommer an nur drei Wochenenden neun Überfälle in der Altstadt begangen haben. Opfer waren Nachtschwärmer auf dem Heimweg. Die Täter sind dabei besonders brutal vorgegangen.

[9]

so grüßt der wahre Wolf, der ich bin[10] ist die Zeit auch finster und kalt, das wärmt dann gewaltig, und wer mir das nicht glaubt, dem muss geholfen werden mit Verweigerung und Schlägen, und sei es die Polizei du Gelse du hello da helfen mir auch die Meinen[11] und sei es anders, so sei es nicht, denn ich tue es, ein Weib dabei hinweggefegt, die das nicht glaubt, ich verberge ihren Leichnam und bewache ihn, was ja zu stinken anfängt, ein Misthaufen ein Parfum dagegen[12] da zieh ich meinen Hut und zieh weiter Freund[13], Waffen hab ich dabei klarerweise und zeig sie auch und zieh sie auch und zieh nicht lauwarm, sondern sehr bestimmt und nehme auch das Wort dazu her[14] nun wenn ich gehe und später auf meinem Balkon einige

vor allem um „Nachtschwärmer∗innen", von denen drei durch die Täter schwer verletzt wurden.

[10] Die Wiener Linien suspendierten Ende Jänner 2020 vier Männer, nachdem ein Video auftauchte, in dem sie mit dem sogenannten Wolfsgruß, dem Zeichen der türkisch-faschistischen Grauen Wölfe, zu sehen waren. In Österreich gibt es zwar keinen offiziellen Verein oder eine Organisation mit dem Namen, jedoch identifizieren sich vor allem türkischstämmige Rechtsextreme und Sympathisant∗innen und Mitglieder der rechtsextremen türkischen Partei der Nationalistischen Bewegung (MHP), die aktuell mit der Partei für Gerechtigkeit und Aufschwung (AKP) des Präsidenten Recep Tayyip Erdoğan eine Koalition bildet, mit der Ideologie und den

Wiener Busfahrer nach Wolfsgruß suspendiert

Online seit heute, 13.16 Uhr

Ein Facebook-Video hat für Aufregung bei den Wiener Linien gesorgt. Es zeigt Busfahrer in einem Dienstzimmer. Mehrere Männer zeigen darin angeblich den verbotenen Gruß der türkischen rechtsextremen Grauen Wölfe. Vier Mitarbeiter wurden vom Dienst freigestellt und angezeigt.

[10]

12:05 81 %
ORF.at News
CHRONIK

Vater und Sohn attackierten Polizei

Online seit heute, 8.37 Uhr

Auf der Suche nach einem Alkolenker haben Polizisten einen 57-jährigen Mann in seinem Haus in Magdalensberg (Kärnten) aufgesucht. Der Mann verweigerte einen Alkotest und wurde aggressiv. Auch sein 18-jähriger Sohn ging schließlich auf die Polizisten los. Beide wurden festgenommen.

[11]

13:18 72 %
ORF.at News
CHRONIK

28-Jährige in Wien ermordet: Bekannter festgenommen

Online seit heute, 12.09 Uhr

Im Zuge der Ermittlungen zum Mord an einer 28-Jährigen in Wien-Floridsdorf hat die Polizei einen Verdächtigen festgenommen. Bei einer Hausdurchsuchung konnten Ermittler bei dem 37-Jährigen belastendes Material auffinden.

[12]

Symboliken der Grauen Wölfe. Der türkische Faschismus und Rechtsextremismus hat dabei mehr mit dem autochthonen Rechtsextremismus gemeinsam, als letzterem oftmals lieb ist. So zählen Antisemitismus, Sexismus, Homo-Bi-Transfeindlichkeit, das Ideal wehrhafter Männlichkeit sowie Rassismus vor allem gegenüber Kurd∗innen zu seinen ideologischen Fundamenten. In Österreich sind seit März 2019 sowohl Zeichen der Grauen Wölfe als auch der Wolfsgruß verboten.

[11] Nicht selten kommen Übermut, Überheblichkeit und das Gefühl von Unfehlbarkeit in Kombination mit Fahrzeugen der Männer ans Licht. So auch im Falle eines alkoholisierten 57-jährigen Lenkers, der gegenüber der Polizei nicht nur einen Alkoholtest verweigerte, sondern sich zudem sehr aggressiv verhielt, anstatt sein Fehlverhalten sowie die mögliche Gefährdung anderer einzugestehen. Unterstützung bekam er von seinem Sohn, der ebenfalls Beamte attackierte.

[12] Der zweite Femizid in Österreich im Jahr 2020 ließ nicht lange auf sich warten: In Floridsdorf (Wien) hatte ein 37-Jähriger seine 28-jährige Partnerin erwürgt. Die Leiche wurde erst ungefähr fünf Tage später vom Vater des Opfers gefunden.

[13] Dass kapitalistischer Lohnarbeitszwang mit zahlreichen Demütigungen und Ärgernissen verbunden ist, steht außer Frage. Ohne Zweifel gibt es auch Möglichkeiten, sich dagegen zu wehren, Gewalt gegen Frauen gehört allerdings keinesfalls dazu. Am Beispiel eines 24-jährigen Mannes, der in Favoriten (Wien) eine Mitarbeiterin des

Schüsse davon abgeben muss, so verstehen die Nachbarsschwammerl den Zusammenhang nicht, der da nur verstanden wird, der echt ist und sieht das Werk eines, der werkt, weil hier jemand ganz gewaltig werken muss, damit sich einmal etwas tut, überall nur

ORF.at News

DIEN CHRONIK GESUN

24-Jähriger ohrfeigte AMS-Mitarbeiterin

Online seit heute, 18.50 Uhr

Bei einer Auseinandersetzung auf dem Arbeitsmarktservice (AMS) in der Laxenburger Straße in Wien-Favoriten hat ein 24-jähriger Mann gestern eine 43-jährige AMS-Mitarbeiterin geohrfeigt. Die Attacke löste einige politische Reaktionen aus.

[13]

CHRONIK

Mit Pistole auf Kontrahenten geschossen

Zwischen zwei 16-Jährigen hat sich am Dienstagnachmittag in Krems ein Streit entwickelt. Einer der Jugendlichen zückte daraufhin eine Waffe und schoss sechs Mal in Richtung seines flüchtenden Kontrahenten. Der 16-Jährige aus dem Bezirk Krems blieb unverletzt.

[14]

Arbeitsmarktservice geohrfeigt hatte, zeigt sich jedoch, dass männlicher Kreativität diesbezüglich Grenzen gesetzt sind, wenn abermals Gewalt als einzige Möglichkeit mit konfliktreichen Situationen umzugehen, angewendet wird.

[14] Konflikte zwischen Männern oder auch Burschen werden ebenfalls nicht selten durch Gewalt ausgetragen, wie beispielsweise in Krems, wo ein Streit zwischen zwei 16-Jährigen darin gipfelte, dass einer der beiden mit einer Gaspistole sechsmal in Richtung seines Gegenübers schoss.

Schüsse von Balkon schockieren Nachbarn

Ein 23-jähriger Salzburger hat Donnerstag im Salzburger Stadtteil Maxglan für Aufsehen gesorgt. Ein Anrainer beobachtete, wie der Verdächtige mehrere Schüsse aus einer Pistole vom Balkon eines Mehrparteienhauses abgab.

Online seit heute, 10.43 Uhr

Beamte der Polizei stellten dann in der Wohnung des jungen Mannes eine Schreckschusspistole sicher. Er erk

[15]

[15] Auch Männer, die sich langweilen, können durchaus gefährlich werden – wie im Fall eines 23-jährigen Mannes, der in Salzburg mehrfach vom Balkon eines Mehrparteienhauses schoss.

[16] Männliche Gewalt richtet sich neben (Ex-)Partnerinnen häufig gegen andere weibliche Familienangehörige

Dillos und Sandler und Nackerte[15] selbst meine Mutter muss davon befreit werden von dieser Dummheit und Einfalt muss ich ihr geben, was ihr zusteht und sie ist erlöst von dieser Einfalt, dieser Sache, wie sie ist wie ein peinlicher Harmonienwechsel, den sie mir ständig verkaufen wollen in allen Geschäften, da zeig ich der Mutter, die mich, ihre Erlösung, herausgelassen in mein Leben, wie es sich anfühlt, zu leben, und gebe ihr, was ihr gebührt und wie es zu sein hat, was das Leben ist, und das ist Schmerz und Blut und Not und Qual samt Pein und Dreck und flüstern braucht da niemand mit mir, denn ich bin sehr laut, oder hörst du noch etwas anderes als mich hier, ich bin die ungefilterte Wahrheit dieses Lebens, dieses Jahres, ich bin Herbert und mein Leib ist dein Leib, den ich dir gebe und du nimmst ihn gefälligst auch[16] oder hör auf, über mein Sein zu lesen, du Scheißhaufen von Bildung, das kann ich auch zugeben, dass ich manchmal mich verirre, denn ich bin verständig und verstehe meine Tat, die ich echten Kiwaran nicht Hawaran auch sage, wenn sie es denn wissen wollen, diese lustigen Bolde, meine Fresse, das ist ja ganz einfach, denn ich habe nichts zu verbergen[17], ich sitze auch nichts, denn ich sitze nicht auf, ich bin kein tiefergelegter Golf, den die kleinste Bodenschwelle schon langsam macht, nein ich bin sehr schnell und stehe dazu, hab meine Waffe eh dabei, immer geschickt und parat, um meinem Wort Nachdruck zu verleihen zu jedem Tag und jeder Nacht schläft sie in meiner Hand nicht und ist meine Verlängerung und ich bin ihre Sprache und diese Sprache sprichst du

CHRONIK

Sohn misshandelte Mutter schwer

Schwerstens misshandelt hat in Favoriten ein 57-Jähriger seine eigene Mutter. Der Mann griff die Frau gestern plötzlich im Beisein einer Bekannten an, würgte sie und trat auf sie ein. Das Opfer erlitt schwere Verletzungen. Warum der Mann auf seine Mutter losging, kann er nicht erklären.

Online seit heute, 10.51 Uhr

Am Vormittag kam eine Bekannte
Besuch in die Wohnung, in der die

[16]

ORF.at News

SCHAFT CHRONIK SCIE

Mann gesteht bei Polizeikontrolle Tötungsdelikt

Online seit gestern, 23.48 Uhr

Ein 43-jähriger Mann aus Slowenien hat gestern bei einer Polizeikontrolle in Kärnten gestanden, dass er wenige Stunden zuvor in Slowenien den Lebensgefährten seiner Mutter mit einer Axt erschlagen habe.

Der Mann habe nach Angaben der Kärntner Landespolizeidirektion mit seinem Fahrzeug eine Panne gehabt und sei so in Aich bei Bleiburg in eine Polizeikontrolle geraten. Die von
Mann geschilderte Tat sei von der

[17]

ORF.at News

SCHAFT CHRONIK SCIE

Südsteirer bedrohte Kontrahenten mit Waffe

Online seit gestern, 18.01 Uhr

In Graz wurde ein 48-Jähriger Südsteirer festgenommen, der mehrfach eine Schreckschusspistole gegen einen jungen Rumänen gerichtet haben soll. Laut Polizei bestand gegen den Südsteirer bereits ein Waffenverbot, er wurde festgenommen.

[18]

nicht, du verstehst diese Sprache nicht, die ich spreche und das sei dir auch gesagt und du schneller in der Grube, als du Bap sagen kannst mein Freund, das ist so und daher ist es auch allein wirklich und korrekt, das muss ich dem sagen[18] freilich und auch wenn ich im Häfen bin und meine Zelle mich bedrückt, ich beuge diese Zelle nicht allein und betätige auch hier meine leichte Sprach zu geben meinem Messer die Kraft, geführt durch andere Händ[20], denn auch solche sind wie meine Händ, sie sind das A und O und bis zum Z kommen wir gar nicht, weil ihr da alle bereits hin seid, wenn ich es sage und wenn ich aufstehe und einmal fest aushole, seid ihr alle nackt, das könnt ihr glauben, denn der Glaube allein hält euch noch, wenn ich spreche und ihr euer Gebet, womöglich das letzte, ungefilterte Gebete sollen es sein aus den tiefsten Brüsten eurer Seelen, die

wie Mütter. In Favoriten (Wien) fügte ein 57-Jähriger seiner Mutter schwere Verletzungen zu, indem er sie würgte und mehrfach auf sie eintrat. Einen Grund dafür konnte er nicht nennen.

[17] Durch Zufall stieß die Polizei auf einen 43-jährigen Mann aus Slowenien, der im Zuge einer Fahrzeugkontrolle in Kärnten gestand, wenige Stunden zuvor in Slowenien den Lebensgefährten seiner Mutter mit einer Axt erschlagen zu haben.

[18] Dass sich Männer auch durch bereits verordnete Waffenverbote nicht davon abhalten lassen, wieder zur Waffe zu greifen, zeigt sich in einem Fall in Graz, wo ein 48-jähriger Mann – vermutlich im Zuge eines Gelddiebstahls – mehrfach eine Schreckschusspistole gegen einen anderen Mann richtete.

[19] Rache spielt als Motiv bei der Ausübung männlicher Gewalt immer wieder eine Rolle. So beispielsweise im Fall eines 24-Jährigen, der im Auftrag des Mannes, den er ins Gefängnis gebracht hatte, in Wien von zwei Männern durch einen Messerangriff (leicht) verletzt wurde.

[20] Bereits die fünfte Verurteilung aufgrund von Verstößen gegen das Verbotsgesetz fasste der ehemalige Chef des Neonazi-Netzwerks Objekt 21 im Gericht in Ried (Oberösterreich) aus. Er erhielt weitere fünf Jahre Haft wegen Wiederbetätigung und Verstoßes gegen das Waffengesetz. Sowohl während seiner letzten Haft sowie bei Freigängen hatte er einschlägiges Material verteilt und Schießübungen durchgeführt. Objekt 21 war ein 2010 im Umfeld von Blood & Honour gegründeter neonazistischer Kulturverein in Desselbrunn,

wien ORF.at

CHRONIK

Messerattacke aus Gefängnis beauftragt

Im 15. Bezirk ist gestern Abend ein Mann in einer Wohnung von zwei Männern mit einem Messer attackiert worden. Er wurde dabei leicht verletzt. Die beiden Schläger wurden von einem Mann beauftragt, den das Opfer einst ins Gefängnis gebracht hatte.

[19]

08:43 LTE+ 96 %

ORF.at News

LAND INLAND EU

Wiederbetätigung: Fünf Jahre Haft für Ex-„Objekt 21"-Chef

Online seit gestern, 20.52 Uhr

Der ehemalige Chef des Neonazi-Netzwerks „Objekt 21" hat gestern im Landesgericht Ried (Oberösterreich) fünf Jahre Haft wegen Wiederbetätigung und Verstoß gegen das Waffengesetz ausgefasst. Es ist seine fünfte Verurteilung nach dem Verbotsgesetz. Laut Anklage habe er noch während seiner Haft sowie bei Freigängen einschlägiges Material verbreitet und Schießübungen abgehalten. Das Urteil ist nicht rechtskräftig.

[20]

ORF.at News

SCHAFT CHRONIK GESUND

Mordalarm in der Steiermark: Mann tötete Ehefrau

Online seit heute, 13.25 Uhr

In Trieben (Steiermark) hat heute offenbar im Zuge eines Streits ein Mann seine Frau getötet. Der Verdächtige wurde festgenommen. Näheres ist derzeit noch nicht bekannt.

[21]

dem sowohl österreichische als auch deutsche Neonazis angehörten. Von ihnen wurden nicht nur bewaffnete Raubüberfälle und Anschläge begangen, der Verein war zudem im Drogen- und Waffenhandel tätig sowie ins Rotlichtmilieu involviert. Bei Razzien wurden Waffen und Sprengstoff sichergestellt. 2013 kam es zur Verurteilung von sieben Mitgliedern des Vereins aufgrund unterschiedlicher Strafdelikte, zu denen auch Wiederbetätigung zählte. Trotz seiner behördlichen Auflösung 2011 wurde der Verein klandestin bis Anfang 2013 weiter betrieben.

2020 wurden insgesamt 144 Menschen wegen Wiederbetätigung verurteilt, womit die Anzahl im Vergleich zum Jahr 2011, in dem es nur 44 Verurteilungen gab, deutlich angestiegen war. Das bedeutet allerdings nicht unbedingt, dass es in der Vergangenheit weniger Verstöße gegen das Verbotsgesetz gegeben hatte, sondern lediglich, dass mehr Personen verurteilt worden waren.

gerettet werden durch mich und auf meinem Rücken trage ich euch heraus und so wer dies Wiederbetätigung[21] nennt dann kann ich nur lachen und so ich das Messer erneut durch meine eignen Händ führen muss in den Leib meiner eignen Frau hinein[22], dann sei es so, wenn zu tuen ist, was zu tuen ist, und ist das Messer in den Leib einer x-beliebigen Frau zu führen, dann ist es gleichermaßen so, wie es eben ist[23] und es wird die Klinge geführt und es wird schon geschaut, wo denn der Bartel den Most holt da der Most geholt werden muss, braucht es auch Geld dazu, das ich jenen abnehme, die mir meine Substanzen abkaufen wollen, nehme also das an mich[24] was mir zusteht in und auf dieser Welt steht mir zu, was andren zu Gesichte steht, und ich fahre

ORF.at News

St CHRONIK

Messerattacke in Graz: Frau in Lebensgefahr

Im Grazer Bezirk St. Peter ist am Dienstag eine 33-jährige Frau auf offener Straße von einem 27-jährigen Mann mit einem Messer attackiert worden. Die Frau schwebt in Lebensgefahr, der Angreifer wurde festgenommen.

Online seit heute, 14.46 Uhr

Die Attacke erfolgte in den Mittagsstunden an der Kreuzung Petersbergenstraße/St. Peter Hauptstraße im Bezirk St. Peter: La

[22]

[21] Der dritte Femizid 2020 fand in Trieben (Bezirk Liezen) statt, wo ein Mann seine Frau mit einem Messer tötete. Als Motive benennt orf.at einen „Streit" sowie Eifersucht und eine möglicherweise bevorstehende Trennung. Erneut zeigt sich, dass der gefährlichste Ort für Frauen das eigene Zuhause ist und nicht – wie uns oftmals vermittelt wird – die dunklen Gassen, Parks und Straßen. Laut der Statistik der Autonomen Österreichischen Frauenhäuser wurden insgesamt 22 Femizide 2020 durch (Ex-)Partner, Bekannte oder Familienmitglieder verübt. Mehr zur besonderen Gefahr für Frauen in Trennungssituationen siehe Fußnote 2.

[22] Immer wieder werden Frauen auch von Unbekannten angegriffen wie beispielsweise in Graz, als eine 33-jährige Frau auf der Straße von einem ihr unbekannten 27-jährigen Mann mit einem Messer lebensgefährlich attackiert worden war. orf.at spricht von der Vermutung einer psychischen Erkrankung, Misogynie im Sinne eines krankhaften Hasses auf Frauen wird als solche allerdings nicht in Erwägung gezogen.

CHRONIK

Drogenkunde in Falle gelockt – ausgeraubt

In Linz haben zwei Männer in der Nacht auf Mittwoch einen Innviertler attackiert und ausgeraubt. Das 31-jährige Opfer ging zur Polizei und gestand: er habe von einem Täter Cannabis kaufen wollen. Der lockte ihn aber in eine Falle.

[23]

ORF.at News

ORT CHRONIK SCIE

Autofahrer griff Passanten mit Baseballschläger an

Online seit heute, 11.02 Uhr

Gestern Nachmittag ist es in Wien-Penzing zu einem Streit zwischen einem 49-jährigen Autolenker, einer Passantin und zwei betrunkenen Fußgängern gekommen. Der Lenker attackierte die anderen Personen mit einem Baseballschläger.

[24]

und gehe und bewege mich dahin, da passiert es, dass mir jemand meine Bahn kreuzt und ich ziehe den Baseballschläger dieses Mal muss es der Baseballschläger sein, da wie gesagt manchen etwas zu Gesichte steht und darin gezeichnet werden muss, wo ja schon etwas steht und wo es nur logisch ist, dort weiterzuzeichnen und weiterzuschreiben, wo schon etwas geschrieben steht in eines Fresse da, und ist es nicht genug, nehme ich mit meinem Fahrgestell auch noch einen Fuß mit diesen zu überrollen und plattzuwalzen nun denn[25] und treffe ich dann erneut auf eine dieser jungen Frauen, wie sie heute so zigfach herumwandeln auf diesem Erdball, sei wieder das Messer heranzuziehen, es bereit zu halten und es an den Hals dieser zu legen und ihr zu zeigen, dass das Messer auch in ihrem Hals stecken kann, dass das Messer auch durch ihren Hals durchgehen oder

[23] Unter dem Vorwand, ihm Cannabis zu verkaufen, haben in Linz zwei Männer einen 31-Jährigen verprügelt und ausgeraubt.

[24] Was passieren muss, damit ein Autofahrer eine Passantin und zwei Betrunkene mit einem Baseballschläger in Penzing (Wien) angreift, weiß orf.at abermals nur mit einem Streit aus unklaren Gründen zu erklären.

[25] Zu einer weiteren Gewalttat eines mutmaßlich „psychisch beeinträchtigten" 25-Jährigen kam es in Feldkirch, wo einer 20-Jährigen ein Messer von einem ihr unbekannten Mann auf der Straße an den Hals gehalten wurde. Ihre Mutter kam ihr zu Hilfe und konnte sie retten. Frauenhass als mögliches Motiv wurde nicht diskutiert.

[26] Ein Blick auf die Delikte männlicher Gewalt 2020 zeigt: Männer drohen gerne, vor allem auch mit Waffen und dem Umbringen. So beispielsweise in

ORF.at News

ORT CHRONIK GESUN

Fremder hielt Frau Messer an den Hals

Online seit heute, 10.05 Uhr

Zu einer gefährlichen Situation ist es gestern Nachmittag am Marktplatz in Feldkirch in Vorarlberg gekommen. Ein Mann hielt plötzlich auf der Straße einer 20-Jährigen ein Messer an den Hals. Die Mutter der jungen Frau kam ihr zu Hilfe.

[25]

ORF.at News

CHRONIK

Kontrahenten bei Streit mit Pistole bedroht

Online seit heute, 10.27 Uhr

Bei einem Streit in einem Lokal in Mayrhofen im Zillertal (Tirol) hat heute ein 50-jähriger Mann seinen zehn Jahre älteren Kontrahenten mit dem Umbringen bedroht. Um seine Drohung zu unterstreichen, zeigte der Mann auch auf eine gehalfterte Pistole.

[26]

diesen zu öffnen von allen Seiten nun Umsetzung folgt in diesem Falle nicht denn ich tue es in diesem Falle nicht und so jemand die Frage stellt, warum ich es nicht tue, gibt es diese Frage einfach nicht, denn die Frage gibt es nicht was tatsächlich so ist das Messer auch listig und lau, an den eignen Hals kann ich es mir natürlich gleichermaßen halten und zack[26] ich bin schon wieder einen Schritt weiter wenn es darum geht, meinen Kontrahenten im Streite zu besiegen gehe ich siegreich aus diesem hervor und zeige hierzu meine Pistole und zeige hierzu meine ganze Kraft und Entschlossenheit ja genau so ist das möglich und so wirds also getan denn warum auch nicht[27] meine Güte ich bin nicht Teil der Exekutive, kein Polizist, kein Kiwara und Hawara bin ich auch keiner von dir schon gar nicht hörst du das eh nun kann ich mich aber dazu machen und geschickt und gleich all

einem Lokal in Mayrhofen im Zillertal (Tirol), wo ein 50-jähriger Mann einen anderen mit einer gehalfterten Pistole bedrohte.

[27] Um an Wertgegenstände zu kommen, nehmen Männer auch schon mal die Identität von (vermeintlichen) Autoritätspersonen an wie beispielsweise im

Angeblicher Polizist raubte Jugendliche aus

Online seit heute, 17.19 Uhr

Ein 21-jähriger Mann hat am Samstag in Hohenems (Vorarlberg) vier Jugendliche beraubt. Um zu seinem Ziel zu kommen, gab er sich als Polizist aus, kontrollierte die Burschen und nahm ihnen Handys und Bargeld ab. Er wurde festgenommen.

[27]

ORF.at News

OÖ CHRONIK

Auffahrunfall mit über fünf Promille

In Oberösterreich hat ein Mann mit über fünf Promille Alkohol im Blut am Montag einen Auffahrunfall verursacht. Die hohe Alkoholisierung wurde mittels Alkovortest festgestellt, einen Alkomattest konnte der Lenker nicht bewältigen. Das gab die Polizei nun bekannt.

[28]

diesen jungen Buben da, diesen Jugendlichen, wie sie sich nennen, ein bisschen etwas von ihrem Taschengeld abknöpfen, von dem diese jungen Fratzen eh meist viel zu viel haben und übergehen davon und es nur für Blödsinnigkeiten ausgeben und ich geh da also hin und nehme ihnen gleich alles ab, was sie denn da so haben, ihre Handys, ihre Uhren, all ihre Wertigkeiten an ihren Körpern werden von mir kurzerhand beschlagnahmt und das ist gar nicht wenig[28] wenn der Sehende dahingeht und sieht, was es zu sehen gibt, und so man zu wenig sieht, kann es schon sein, dass man mit seinem Wagen einem anderen Wagen auffährt in einer Seheinschränkung die

ORF.at News

EU CHRONIK SPO

Mutter getötet: Prozess gegen 14-Jährigen in NÖ

Online seit heute, 6.46 Uhr

Wegen Mordes steht heute in Wiener Neustadt (Niederösterreich) ein 14-Jähriger vor Gericht. Er soll im Vorjahr in Kirchschlag in der Buckligen Welt (Bezirk Wiener Neustadt) seine Mutter erstochen haben. Dem Jugendlichen drohen bis zu zehn Jahre Haft.

[29]

kann sich ergeben aus Hochprozentigem ins Inwendig geleert und inwendig also das Sehen gekehrt[29] wo viel ich sehe und sehe auch nichts, ob viel oder wenig, erneut muss ich es tun und jene,

Fall eines 21-jährigen Mannes. Dieser gab sich in Hohenems (Vorarlberg) als Polizist aus, kontrollierte vier Jugendliche und gelangte so an Handys und Bargeld.

[28] Männliche Selbstüberschätzung, Überheblichkeit und Risikobereitschaft traten in Oberösterreich zu Tage, als ein Mann mit über fünf Promille Alkohol im Blut bei einem Autounfall eine 68-jährige Frau verletzte. Erneut wurde sichtbar, dass diese Ausformungen von Männlichkeit nicht nur eine Gefahr für die Männer selbst darstellen, sondern leider auch für andere.

[29] Wie früh sich mörderische Männlichkeit ausprägt, macht das Beispiel eines 14-Jährigen deutlich, der sich in Wiener Neustadt (Niederösterreich) vor Gericht dafür verantworten musste, 2019 seine Mutter erstochen zu haben. In einem vorangegangenen Streit soll es darum gegangen sein, dass sie Hilfe am PC brauchte, er aber weiterschlafen

ORF.at News

IT CHRONIK GESUN

Mord an Siebenjähriger: Gutachten zu Schuldfähigkeit

Online seit heute, 8.20 Uhr

Nach dem Mord an einem siebenjährigen Mädchen im Dezember 2018 in Wien-Döbling soll heute die Frage nach der Schuldfähigkeit des Täters geklärt werden. Dessen Persönlichkeit und Krankengeschichte werden vermutlich unter Ausschluss der Öffentlichkeit erörtert.

[30]

wie sie mich geboren und in das Leben geworfen, jene muss ich aus dem Leben hinauswerfen aus dem solchen und aus dem Dasein dem hiesigen und dem meinen allein entfernen und wo solches geschieht und wo die Mutter sitzt nicht mehr zur Rechten, da hörst du schon[30] noch viel mehr ist da hinauszuwerfen aus dem Leben und dem Fristen auf Erden da diesem vermessenen und billigen egal welches Alter da vor mir steht denn solches ist nicht zu beachten vor dem Sein, auch wenn sie versuchen, es in sogenannten Gutachten zu beschreiben nun und auch früher schon und in der Zukunft werden sie es

Berufungsverhandlung nach Dreifachmord

Online seit heute, 8.04 Uhr

Das Wiener Oberlandesgericht (OLG) entscheidet heute, ob es bei lebenslanger Haft für einen 55-Jährigen bleibt, der am 13. Dezember 2018 auf einem Anwesen im Bezirk Mistelbach seinen Bruder, seinen Vater und seine Stiefmutter erschossen hat.

[31]

ebenso tun[31] und wenn da gleich die ganze Sippschaft zu erschießen ist, dann erschieße ich die ganze Sippschaft welche da ist ein Bruder, ein Vater und eine Stiefmutter in einer Hinrichtung, wie ich sie mir vorstelle, und wird da

wollte. 2019 wurden in Österreich insgesamt 39 Frauen von Männern ermordet.

[30] 2018 wurden 41 Mädchen und Frauen von Männern ermordet. Zu diesen Femiziden zählt u.a. eine Siebenjährige, die im Mai 2018 in Döbling (Wien) von einem Jugendlichen ermordet und anschließend in eine Mülltonne geworfen wurde. Vor Gericht behauptete er, dass er Stimmen gehört habe, die Geschworenen stuften ihn jedoch als zurechnungs- und schuldfähig ein und verurteilten ihn zu zwölf Jahren Haft.

[31] In Mistelbach (Niederösterreich) hatte ein 55-Jähriger 2018 seinen Bruder, seinen Vater und die Stiefmutter erschossen. Er fasste dafür eine lebenslange Haft aus. Als Begründung nannte der Täter psychische Misshandlungen durch den Vater. Der Mord an der Stiefmutter wird zu den Femiziden aus dem Jahr 2018 gerechnet.

[32] Im Zuge des fünften Femizids in

Tirol: Frau stranguliert – Ehemann geständig

Online seit heute, 14.51 Uhr

Jene Frau, die gestern tot im Keller eines Einfamilienhauses in Kössen (Tirol) gefunden worden ist, ist laut Obduktion stranguliert worden. Der 56-jährige Ehemann des Opfers sei geständig. Er wird noch heute in die Justizanstalt nach Innsbruck überstellt.

[32]

verhandelt in Berufungsdingen dazuhierigst sage ich erneut, dass sie es früher so taten und heute und auch morgen tun werden diese Dinge [32] und weiter ziehe ich, Herbert, mit meiner

Nebenbuhler und Ehefrau verprügelt: Festnahme

Online seit heute, 17.55 Uhr

In der Nacht auf heute soll ein Salzburger in Zell am See (Pinzgau) seine Ehefrau sowie einen 41-jährigen Tschechen verprügelt haben, nachdem er die beiden zusammen in seinem Schlafzimmer angetroffen hat. Der 40-Jährige wurde von der Polizei festgenommen.

[33]

Art und meinem Sein hier in meinem Österreich samt dem bodenständigen Wesen und der ehrlichen Sprach in dieser guten Luft in meinen guten Bergen so hoh und weit nehme dann die Luft meiner Frau weg und schaue, dass sie nicht mehr atmet durch die Kraft einer Schnur und natürlich stehe ich dazu und gebe es auch zu ja warum denn nicht ich sage es ja auch hier zu dir zu euch zu allen [33] da finde ich meine Frau mit einem anderen zusammen, so lasse ich ihre Körper spüren, was es heißt, solches zu tun, und muss es auch wieder der Baseballschläger sein, nun es reut mich nicht, diesen heranzuziehen, oder was glaubst du so etwas zu tun [34] da gehe ich zum Bahnhof und steige in den nächsten Zug hin und sehe das Büblein mit seinen vielleicht zwölf

Österreich 2020 hatte in Kössen (Tirol) ein 56-jähriger Ehemann seine 52-jährige Frau mit einer Schnur stranguliert. Sie wurde erst mehrere Tage nach der Ermordung tot im Keller des Einfamilienhauses aufgefunden. Als Begründung gab der Täter, dem nach der Tat der eigene Suizid missglückte, Streitigkeiten wegen finanzieller Probleme an.

CHRONIK

Zwölfjähriger in Zug ausgeraubt

Mit einem Messer bedroht und ausgeraubt wurde ein Zwölfjähriger aus dem Bezirk Wels-Land am Samstagvormittag in einer Zugsgarnitur der Westbahn 906. Laut Angaben der Polizei ereignete sich die Tat kurz vor 10.30 Uhr in Fahrtrichtung Salzburg.

[34]

[33] Männer begegnen sogenanntem Fremdgehen nicht nur mit Eifersucht, sondern auch mit Gewalt. In Zell am See (Pinzgau) hat ein 40-Jähriger seine Ehefrau sowie ihren Liebhaber mit Fäusten und einem Baseballschläger verprügelt, nachdem er die beiden zusammen in seinem Bett erwischt hatte.

[34] In Wels-Land raubte ein Mann einem Burschen ein Handy und eine Uhr, indem er ihm ein Klappmesser an den Bauch hielt.

[35] Sein Autoritäts- und Machtverhältnis nutzte ein 36-jähriger Jugendbetreuer aus, der in einer Wohngemeinschaft für sozial benachteiligte Jugendliche arbeitete und dort einem 13-jährigen Burschen zunächst via

CHRONIK

Betreuer wollte Burschen zu Sex überreden

Ein 36-jähriger Jugendbetreuer wurde heute am Wiener Straflandesgericht rechtskräftig verurteilt. Er hat versucht einen 13 Jahre alten Burschen zum Sex zu überreden. Der Mann wurde wegen Anbahnung von Sexualkontakten zu Unmündigen und Kinderporno-Besitzes zu zwölf Monaten bedingt verurteilt.

[35]

Jahren und nehme ihm ab, was es abzunehmen gilt und halte ihm mein Messer an den Bauch und schon gibt der alles her und es ist geschehen und auch schon wieder vorbei[35] und wo ich mich auch um solche kümmere, sie zu betreuen und zu leiten und zu führen, so lassen sich diese nicht immer zu allem hinführen und auch nicht gleich überreden nun auch nicht zum Verkehr der Geschlechte unser[36] macht sich manch einer Gedanken zu viele über zu vieles das da geschieht und das Geschehen in Abhandlungen und all jenen Weltlichkeiten wird versucht, die Gewalt zu verstehen wie sie ist und wie sie geschieht[37] und für eines Leben wegzunehmen ergo abzukürzen ergo abzuschneiden vom Faden des Lebens, ja dafür stehen die Strafen besonders hoch und sie klagen und klagen zu nennen das Anklage[38] wo wir uns auch gegenseitig zu sehr anklagen wie diese meine liebe Mutter und ich da kann es schon mal wild zugehen und sie schicken dir gleich die Cobra her diese Wahnsinnigen[39] dabei gäbe es sicher Relevanteres zu tun als wenn ich mit meiner

Whats-App Drogen anbot, ihm anschließend Fotos von seinem Penis schickte und versuchte, ihn zum Sex zu überreden. Wegen Anbahnung von Sexualkontakten zu Unmündigen und Besitzes von sexuellen Kindesmissbrauchsdarstellungen wurde der Mann zu zwölf Monaten bedingt verurteilt.

CHRONIK

Lehrer soll Affäre mit Zwölfjähriger gehabt haben

Im Bezirk Perg sorgt eine Affäre zwischen einem Lehrer und einer zwölfjährigen Schülerin für Aufsehen. Der 28-jährige Pädagoge und seine Schülerin sollen ihre Beziehung zugegeben haben.

Online seit heute, 6.15 Uhr

Der Lehrer wurde sofort vom Dienst an der Neuen Mittelschule freigestellt, inzwischen ist sein Dienstverhältnis einvernehmlich aufgelöst worden.

[36]

[36] Dass bestehende Gesetze nicht immer ausreichen, um Delikte sexualisierter Gewalt zu fassen, macht das Beispiel eines Lehrers aus Perg (Oberösterreich) deutlich. Er hatte versucht, eine zwölfjährige Schülerin zu küssen. Da Küssen aber strafrechtlich nicht relevant ist, wurde die Anzeige eingestellt.

[37] Eine Gewalttat gegen Frauen kommt häufig nicht allein. Ein 30-Jähriger wurde vom Gericht in Ried (Oberösterreich) wegen Körperverletzung, Nötigung und gefährlicher Drohung gegenüber seiner 16-jährigen Schwester verurteilt,

[37]

[38]

[39]

die er getreten, geschlagen und an den Haaren gezogen hatte. Außerdem drohte er ihr mit vorgehaltenem Messer an, ihr die Zunge zu kürzen und die Augen auszustechen. Zusätzlich wurde er wegen Stalking und Körperverletzung seiner Ex-Freundin schuldig gesprochen, die er geschlagen und mit häufigen Telefonanrufen, Auflauern vor ihrer Wohnung und an ihrem Arbeitsplatz sowie Verfolgung mit dem Auto belästigt hatte.

[38] Gegen einen 32-Jährigen, der in Salzburg-Lehen im Juni 2019 einen Mann tötete und einen weiteren schwer verletzt hatte, wurde Anklage wegen Mordverdachts erhoben. Der Grund für die Tat, an der potenziell noch ein weiterer Mann beteiligt gewesen war, ist jedoch unklar.

[39] Im Zuge einer Anzeige aufgrund eines Streits mit seiner Mutter wurden in Westendorf (Tirol) einem Mann mehrere Waffen abgenommen.

lieben Mutter ein bisschen herumstreite und herumschreie und sowas da gibt es Pädagogen in diesem Land, die vermessen sich komplett und ständig hört man, dass die sich dann sogar an den ganz Jungen vergehen und ich hab ja auch einmal unterrichtet und so ein junges Hascherl geküsst und das war gleich ein Aufschrei meine Güte ja wie ich schon sagte und niemand wiederholt sich gern, nicht wahr, dass die Menschen bei weggenommen Leben zu anklagen beginnen und klagen das an und versammeln sich dazu und tragen all ihre Meinungen hierzu zusammen wie das der Mensch eben tut und jeder kennt das und nun ist es erneut ein solches, da ich eine Tat mit

Wachmann mit Fonduespieß verletzt

Online seit heute, 14.21 Uhr

Mit einem Fonduespieß hat gestern in Innsbruck ein 24-Jähriger einen Sicherheitsangestellten eines Wettlokals attackiert. Der 37-Jährige wurde am linken Unterarm verletzt. Der Angreifer konnte festgenommen werden, in seinem Rucksack wurde die Tatwaffe gefunden.

[40]

Blut begangen, wie sie es nennen und wenn mir wer deppert kommt, obwohl mir sicher nicht deppert zu kommen ist,

[40] In der Auswahl der Mittel zur Anwendung von Gewalt legen Männer erstaunliche Kreativität an den Tag. So attackierte ein 24-Jähriger in Innsbruck (Tirol) einen Sicherheitsangestellten eines Wettlokals mit einem Fonduespieß. Als Motiv der Tat, bei der der 37-Jährige am Unterarm verletzt wurde, nennt orf.at einen Streit in einem Wettcafé.

[41] Wer Polizist*in wird, findet meist Gefallen an autoritären Institutionen und bestimmten Männlichkeitsidealen. Entsprechend mag es nicht verwundern, dass die Institution selbst als Hort von

CHRONIK

Polizeischüler soll Kollegin vergewaltigt haben

Ein 26-jähriger Polizeischüler ist heute um 3.00 Uhr festgenommen worden. Er soll eine 22-jährige Schulkollegin im polizeilichen Grundausbildungszentrum in der Marokkanergasse vergewaltigt haben, teilte die Polizei mit.

[41]

Männergewalt fungiert. Ein Beispiel dafür: Ein 26-jähriger Polizeischüler hat im polizeilichen Grundausbildungszentrum in der Marokkanergasse (Wien) eine 22-jährige Schulkollegin vergewaltigt.

[42] Brauchtumsgruppen sind zwar durchwegs fragwürdig, aber nicht unbedingt ein Grund, gleich auf sie zu schießen. So hat am „Unsinnigen Donnerstag“ in

sei es ein Normaler oder zu sonst was Berufener, mit Lizenz zu Gewaltausübung oder ohne, mit Wissen und Recht auf etwas oder ohne ja da nehme zur Hand, was sich grad in meiner Hand befindet in dem Moment und gehe an, was anzugehen ist und verwehre mich gegen so Ansagen von Wachposten oder sonstwem und sei es auch mit einem dünnen Fonduespießerl ja das sage ich dir, mit sowas kannst du genauso anrichten und richten und wen zurichten wie ein geschmücktes Ross vor dem Kriegesmarsch in den Tod jawohl [40] und auch wenn ich noch jung bin und auch wenn ich alt bin, mein Alter tut nichts zur Sache wenn ich mich an meiner Kollegin vergehe nun dann vergehe ich mich an ihr denn ich will dass sich die Geschlechter, ihres und meines, zusammenfinden und wenn sie das nicht will, dann muss ich es erzwingen und einfach tun und sie vergewaltigen mit Gewalt mir das Geschlecht holen in der Folge [41] wie ein Cowboy fühle ich mich schon und ziehe meine Puffen und schieße in die Luft ganz lustig und luftig und frei so Schüsse wie sie eben frei zu sein haben da heraus aus dem Lauf ganz natürlich und gerecht ist es bei einem Umzug sowieso so einem Herumgeziehe von uns Leuten und noch viel gerechter ist solches auf einem Umzug wie er sich ganz unserem alten Wissen und den alten Bräuchen und den alten Gesetzen hier annehmend durch die Wege und Straßen ziehend das Volk darin dies preisend und ich bin dabei und ich springe auf meinen Absätzen und werfe die Füße in die Luft und ich ziehe meinen Langen und ich feuere daraus, Vomp (Tirol) ein Mann aus einem Auto heraus die Teilnehmer*innen einer Aufführung bedroht und mit einer Waffe

ORF.at News

ORT CHRONIK WIRTSC

Schüsse bei Brauchtumsumzug: Mann festgenommen

Online seit heute, 8.36 Uhr

Bei der Aufführung einer Brauchtumsgruppe in Vomp (Tirol) hat ein Mann am „Unsinnigen Donnerstag" die Teilnehmer bedroht und mit einer Waffe in ihre Richtung geschossen. Der Verdächtige konnte vorerst fliehen, gestern wurde ein 22-jähriger Mann festgenommen.

[42]

ORF.at News

ORT CHRONIK WIRTSC

Mordanklage gegen Bankmanager

Online seit heute, 14.28 Uhr

Jener 61-jährige Bankmanager, der im September in Edlitz eine Pensionistin in ihrem Einfamilienhaus getötet haben soll, wird sich wegen Mordes vor Gericht verantworten müssen. Die Staatsanwaltschaft Wiener Neustadt hat Mordanklage erhoben, wurde heute bestätigt.

[43]

dass es sie freue dabei gleichermaßen wie mich, denn das Leben ist zur Freude gedacht an sich[42] und als ich einmal im Bankeswesen zu tun hatte, da war es so, dass ich das Leben einer alten Frau genommen und jetzt lautet die Anklage darauf auf Mord, so sagen sie es und ich höre es mit Ohren zu hören[43] und ich kann natürlich so wie überall auch des

← ORF.at News

ORT CHRONIK WIRTSC

Schuss nach Streit in Auto

Online seit heute, 9.20 Uhr

Gestern ist es zwischen drei Männern zu einem Streit in einem Auto gekommen. Ein 20-Jähriger zog daraufhin eine Schreckschusspistole heraus und gab während der Fahrt durch Wörgl in Tirol einen Schuss ab. Der Tatverdächtige stellte sich selbst bei der Polizei.

[44]

Schießens fröhnen wie ich will zu einem Umzug hin oder Jux und Tollerei oder zum Streite dar in einem Auto oder sonst wo, da ich die Freiheit mir nehme, das zu tun, wie ich es will und für angemessen befinde und mir als Basis dies Geschieße gebe für mich als Schreckschuss oder echt zur Relevanze nur bedingt[44] und dann kommt es schon daraufhin, dass meine Frau ich erschieße mit meiner Pistole und bin ich zwar nicht mehr ihr Manne, sondern, wie sie es nennen, Ex, ja so schieße und

in ihre Richtung geschossen. Im Zuge einer Hausdurchsuchung wurden drei Schreckschuss-, eine Gasdruckwaffe und ein Butterfly-Messer bei ihm sichergestellt.

[43] Ein Vertrauensverhältnis hat ein 61-jähriger Bankmanager ausgenutzt, der im Vorjahr in Edlitz (Niederösterreich) eine Pensionistin in ihrem Einfamilienhaus zuerst mit einem stumpfen Gegenstand geschlagen und sie dann mit einer Plastikfolie erstickt hat. Nachdem er im Anschluss an die Tat einen Unfall hatte und in künstlichen Tiefschlaf versetzt worden war, gestand er den Mord erst nach seinem Aufwachen und musste sich in weiterer Folge wegen Mordes vor Gericht verantworten.

[44] Wenn drei Männer streiten, zieht

17:27 7 %

St CHRONIK

Frau erschossen, Ex-Partner festgenommen

In Großwilfersdorf im Bezirk Hartberg-Fürstenfeld ist Sonntagvormittag eine 34-jährige Frau von ihrem Ex-Partner durch mehrere Schüsse getötet worden. Der Mann wurde noch am Tatort festgenommen.

Online seit heute, 14.47 Uhr

Die Tat ereignete sich Sonntagvormittag in einem Einfamilienhaus im Ortsteil Maierhofen, in dem die 34-Jährige gemeinsam mit ihrer 13-jährigen Tochter wohnte. Der 34 Jahre alte Mann war am Sonntag am

[45]

CHRONIK

Zwölfjährige in Wiener Bad sexuell belästigt

Eine Zwölfjährige ist am Samstag in einem öffentlichen Wiener Bad Opfer eines sexuellen Übergriffs geworden. Ein 38-Jähriger soll das Mädchen unsittlich berührt haben. Bei dem Mann könnte es sich um einen Mehrfachtäter handeln.

[46]

erschieße ich sie dennoch, egal wie uns Beziehungsverhältnisse bezeichnen[45] das Zeichen ist nun mal das Zeichen und wandle ich durch ein Bade hindurch und sehen meine Augen ein junges Geschöpf, das mir gefallet, nun dann muss ich es haben, auch wenn es sich wehret und ich greife wie ich greifen will und greife alles ab, Sitten gibt es somit

Frau an Arbeitsplatz bewusstlos gewürgt

Online seit heute, 14.42 Uhr

Eine 23-jährige Frau ist in der Nacht auf heute in Innsbruck während der Arbeit in einem Hotel von ihrem Ex-Freund attackiert und bis zur Bewusstlosigkeit gewürgt worden. Einem Hotelgast fielen verdächtige Geräusche auf, er alarmierte die Polizei.

[47]

schon mal einer eine Schreckschusspistole und gibt einen Schuss ab – auch wenn er sich gerade in einem Auto auf der Fahrt durch Wörgl (Tirol) befindet.

[45] Ein weiterer Femizid 2020 fand in Großwilfersdorf (Bezirk Hartberg-Fürstenfeld) statt, als eine 34-jährige Frau von ihrem Ex-Partner durch mehrere Schüsse in den Oberkörper getötet wurde. In diesem Fall hatten sich die beiden erst vor kurzem getrennt, und so verdeutlicht sich erneut die besondere Gefahr, denen Frauen durch Männer während Trennungen ausgesetzt sind (siehe auch Fußnote 2).

[46] Mangelndes Unrechtsbewusstsein im Falle sexualisierter Übergriffe zeigte sich am Beispiel eines 38-Jährigen, der eine Zwölfjährige in einem öffentlichen Wiener Bad „unsittlich" berührt hat. Zu seiner Verteidigung gab er an, dass er das Mädchen für älter gehalten habe – als seien sexualisierte Übergriffe gegen ältere Mädchen oder erwachsene Frauen legitim.

[47] Einem weiteren versuchten Femizid, bei dem in Innsbruck (Tirol) eine 23-jährige Frau von ihrem Ex-Freund mit mehreren Faustschlägen gegen den Kopf angegriffen und bis zur Bewusstlosigkeit gewürgt worden war, war eine Trennung vorausgegangen. Abermals wird deutlich, dass viele Männer mit Kränkung und Zurückweisung nicht anders umgehen können als mit Gewalt. Hinzu kommen patriarchale Dominanz- und Besitzansprüche, die, nur damit die Ex-Partnerin ‚kein anderer haben kann', den jeweiligen Tod der Frau in Kauf nehmen.

[48] Das Ehemartyrium einer 25-jährigen Frau wurde vor einem Gericht in Wien

nicht und daher auch keine Sittenwidrigkeit und hat das Mädchen erst der Jahre zwölfe nun was sehe ich denn ein Alter und was schert dich denn das Alter oder bist du komplett vermessen jetzt wenn ich solches höre[46], dann sage ich als Herbert dazu, dass ich da die Luft wegbekomme solange, bis es das Bewusstsein nimmt, denn schnell ist ein solches Bewusstsein genommen, wenn man nur würget und würget recht fest und nicht ablässt da von dieser meiner Frau, okay es ist meine Ex-Frau, ich gebs ja zu, aber es tut doch nichts zur Sache, nicht wahr, denn die Luft nehm ich ihr und ich nehme ihr die Luft, wo auch immer sie ist, ist sie zuhause oder an ihrem Arbeitsplatz oder mit ihren Leuten wo

ORF.at News

SCHAFT CHRONIK GESUN

Drei Jahre Haft für Misshandlung von Ehefrau

Online seit heute, 15.06 Uhr

Seit Längerem dürfte eine 25-jährige Wienerin ein Ehemartyrium mitgemacht haben. Regelmäßig wurde sie von ihrem Mann geschlagen und mit dem Umbringen bedroht. Er wurde von einem Schöffensenat zu drei Jahren unbedingter Haft verurteilt.

[48]

unterwegs, ich nehme ihr die Luft, bis sie nicht mehr atmet so lang[47] wie das ist, das weiß niemand nun es ist sehr lang und überlang hinaus[48] bis ich in die

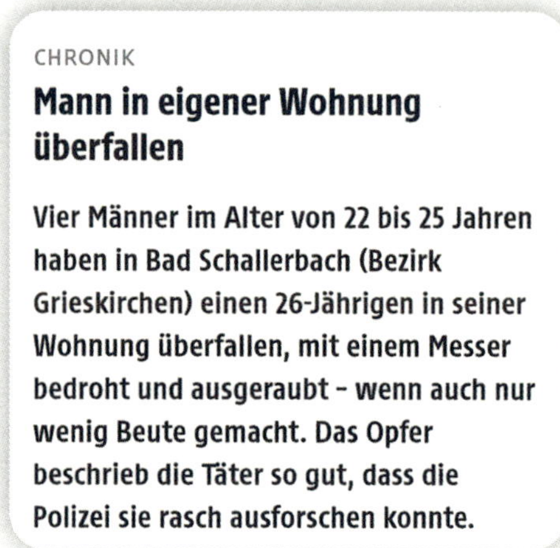

CHRONIK

Mann in eigener Wohnung überfallen

Vier Männer im Alter von 22 bis 25 Jahren haben in Bad Schallerbach (Bezirk Grieskirchen) einen 26-Jährigen in seiner Wohnung überfallen, mit einem Messer bedroht und ausgeraubt – wenn auch nur wenig Beute gemacht. Das Opfer beschrieb die Täter so gut, dass die Polizei sie rasch ausforschen konnte.

[49]

verhandelt. Weil sie ihm seiner Meinung nach Grund zur Eifersucht bot, hatte der Mann sie nicht nur regelmäßig mit der Faust geschlagen und gewürgt, sondern ihr eine Bierflasche an den Kopf geworfen und sie mit dem Umbringen bedroht. Vor Gericht machte er kein Hehl daraus, dass sich die Motive seiner Taten direkt aus seiner toxischen Männlichkeit und den damit verbundenen patriarchalen Dominanz- und Besitzansprüchen gegenüber Frauen ableiten lassen: „Ich habe keine andere Möglichkeit gefunden, dass ich mich beruhige" und „Ich bin ein Mann. Ich steh dazu, was ich getan habe. Bestrafen Sie mich." Für orf.at nach wie vor kein Grund, sich in der Berichterstattung umfassender mit gewalttätiger Männlichkeit zu beschäftigen.

[49] In Bad Schallerbach (Bezirk Grieskirchen) wurde ein 26-Jähriger in seiner Wohnung von vier Männern überfallen, mit einem Messer bedroht und ausgeraubt.

[50] Die leichte Reizbarkeit und der unkontrollierte Umgang mit dem Gefühl

Wohnung von dem Typen da komme und ihm einfach alles ausräume und an mich nehme vielmehr an uns nehmen denn ich hab meine Leute mit dabei und schnell ist das Messer gezogen und des Messers Wille hält den in Schach, während wir ihm Hab und Gut nehmen[49] kann der Mensch einiges und wenn uns mit den Worten duellieren wie die Hähne im Kampfe darin bin ich schon schnell aus meinem Auto springe ich hin und zurücke und diesen Fußgänger

ORF.at News

SCHAFT CHRONIK GESUN

Nach Streit Fußgänger angefahren: Prozess

Online seit heute, 14.31 Uhr

Ein Streit im Straßenverkehr beschäftigt das Salzburger Landesgericht. Ein rumänischer Autofahrer soll 2018 in Hallein-Rif (Tennengau) einen Fußgänger absichtlich angefahren und verprügelt haben. Er hatte sich möglicherweise über den Hund des Fußgängers geärgert.

[50]

mit seinen Füßen und einen Hund hat der auch noch den fahre ich zamm und ziele genau und versuch, diesen zu überfahren und fahre ihn zumindest an[50] und so ein Anfahren wie du dir das vorstellst, das ist nicht immer gleich nicht wahr da gibt es Strafen für solches und Strafen für solches und weil ich da einst meine Eisenstange geschwungen

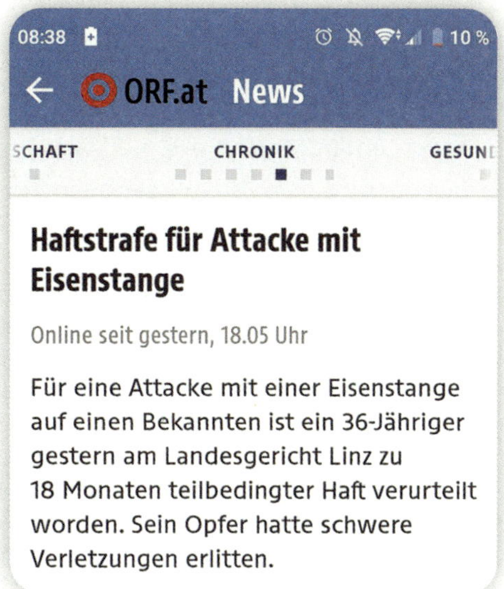
08:38 10 %

ORF.at News

SCHAFT CHRONIK GESUN

Haftstrafe für Attacke mit Eisenstange

Online seit gestern, 18.05 Uhr

Für eine Attacke mit einer Eisenstange auf einen Bekannten ist ein 36-Jähriger gestern am Landesgericht Linz zu 18 Monaten teilbedingter Haft verurteilt worden. Sein Opfer hatte schwere Verletzungen erlitten.

[51]

des Ärgers von Männern lassen sich an der Geschichte eines Autofahrers in Hallein-Rif (Tennengau) veranschaulichen, der einen Fußgänger absichtlich angefahren und verprügelt hat, weil er sich über dessen Hund geärgert hatte.

[51] Die Vielfältigkeit von Methoden der schweren Körperverletzung zeigt sich während einer Verhandlung an einem Gericht in Linz, wo sich ein Mann für einen Angriff auf einen Bekannten mit einer Eisenstange verantworten musste. Der Täter hatte sich bedroht gefühlt.

[52] In Enns (Bezirk Linz-Land) hat ein 42-Jähriger seinen Vater erwürgt. Wie so oft erklärt orf.at die Tat damit, dass es einen Streit gegeben hätte, wenn auch eingeräumt wird, dass der Grund des Streits unklar sei. Dadurch wird die Vorstellung aufrechterhalten, dass es Gründe geben könne, die eine solche Tat legitimieren, anstatt die äußerst offensichtliche Erklärung männlicher Gewalt

und gebrochen eines Körpers damit oft und schwer, da urteilt nun die Versammlung hierzu[51] soll ich meinen Vater getötet haben also ich töte meinen Vater als nächstes und sie wissen nicht, ob ich

08:38 10 %

ORF.at News

SCHAFT CHRONIK GESUN

Mordalarm in Enns: Sohn soll Vater getötet haben

Online seit heute, 7.01 Uhr

In Enns in Obertösterreich soll gestern Abend ein Mann seinen Vater erwürgt haben. Im Anschluss an die Tat stellte er sich und wurde festgenommen, berichtete die Polizei.

Details sind noch bekannt. Laut „Oberösterreichischen Nachrichten“ habe der 43-jährige Sohn den 78-jährigen Vater erwürgt und dann die Rettung verständigt, die allerdings nichts mehr für den Mann tun kon Der Tat sollen jahrelange Streitigk

[52]

es war oder nicht, ja soll ich es sagen, oder soll ich es nicht sagen, oder hab ich es bereits gesagt oder weiß ich selbst es überhaupt wer weiß denn überhaupt etwas in dieser dämlichen Geschichte hier das ist doch nicht normal[52] wird vieles nicht einfach von selbst und ich muss etwas tun gegen das alles und steige in meinen kleinen Laster der ist klein und doch groß ja und fahre los und visiere an und schau dass ich was

und ihre mörderischen Auswirkungen anzuerkennen.

[53] Jener Mann, der versucht hatte, mehrere Menschen zu überfahren, sei laut eines Gutachtens nicht zurechnungsfähig.

[54] Die enorme Wichtigkeit der öffentlichen Thematisierung sexualisierter Gewalt und Kampagnen wie #metoo wird anhand des Falls einer Betroffenen klar, die im Nachgang der von Nicola Werdenigg ausgelösten Debatte über Missbrauch im Sport einen ehemaligen

13:20 LTE+ 96 %

ORF.at News

SCHAFT CHRONIK RELIG

Mutmaßlicher Amokfahrer in Wien vor Gericht

Online seit heute, 9.01 Uhr

Wegen mehrfachen Mordversuchs steht heute in Wien ein 28-jähriger Mann vor Gericht. Er soll bei einer Amokfahrt mit einem Kleintransporter beinahe zwei Polizisten und zwei Touristen überfahren haben. Er ist nicht geständig. Bei einer Verurteilung droht ihm eine Einweisung.

[53]

Direktor und Lehrer an der Skihauptschule Neustift (Tirol) wegen Missbrauchs anzeigte. Im Zuge von „Massagen“ hat er zwischen 1996 bis 1998 eine damals elf- bis 13-jährige Schülerin intensiv im Brust- und Genitalbereich berührt.

erwisch hier in diesem Wien von Leuten und egal was auch immer[53] ich tue da an einem meiner Schüler, wo ich da ein Lehrer war in einer Schule zum Zwecke des Skifahrens, da sprechen sie aus, was zu tun sei nun da ich dem Schüler angetan Schweres und Schwerstes an seinem Körper und an seiner Seele und an seinem Geist und an ihm gesamt und an all seiner Umgebung und Familie und Freunden ja das ist der Missbrauch und ich als Lehrer soll in eine Haft[54] tue

ORF.at News

T GERICHT

Missbrauch: Lehrer muss in Haft

Ein ehemaliger Direktor und Lehrer an der Skihauptschule Neustift ist wegen Missbrauchs zu 30 Monaten teilbedingter Haft verurteilt worden. Das Oberlandesgericht gab einer Strafberufung gegen das erstinstanzliche Urteil teilweise statt.

Online seit heute, 10.53 Uhr

Der im Frühjahr 2019 am Landesgericht Innsbruck verhandelte Fall, in dem ehemaliger Pädagoge der

[54]

ich das was ich tue als Ex meiner Freundin in der Schule an wo ich auch hingehe ich gehe in eine Schule ich bin ja ein Schüler und ich ziehe mein Messer vor dieser Frau meiner Freundin meiner ehemaligen Freundin und schlage auf sie ein mit meiner Faust

[55] Dass männliche Gewalt gegen Frauen nicht nach einer Trennung endet, sondern die Zeit danach eine enorme Gefahr für Frauen darstellt, wird auch am Beispiel eines Mordversuchs an einer 16-jährigen Schülerin deutlich, die in Floridsdorf (Wien) von ihrem Ex-Freund mit Faustschlägen und zahlreichen Messerstichen so schwer verletzt wurde, dass sie sich in Lebensgefahr befand.

[56] Bei einem 46-Jährigen in Hopfgarten (Bezirk Kitzbühel) gingen der patriarchale Kontrollwahn und das Besitzanspruchsdenken gegenüber seiner Frau so weit, dass er einem 31-Jährigen mehrmals mit der Faust ins Gesicht schlug, weil er diesen zuvor in ihrem Auto gesehen hatte.

[57] Auch in Graz schossen drei Männer nächtens mit einer Schreckschusspistole herum. Warum auch immer.

12:28 75 %

ORF.at News

W CHRONIK

Schülerin nach Messerattacke in Lebensgefahr

Eine 16 Jahre alte Schülerin ist am Donnerstag in Wien-Floridsdorf von ihrem Ex-Freund mit Faustschlägen und zahlreichen Messerstichen so schwer verletzt worden, dass sie sich in Lebensgefahr befindet.

Online seit heute, 10.17 Uhr

Der junge Mann dürfte seiner Ex-Freundin gefolgt sein, als diese von der Schule nach Hause ging. Er folgte

[55]

23:31 LTE+ 31 %

T CHRONIK

Mann attackierte Beifahrer der Ehefrau

Ein 46-Jähriger hat am Freitag in Hopfgarten (Bezirk Kitzbühel) einem 31-Jährigen mehrmals mit der Faust ins Gesicht geschlagen, weil er diesen zuvor am Beifahrersitz im Pkw seiner Frau gesehen hatte. Der Mann wurde auf freiem Fuß angezeigt.

Online seit heute, 18.22 Uhr

Der 46-Jährige fuhr laut Polizei gemeinsam mit seinem 26-jährigen Sohn von Wörgl kommend in Richtung Kitzbühel, als ihnen im Gemeindegebiet

[56]

und nehme das Messer und steche auf sie ein damit ihr Leben aus ist und will auch auf sie einstechen und will sie verletzen schwer, was mir gelingt und laufe davon und alle laufen mir nach und sie suchen mich [55] und ich steige also in ein Auto, es ist bereits finster, wie viel finster ist es eigentlich bei dir, dass du das nicht siehst was hier geschieht, das frage ich dich und du weißt es natürlich nicht ja was weißt du denn überhaupt, du Beifahrer da neben meiner Frau da du Beifahrer warum sitzt du neben meiner Frau im Auto das frage ich dich und bevor ich überhaupt etwas frage da nehme ich meine Faust ziehe meine Faust heran und schlage dir ins Gesicht so oft ich will und es ist oft, das sage ich dir [56] und wieder schieße ich und wieder ist es meiner Schusseskraft geschuldet ja sicher fahre ich danach davon und ziehe alle mir nach [57]

[58] Männer streiten sich überall, zum Beispiel auf der Piste: In Tröpolach (Kärnten) gerieten zwei Skifahrergruppen aneinander. Die Auseinandersetzung endete mit zwei Verletzten im Krankhaus. Indem die Nationalitäten der jeweiligen Skifahrergruppen von orf.at hervorgehoben wurden, entsteht der Eindruck eines nationalistisch begründeten Konflikts, was, ohne den Zusammenhang von Nationalismus und Männlichkeit zu beleuchten, ebenfalls keine ausreichende Erklärung für die Anwendung von Gewalt sein kann.

ORF.at News

IT CHRONIK KULT

Schüsse und Verfolgungsjagd in Graz

Online seit heute, 9.32 Uhr

Drei Männer sind in der Nacht auf heute in Graz wegen Schüssen aus einer Schreckschusspistole festgenommen worden. Zumindest einer hatte gegen 23.15 Uhr Nähe Floßlendstraße herumgeschossen. Anrainer riefen die Polizei, weil Schüsse zu hören waren. Als die Beamten eintrafen, sprang der Verdächtige zusammen mit seinen Freunden in ein Auto und fuhr davon. Er wurde we[...] später gestoppt.

[57]

[59] Für den Diebstahl von Benzin mag vielleicht noch Verständnis möglich sein, nicht jedoch dafür, betrunken mit

20:44 LTE⁺ 52 %

ORF.at News

IT CHRONIK KULT

Schlägerei zwischen Skifahrergruppen

Online seit heute, 17.42 Uhr

Gestern Abend ist es auf dem Parkplatz der Nassfelder Millenniumsbahn in Tröpolach (Kärnten) zu einem Streit zwischen einer kroatischen und einer deutschen Skifahrergruppe gekommen, die mit zwei Verletzten geendet hat.

[58]

in Scharen und Gruppe wie Rudel alle ziehen sie in solcherlei auch auf den Bergen herum auf ihren Skiern tue ich das auch gern wer denn nicht in diesem Österreich tuen das alle bist sonst abnorm und nicht norm wennst keine Bretter dir auf die Schuhe unten

ORF.at News

IT CHRONIK KULT

Alkolenker raste nach Benzindiebstahl davon

Online seit heute, 14.42 Uhr

Zu einer wilden Verfolgungsjagd ist es gestern auf der Südautobahn (A2) zwischen Hartberg-Fürstenfeld und Weiz (Steiermark) gekommen: Mit bis zu 180 km/h ist ein betrunkener Autolenker nach einem Benzindiebstahl der Polizei davongerast.

[59]

180 km/h auf der Südautobahn (A2) zu rasen und damit vor allem andere Menschen zu gefährden.

[60] Auch junge Burschen wenden Gewalt an, um beispielsweise an Geld zu kommen. So griffen zwei 14-Jährige einen Gleichaltrigen in Seiersberg

St CHRONIK

14-Jährige attackierten Buben und filmten mit

Um an sein Geld zu gelangen, sollen zwei 14-Jährige einen Gleichaltrigen in einem Einkaufszentrum in Seiersberg angegriffen haben – ihre Taten filmten die Burschen mit dem Handy. Ihr Opfer wurde verletzt, die beiden Jugendlichen angezeigt.

Online seit heute, 17.21 Uhr

Nach dem Vorfall am Montag war einer der minderjährigen Täter mehrere Tage lang abgängig. Ladendetektive hatten

[60]

(Steiermark) an und verletzten ihn dabei, vermutlich um ihn auszurauben.

[61] Die Mischung von Alkohol, Gewalt und Wiederbetätigung gehört u.a. zu den österreichischen Alltagsgeschichten von Männern. So ist die Geschichte eines 60-Jährigen einzuordnen, der in einem Lokal im Bezirk Landstraße (Wien) Parolen wie ‚Sieg Heil' oder ‚Heil Hitler' gerufen und nationalsozialistische Lieder gesungen hat. Dabei randalierte er nicht

13:39 18 %
ORF.at News
LAND INLAND WIRTSC

NS-Parolen: Beamter durch Spritze verletzt

Online seit heute, 11.49 Uhr

Ein 60-Jähriger hat gestern Abend in einem Lokal in Wien-Landstraße randaliert und dabei nationalsozialistische Parolen und Lieder geschrien. Bei seiner Festnahme attackierte er die Polizisten. Ein Beamter wurde durch eine Spritzennadel verletzt.

[61]

ORF.at News
SCHAFT CHRONIK MEDI

Graz: Prozess um Entführungsfall startet

Online seit heute, 7.38 Uhr

Im Grazer Straflandesgericht steht heute ein Mann wegen Freiheitsentziehung, schwerer Nötigung und schwerer Körperverletzung vor Gericht: 2019 soll er eine Frau mit seinem Auto niedergestoßen, schwer verletzt und entführt haben.

[62]

drauftust und damit hinunterbretterst eine Line wie sie es nennen ja da kommt es zwischen solcherlei Gruppen auf solchen Skiern natürlich auch ab und an zu Problemen und Ausfälligkeiten nur in dem Lokal, sondern griff im Zuge seiner Festnahme Polizist∗innen an, von denen einer durch eine Spritzennadel verletzt wurde.

[62] Die Fahrradfahrt einer 34-Jährigen endete im Vorjahr mit schweren Verletzungen und einer Entführung. Sie war zuerst von einem Auto niedergestoßen und in weiterer Folge vom Fahrzeuglenker mit einem Werkzeugstiel so lange verprügelt worden, bis sie das Bewusstsein verloren hatte. Nachdem der Täter die Frau gefesselt und geknebelt hatte, brachte er sie in eine Wohnung, wo er sie zunächst in einen Kasten sperrte, nackt auszog und ihren Kopf mehrfach unter Wasser tauchte. Vor Gericht gestand er, Sex mit ihr gehabt haben zu wollen. Ein weiteres Mal stellt sich die von orf.at weder aufgeworfene noch beantwortete Frage, was die Tat mit Männlichkeit sowie Misogynie zu tun haben könnte.

[63] Ein 26-Jähriger hat im Zuge eines Familienstreits seine Mutter telefonisch mit dem Tod bedroht. Vor dem Haus der Mutter im Rosental (Kärnten) trat er in späterer Folge gegen die Tür und warf einen Kaffeebecher auf die Mutter. Sein Bruder ging dazwischen, es kam zu einer Rangelei. Beide Brüder wurden verletzt.

[64] Wie früh sich gewalttätige Männlichkeiten ausbilden, zeigte sich in Graz (Steiermark), wo ein Jugendlicher und zwei Kinder – davon eines erst sechs Jahre alt – über Monate hinweg in einem Park mehrere andere Kinder ausraubten.

[65] Das (krankhafte) Bedürfnis von Männern, im Mittelpunkt zu stehen und Aufmerksamkeit auf die eigene Person zu richten, führt wiederholt zu Gewalt

kenne ich auch wenn ich in solchen mich bewege passiert es auch gerade jetzt wieder und da wird schon die eine oder andere Nase gebrochen oder das eine oder andere hübsche Gesicht zerschnitten[58] so bin ich auch betrunken und dann brauch ich ein Benzin und nehm es mir und fahre davon[59] und ich bin ja noch in meiner ganz jungen Gruppe da drin mit meinen jungen Freunden und nehmen da welche her alt oder jung ist egal zu nehmen, was auch immer ihnen zu nehmen ist wollen wir es nehmen und filmen das mit[60] und es kann auch schwierig werden wo da beschrieben wird ein Delikt doch sehr kompliziert sind manche Fälle diese Straftaten ob es auch meine sind oder nicht die von mir so hör dir das an was ich da mit meinen Naziparolen anrichte das konnte ich nicht absehen, dass sich dann einer dieser Kiwara nicht Hawara verletzt an einer der rumliegenden Nadeln in der Hütte[61] wo ich auch einer solchen dieser einer diesen vielen jungen Frauen gewahr werde da kann es schon sein, dass ich eine entführen muss und sie schlage und ihr die Knochen breche ja das tue ich und verletze sie und sperre sie in einen Kasten ein und dann sagt eine Versammlung was dazu und ich höre es mir an[62] und ich telefoniere mit meiner Mutter und spreche sie an diese Mutter spricht mich auch an und ich spreche ihr den Tod hin und spreche aus, dass sie sterben muss und wird durch mich durch meine starke Hand[63] nun in welchen Rudeln ich auch bin und wie alt ich auch bin das kann mir niemand sagen dass ich etwas nehme oder nicht nehme denn das ist wie es ist und keine Frage

26-Jähriger bedrohte Mutter mit Tod

Online seit heute, 9.06 Uhr

Ein 26-Jähriger hat gestern im Zuge eines Familienstreits seine Mutter telefonisch mit dem Tod bedroht. Vor dem Haus der Mutter im Rosental (Kärnten) trat er später gegen die Tür und warf einen Kaffeebecher auf die Mutter. Sein Bruder ging dazwischen, es kam zu einer Rangelei. Beide Brüder wurden verletzt.

[63]

und Gefährdung anderer. In Leibnitz (Steiermark) hat ein 32-jähriger Feuerwehrmann aus „Frust sowie Geltungsdrang“ mehrere Brände beim Haus eines pflegebedürftigen Pensionisten gelegt. Er wollte sich im Zuge der Löscharbeiten als Retter inszenieren.

Buben als Räuber: Ein Verdächtiger ist sechs

Online seit heute, 9.51 Uhr

Ein Jugendlicher und zwei Kinder - das jüngere ist erst sechs Jahre alt - sollen monatelang in und um einen Grazer Park andere Kinder beraubt haben. Ein Elfjähriger zeigte Ende Februar an, dass er nahezu wöchentlich gepeinigt wird.

[64]

sei hierzu gestellt nein das verbiete ich mir und wir verbieten es uns und das ist an dich gerichtet an wen denn sonst [64] lege ich das Feuer vor mein Angesicht hin dass es euch heiß werde dabei und manchmal muss es heiß werden, damit es etwas zu tun gibt auf diesem Erdball

ORF.at News

ORT CHRONIK RELIG

32-jähriger Feuerwehrmann legte Brände aus Geltungsdrang

Online seit heute, 14.01 Uhr

Kriminalisten haben in Straß im Bezirk Leibnitz (Steiermark) einen 32-jährigen Feuerwehrmann festgenommen. Er soll Brände beim Haus eines pflegebedürftigen Pensionisten gelegt haben. Auf seine Spur führte die Beamten ein Spürhund.

[65]

ORF.at News

ORT CHRONIK SCIE

Mann soll Vater Bauchstich versetzt haben

Online seit heute, 19.28 Uhr

Ein Mann ist heute Nachmittag in der Quadenstraße in Wien-Donaustadt mit einem Messer angegriffen und schwer verletzt worden. Die Polizei bestätigte der APA entsprechende Berichte der Zeitungen „Heute" und „Österreich" (Onlineausgaben). Beschuldigt wird der Sohn des Opfers, er wurde festgenommen.

Der Angriff soll sich kurz nach 13.00 Uhr zugetragen haben. Als Tatort gab Polizei gegenüber der APA ein

[66]

[66] Wie bereits mehrere Beispiele gezeigt haben, spielt sich Gewalt innerhalb der Familie auch zwischen den männlichen Familienangehörigen ab. So wurde ein Mann in Donaustadt (Wien) von seinem Sohn durch einen Bauchstich schwer verletzt.

[67] Auch vor der Benennung von Antisemitismus scheint orf.at zurückzuschrecken, da selbst der Angriff auf einen Jugendlichen, der einen Ring mit einem Davidstern trug, nicht explizit so benannt oder eingestuft wurde. Mit den Worten „Bist a Jude?" war ein 16-Jähriger von zwei anderen Burschen angesprochen – und als er die Frage bejahte – angegriffen worden. Ideologien der Ungleichheit wie Rassismus oder Antisemitismus spielen auch in Hinblick auf die Artikulation hegemonialer Geschlechterverhältnisse eine bedeutende Rolle, beispielsweise um bestimmte Männlichkeiten abzuwerten.

[68] Nachdem in Favoriten (Wien) ein Mann mit mehreren Messerstichen schwer verletzt wurde, führten zwei Zeuginnen die Polizei zunächst auf eine falsche Spur. So gibt es Frauen, die sich aktiv an der Vertuschung und Normalisierung männlicher Gewalt beteiligen bzw. diese unterstützen. Die Gründe dafür sind sehr unterschiedlich und stehen ebenfalls in Zusammenhang mit patriarchalen Machtverhältnissen und daraus resultierenden Abhängigkeiten. Bereits 1983 hat die feministische Theoretikerin Christina Thürmer-Rohr den Begriff der Mittäter∗innenschaft eingeführt, um die Kompliz∗innenschaft von Frauen bei der Aufrechterhaltung des Patriarchats zu beschreiben.

[69] In Hallein (Tennengau) haben

04:06 15 %

ORF.at News

SCHAFT CHRONIK KULT

Bursch wegen Davidsstern in Graz angegriffen

Online seit gestern, 18.53 Uhr

Ein 16-jähriger Deutscher ist in Graz wegen seines Davidstern-Rings von zwei anderen Burschen attackiert worden. Wie die Polizei berichtete, sprach das Duo den Burschen am Mittwoch mit den Worten „Bist a Jude?“ auf den Ring an. Nachdem dieser die Frage bejaht hatte, wurde er attackiert.

[67]

und in diesen Breiten [65] leben viel zu viele Väter noch denn diese Väter gehören einmal angestochen in ihre Bäuche da setze ich denen und vor allem dem meinen als erstes das Messer in den Bauch rein [66] ist nicht alles denn rein ist nicht leicht viel mehr ist eigentlich schmutzig und das ist nicht gut so und dagegen verwehre ich mich und wenn da jemand ein unreines Zeichen trage, dann verwehre ich mich dagegen was da ist diesen Stern des Davids hey das verbiete ich mir auch wenn ich noch sehr jung bin und eigentlich nichts verstehe von solchen Dingen ja ich sage es dir ja gerade dass ich es tue [67] und nehme das Feidl gleich erneut zur Hand und steche da hin auf den Mann der da steht auf den der da geht auf den der da lebt [68] ist es nicht listig und lau sich die Waffen der anderen zu nehmen und das tue ich

unbekannte Täter einen Tresor, in dem sich zwei Pistolen plus Munition befanden, aus der Wand gerissen und mitgenommen.

[70] Wie schnell Worte zu Taten werden, macht ein weiteres Beispiel aus Linz (Oberösterreich) deutlich, wo ein 63-jähriger Autofahrer zwei Fußgänger nach einem kurzen Wortgefecht mit Faustschlägen sowie einem Messer attackierte und diese dabei verletzte.

[71] Am Straflandesgericht in Graz (Steiermark) wurde ein 46-Jähriger wegen vier Brandanschlägen zu fünfeinhalb Jahren Haft verurteilt. Weil ihm seine Kinder aufgrund von Vernachlässigung,

ORF.at News

ORT CHRONIK RELIG

16-Jähriger stach in Wien auf Mann ein

Online seit heute, 13.26 Uhr

Ein 16-Jähriger soll in Wien-Favoriten in der Nacht auf heute einen Mann mit mehreren Messerstichen schwer verletzt haben. Die Identität des Opfers ist noch unklar. Zwei Zeuginnen versuchten, die Polizei zunächst auf eine falsche Fährte zu locken.

[68]

körperlicher sowie psychischer Gewalt und Misshandlungen abgenommen und in ein SOS-Kinderdorf gebracht worden waren, hatte er damit gedroht, alles niederzubrennen, sollte er sie nicht innerhalb eines Tages wiederbekommen.

13:51 70 %

ORF.at News

ORT CHRONIK RELI

Pistolen und Munition aus Schlafzimmer gestohlen

Online seit heute, 13.04 Uhr

Bei einem Einbruch in Hallein in Salzburg haben unbekannte Täter zwei Pistolen samt dazugehöriger Munition erbeutet. Die Waffen waren in einem Tresor im Schlafzimmer untergebracht, den die Täter aus der Wand gerissen hatten und mitnahmen.

[69]

08:45 99 %

ORF.at News

ORT CHRONIK KULT

Autolenker in Oberösterreich attackierte Fußgänger

Online seit heute, 8.28 Uhr

Ein 63 Jahre alter Pkw-Lenker hat bei einer Auseinandersetzung gestern Abend in Linz einen Fußgänger mit einem Messer angegriffen. Er war zuvor mit zwei Passanten aneinandergeraten. Alle drei wurden verletzt. Der 63-Jährige wurde festgenommen, so die Polizei heute.

[70]

und nehme mir Pistolen und Munition sogleich aus eines Schlafzimmer heraus na und[69] es muss schnell gehen und auch mit meinem Auto ist es so und wenn ich da fahre dann fahre ich und wenn da wer geht dann interessiert mich das aber sowas von Nüsse[70] wo da gesagt wird es solle nichts brennen da

ORF.at News

ORT CHRONIK KULT

Brandanschlagserie in Steiermark: Mann vor Gericht

Online seit heute, 8.20 Uhr

Ein 46-Jähriger muss sich heute in Graz vor Gericht wegen einer Brandanschlagserie verantworten: Der gebürtige Iraker legte im Juni letzten Jahres an mehreren Grazer Orten Feuer und versuchte auch, Menschen in Brand zu setzen.

[71]

Die Drohung setzte er dann vorm Bezirksgericht Graz-West, im Bürgermeisteramt, in der Bezirkshauptmannschaft Graz-Umgebung sowie am Hauptbahnhof mit der Hilfe eines Brandbeschleunigers um. orf.at berichtet zwar davon, dass „Zorn, aber auch Verzweiflung“ den Täter angetrieben hätten, dass die Tat jedoch auch mit männlichem Besitzanspruchsdenken und dem Wunsch nach Aufrechterhaltung von Dominanzbeziehungen zu tun haben könnte, bleibt in der Berichterstattung weitgehend ausgespart.

[72] Immer öfter berichtet orf.at von Überfällen und Gewaltausübung männlicher Jugendbanden. Auch in Innsbruck (Tirol) wurde ein 15-Jähriger im Zuge eines brutalen Überfalls ausgeraubt und schwer verletzt. Neben patriarchalen, gewaltförmigen Männlichkeitskonstruktionen, die Macht und Durchsetzungsfähigkeit versprechen, sind die Ursachen entsprechender Taten ebenso in

zünde ich es an und dann wird gesagt es solle nichts brennen[71] zu nehmen des anderen Hab und Gut und sei er eines

← ORF.at News

ORT CHRONIK KULT

15-Jähriger in Tirol beraubt und schwer verletzt

Online seit heute, 10.43 Uhr

Auf dem Innsbrucker Hauptbahnhof ist ein 15-Jähriger von einer Jugendbande beraubt und von einem 13-Jährigen schwer am Kopf verletzt worden. Der Vorfall passierte am Samstag, die Polizei hat inzwischen fünf junge Männer festgenommen.

[72]

Alters, das dies eigentlich völlig verneint, nicht nur zu nehmen dessen Hab und Gut sondern den viel zu jungen Jungen auch noch schwer zu verletzen dabei ja das tue ich und ich verletze ihn schwer[72] wie auch die nächste Frau ja egal welche naja ich kenne sie schon waren ja einst ein Paar und jetzt nicht mehr und halte sie an und halte sie fest und sperre sie ein wie sowas getan

← ORF.at News

ORT CHRONIK RELIG

Frau in Wiener Wohnung festgehalten und gefoltert

Online seit heute, 11.43 Uhr

In der Donaustadt (Wien) soll vorige Woche eine junge Frau einen ganzen Tag lang eingesperrt und gefoltert worden sein. Der mutmaßliche Täter ist der Ex-Freund, er soll zusammen mit seiner Mutter das Opfer in eine Falle gelockt haben.

[73]

kapitalistischen Strukturen zu suchen. Die damit verbundene ungleiche und ungerechte Verteilung von Privilegien stattet manche Menschen mit Geld und Ressourcen aus, während andere leer ausgehen und andere Mittel und Wege suchen, um an Geld zu kommen.

[73] In Donaustadt (Wien) wurde eine junge Frau von ihrem Ex-Freund unter Beihilfe von dessen Mutter in eine Wohnung gelockt, wo er sie einsperrte und ihr mehrere Knochenbrüche und Blutergüsse zufügte. Die Unterstützung der Mutter verdeutlicht erneut die Kompliz∗innenschaft von Frauen (siehe Fußnote 68).

[74] Nachdem der Fall einer Betroffenen bekannte wurde, die den Fußballnationalspieler Stefan Ilsanker aus Hallein (Tennengau) wegen Vergewaltigung anzeigte, meldete sich eine weitere Frau, die er zu vergewaltigen versucht hatte, während sie nicht nur alkoholisiert gewesen war, sondern auch geschlafen hatte. Anstatt Empathie mit den Betroffenen zu stärken, ihren Aussagen Glauben zu schenken oder sexualisierte Gewalt zu problematisieren, verharmlost der Beitrag auf orf.at, der inzwischen nicht mehr online ist, die Vergewaltigung mit den Worten, dass der Fußballer versucht hätte, „einen Beischlaf zu vollziehen". Auch sein Bruder, der von „einvernehmlichem Sex" berichtet hatte sowie der Österreichische Fußballbund (ÖFB), der darauf vertraute,

gehört mit so flüchtigen Frauen und foltern tu ich sie auch damit ihr das Zeitliche ein bisschen hängen bleibt denn das tut die Folter[73] so spiele ich

Vergewaltigungsvorwurf gegen Profifußballer: Frau befragt

Online seit heute, 16.03 Uhr

Im Fall der Vergewaltigungsvorwürfe gegen den Salzburger Fußballnationalspieler Stefan Ilsanker ist heute das mutmaßliche Opfer befragt worden. In solchen Fällen werden Zeugen und Zeuginnen sowie Beschuldigte getrennt einvernommen. Der Salzburger Anwalt Franz Essl vertritt die Frau.

[74]

82-Jährige schlug Räuber in die Flucht

Online seit heute, 11.14 Uhr

Eine 82-Jährige ist gestern in Leibnitz (Steiermark) Opfer eines versuchten Raubüberfalls geworden: Ein 20-Jähriger versuchte, ihr die Handtasche zu rauben, rechnete aber offenbar nicht mit der Gegenwehr des Opfers, das ihn in den Flucht schlug. Der Mann wurde kurz darauf verhaftet.

[75]

dass „sich die Vorwürfe bald als haltlos herausstellen“, werden zitiert.

Laut Statistik des Österreichischen Innenministeriums werden jedes Jahr an die 900 Vergewaltigungen zur Anzeige gebracht, die Dunkelziffer liegt deutlich höher, da in rund 20 % bis 40 % der Fälle gar keine Meldung erfolgt. Die „Aufklärungsquote“ ist mit 80 % in Österreich relativ hoch, jedoch folgen längst nicht bei jedem aufgeklärten Fall Verurteilungen. Das hat damit zu tun, dass der/die Täter häufig nicht ausgeforscht werden können, die Staatsanwaltschaften Ermittlungen aufgrund geringer Beweislage einstellen oder es sogar zu einem Freispruch kommt. Dabei ist die Problematik ersichtlich, dass es selten ‚starke Beweise‘ für eine Vergewaltigung gibt, da Sperma- und andere DNA-Spuren nur bis zu 72 Stunden nach der Tat festgestellt werden können und selbst dann keine Aussage über die Einvernehmlichkeit geben. Viele Betroffene stehen nach einer solchen Tat unter Schock und schaffen es nicht sofort, die Vergewaltigung zur Anzeige zu bringen und sich den Fragen und Untersuchungen zu stellen. Wenn es keine Beweise gibt, steht vor allem die Glaubwürdigkeit der Aussagen durch die Betroffenen im Zentrum der Ermittlungen. Aufgrund des traumatisierenden Erlebnisses und damit verbundenen Verdrängungsmechanismen ist es diesen jedoch oftmals nicht möglich, das Ereignis völlig „widerspruchsfrei“ zu schildern, was zur Einstellung der Ermittlungen führen kann. Hinzu kommt, dass Betroffenen vor allem dann kein Glauben geschenkt wird, wenn es sich bei den Tätern um Männer handelt, die

Fußball ja sicher bin ich ein Fußballer und jetzt befragen sie mich ob ich eine Frau vergewaltigt habe he[74] ich laufe dahin und will dieser Alten ihre Handtasche herunterreißen herunterschneiden hey die Alte wehrt sich aber ziemlich vehement und ich vertrolle mich ohne[75] aber ziehe gleich in der Folge warum auch nicht

29-Jähriger bedrohte Freundin und Bekannten mit Messern

Online seit heute, 8.12 Uhr

Ein 29-jähriger Mann hat gestern Abend in seiner Wohnung in Kärnten zunächst seine Freundin geschlagen und dann sie und einen anwesenden Bekannten mit mehreren Messern bedroht. Die Frau konnte eine Freundin verständigen, die dann die Polizei rief.

[76]

Sohn stach auf Vater ein: Haft und Einweisung

Online seit gestern, 16.03 Uhr

Ein 27-jähriger Obersteirer musste sich heute in Leoben wegen Mordversuchs am eigenen Vater verantworten: Insgesamt achtmal hatte der Mann auf sein Opfer eingestochen. Das Urteil: zwölf Jahre Haft und Einweisung.

[77]

mein Messer und schlage zuerst meine Freundin und halte dann dieser samt einem Hawara da das Messer vor die Marille denn hierzu ist ein Messer da[76] und dann wechsle ich das Sein und bin in der Welt und ich bin ich aber wieder ganz ein anderer und nun steche ich mit diesem Messer auf meinen Vater hin zigfach steche ich ein und ich weiß

große Sympathie und Anerkennung in der Gesellschaft genießen – wie im Fall von Fußballern des Nationalteams.

[75] In Leibnitz (Steiermark) setzte sich eine 82-Jährige im Zuge eines Überfalls zur Wehr und konnte so verhindern, dass ihr ein 20-Jähriger die Handtasche entriss.

[76] Ein 29-jähriger Mann bedrohte in seiner Wohnung seine Freundin sowie einen anwesenden Bekannten mit mehreren Messern und verletzte sie dabei.

[77] Nachdem ein 27-Jähriger seinen Vater mit acht Messerstichen verletzt hatte, wurde er in Leoben wegen Mordversuchs zu zwölf Jahren Haft verurteilt. Als Motiv gab er häufige Demütigungen und Beleidigungen durch den Vater an. Hier zeigt sich, dass psychische Gewalt nicht immer ohne Konsequenzen bleibt und physische Gewalt zur Folge haben kann.

[78] Die Frage der Verhältnismäßigkeit bei Amtshandlungen und Amtsmissbrauch von Polizisten stand im Mittelpunkt eines Prozesses am Bezirksgericht Hermagor (Kärnten), wo ein „hochrangiger Polizist" wegen Körperverletzung verurteilt wurde. Er schlug eine Spaziergängerin, da diese ihre Hunde nicht angeleint hatte.

[79] Ein Betrunkener wurde nicht nur in einem Lokal in Wals (Flachgau) gewalttätig, sondern griff im Zuge seiner Festnahme auch einen Beamten an und trat ein Loch in eine Wand der Polizeiinspektion.

[80] In Liebenau (Graz) nahm die

nicht wie alt ich bin wer weiß das überhaupt wisst denn ihr es werde ich genommen und Einweisen ist auch ein

ORF.at News

IT CHRONIK KULT

Hochrangiger Polizist muss für Körperverletzung zahlen

Online seit gestern, 16.02 Uhr

Ein hochrangiger Polizist ist gestern am Bezirksgericht Hermagor (Kärnten) wegen Körperverletzung verurteilt worden. Wie Gerichtssprecher Christian Liebhauser-Karl bestätigt, fasste er eine Geldstrafe von 9.000 Euro aus.

[78]

Wort[77] wie auch Kiwara kein Hawara aber ich bin einer ein Kiwara samt mein Rang ist ein hoher Rang meine Schläge ebenso hoh und wenn ich Hunde sehe, wie sie nicht angeleint sind, dann sind diese zu spüren und dann zahle ich dafür ja das tue ich[78] denn ich entgrenze mich über den Körper entgrenze ich mich gleichermaßen in die Wand hin bei dieser Polizei randaliere ich und zertrete ihnen diese ihre Wand ihre Scheißhauswand zertrete ich und trete ein Loch rein so fest dass ich mich freue fett bin ich natürlich schon auch[79] ist das eine Frage oder nicht so nehme ich hernach meine Frau und meine Kinder als Geiseln und tue das und sperre sie ein und drohe mit ihrem Umbringen[80] und wieder nehme ich mein Messer und wieder setze ich es ein und wieder

Polizei einen 34-Jährigen fest, der seiner Lebensgefährtin und zwei Kindern mit dem Umbringen gedroht hatte.

[81] Ein 35-Jähriger wurde in Gries (Graz) von einem 32-Jährigen mit einem Messer angegriffen und dabei lebensbedrohlich verletzt. Abermals wird ein „Streit" erwähnt, der der Tat vorausgegangen ist, das Motiv blieb jedoch unklar.

ORF.at News

ORT CHRONIK RELIG

Randalierer trat bei Polizei Loch in die Wand

Online seit heute, 16.44 Uhr

Ein betrunkener Randalierer hat heute in den frühen Morgenstunden nach seiner Festnahme ein Loch in die Wand einer Polizeiinspektion in Salzburg getreten. Zudem attackierte der 29-Jährige einen Beamten.

[79]

ORF.at News

ORT CHRONIK KULT

Geiselnahme in Grazer Wohnung

Online seit heute, 21.34 Uhr

Im Grazer Bezirk Liebenau hat heute Nachmittag ein 34-Jähriger seiner Lebensgefährtin und zwei Kindern mit dem Umbringen gedroht. Er konnte von der Polizei festgenommen werden.

[80]

13:20 13 %

ORF.at News

ORT CHRONIK RELIG

Lebensgefährlich mit Messer verletzt

Online seit heute, 9.16 Uhr

Ein 32-Jähriger steht im Verdacht, gestern Mittag einen 35-Jährigen im Grazer Bezirk Gries im Zuge eines Streites mit einem Messer attackiert und lebensbedrohlich verletzt zu haben.

[81]

Brand in Zelle – Häftling in Lebensgefahr

Online seit gestern, 19.57 Uhr

Ein 34-jähriger Häftling hat gestern in der Justizanstalt Graz-Jakomini seine Zelle in Brand gesetzt – der Mann befindet sich in Lebensgefahr.

[82]

verletze ich jemanden und es ist diesmal ein Mann und es ist mein Freund und sein Leben ist in Gefahr dadurch ja [81] das Feuer gefällt mir und ich bestimme es und lege den Brand in meiner Zelle darin andere auch sind und dann besteht schon wieder die Gefahr um das Leben ist es das meine oder das eines anderen nun ich weiß es nicht [82] ich fahre davon und wieder alle mir nach geht es um Substanzen wie sie illegal

[82] Auch Gefängnisse sind nicht selten Orte männlicher Gewalthandlungen, zumeist gegen andere, aber in bestimmten Fällen auch gegen sich selbst. So zum Beispiel, als ein 34-jähriger Häftling seine Zelle in der Justizanstalt Graz-Jakomini in Brand gesetzt hatte und sich dabei lebensgefährlich verletzte. Die Gründe für die Brandstiftung waren orf.at nicht bekannt.

[83] In Linz lieferte sich ein führerscheinloser Autofahrer, der zudem unter Drogen stand, eine Verfolgungsjagd mit der Polizei, bei der er einen Streifenwagen rammte.

[84] In Linz stach ein 50-Jähriger lebensgefährlich auf einen 40-Jährigen ein, so dass dieser nur durch eine Notoperation gerettet werden konnte. Erneut wird ein „Streit“ erwähnt, der der Tat vorausgegangen sei, wobei das Motiv abermals unklar blieb.

[85] Um einen 44-Jährigen im

RF.at News

CHRONIK RELIG

Wilde Verfolgungsjagd mit Drogenlenker in Linz

Online seit heute, 8.12 Uhr

Ein Autofahrer, der unter Drogen gestanden ist und außerdem keinen Führerschein besitzt, hat der Polize gestern Abend in Linz eine wilde Verfolgungsjagd geliefert. Als er endlich gestoppt werden konnte, rammte er noch einen Streifenwag

83]

18:32 74 %

ORF.at News

GION CHRONIK SCIE

Notoperation nach Bauchstich

Online seit heute, 18.17 Uhr

Auf dem Linzer Südbahnhofmarkt hat gestern Mittag ein 50-Jähriger offenbar im Zuge eines Streits auf einen 40-Jährigen eingestochen, der nur durch eine Notoperation gerettet wurde.

[84]

sind in diesem Österreich ja ich fahre mit meinem Auto und ich fahre sehr gut und wir fahren dann recht wild und

CHRONIK

15-Jähriger im Gerichtssaal festgenommen

Die Polizei in Braunau hat zwei Verdächtige ausgeforscht, die versucht haben sollen, einem Nachtschwärmer die Geldbörse zu rauben. Ein 15-Jähriger wurde im Gerichtssaal festgenommen, wo er sich wegen eines anderen Raubes verantworten musste.

[85]

nun heißt es Verfolgung das Wort ist nicht einfach doch das zu tun ist es vielleicht mehr oder auch nicht [83] da muss ich weiter und ein Weiter und noch ein Weiter und das Messer muss her und erneut muss es in einen Bauch rein von dem Typen da der mich so reizt in diesem Streite ist ein Streite dazu da das Messer zu zücken oder ist es umgekehrt wer kann das wissen [84] wieviel kann man überhaupt wissen wie jung ich überhaupt bin das weiß ich auch nicht will ich auf jeden Fall das Geld eines Mannes rauben und da ist das zwar schon her aber im Saale so eines Gerichtes kommen sie mir dann drauf naja [85] die Zeiten sie sind neu und die

Bezirk Braunau (Oberösterreich) auszurauben, bewiesen zwei Jugendliche erstaunlichen Einfallsreichtum. Sie gaben sich als Zivilpolizisten aus, was ihnen der Betroffene jedoch nicht glaubte. Daraufhin versuchten die beiden, in sein Auto einzudringen und ihm seine Brieftasche zu stehlen. Als er sich mittels lautem Hupen wehrte, flüchteten die beiden Täter. Einer der beiden Jugendlichen war bereits wegen Beteiligung an einem schweren Raub, der im Herbst 2019 stattgefunden hatte, vor Gericht gestanden.

[86] In Salzburg musste sich ein 24-Jähriger in einem pandemiebedingt per Videokonferenz durchgeführten Strafprozess verantworten. Er hatte seine Freundin im Februar gewürgt, „durch die Wohnung geschleudert" und mit vorgehaltenem

Häftling per Videokonferenz verurteilt

Online seit heute, 12.41 Uhr

Um eine Ansteckung mit dem Coronavirus zu vermeiden, ist heute ein Strafprozess in Salzburg gegen einen 24-Jährigen per Videokonferenz abgehalten worden. Der Häftling befand sich in der Justizanstalt. Er wurde wegen Gewaltdelikten gegen seine Freundin von der im Prozess mehrere Kilometer entfernten Richterin verurteilt.

[86]

KULT

Waffenfund nach Brandeinsatz

Online seit heute, 18.06 Uhr

Mehrere Waffen hat die Polizei in Neuhofen an der Krems in der Nacht auf heute in Oberösterreich sichergestellt, nachdem sie eigentlich wegen eines nächtlichen Feuers in einem Garten alarmiert worden waren. Zwei Männer wurden angezeigt.

[87]

CHRONIK

Feier eskaliert: Verdacht auf Mordversuch

Bei einer Geburtstagsfeier in St. Jakob im Rosental ist es zu einem Streit zwischen einem 54 Jahre alten Slowenen und seinem 49 Jahre alten Chef aus St. Jakob gekommen. Der Slowene attackierte den Kärntner laut Polizei auf dem Heimweg mit zwei Messerstichen. Das Opfer wurde lebensgefährlich verletzt. Der mutmaßliche Täter wurde festgenommen.

[88]

Zeiten sie sind auch immer anders jetzt sind wieder neue Zeiten da die machen auch die Formen der Sprüche und der Richtungen wieder anders ja ich bin jetzt auch mit und durch eine Videokonferenz verurteilt[86] ja sag einmal und sie finden dann auch noch Waffen[87] und nach einer Feier kommt da wer drauf es gibt einen Mord-versuch von meiner Seite her[88] und dann zeigt mich auch noch meine Frau an nach einem Streit hey ich sag dir was leicht habe ich es echt nicht in diesem Leben[89] gehen mir so viele Leute auf den Senkel mit ihrer

ORF.at News

DIEN CHRONIK SCIEN

Frau in Oberösterreich zeigte nach Streit Ehemann an

Online seit heute, 12.06 Uhr

Eine 29-jährige Frau hat ihren Ehemann bei der Polizei Leonding (Oberösterreich) angezeigt. Sie gab an, dass der 25-Jährige illegal eine Schusswaffe besitze und einen Raubüberfall plane. Bei einem Streit habe er sie zudem gefährlich bedroht, sagte sie gestern der Polizei.

[89]

Messer Drohungen ausgesprochen, u.a. dass sie heute sterben werde und wenn sie die Polizei riefe, er ihr „mitten ins Herz“ stechen würde. Wie so oft handelte es sich auch bei diesem Mann nicht um die erste Gewalttat gegenüber seiner Freundin. Bereits im Vorjahr hatte er sie in einem Zimmer eingesperrt.

[87] In Neuhofen an der Krems (Linz-Land) stellte die Polizei mehrere – legal besessene – Langwaffen, ein geladenes Kleinkalibergewehr, eine Gasdruckpistole und Munition sicher und zeigte infolgedessen drei Männer an.

[88] Trotz des pandemiebedingten ersten Lockdowns in Österreich veranstaltete ein 49-Jähriger in St. Jakob/Rosental (Bezirk Villach-Land) eine Geburtstagsfeier, bei der er von seinem 54-jährigen Angestellten mit einem Messer lebensgefährlich verletzt wurde. Wie es häufig der Fall ist, betont orf.at, dass es einen Streit gegeben habe und titelte: „Feier eskaliert“.

[89] In Leonding zeigte eine 29-jährige Frau bei der Polizei an, dass ihr Ehemann illegal eine Schusswaffe besitzen würde, ihr damit gedroht und einen Raubüberfall geplant hätte. Anstatt über die Gefährlichkeit von Männern mit (illegalen) Schusswaffen, insbesondere für Frauen in Trennungssituationen, zu berichten, erwähnt orf.at nicht nur, dass der Mann die Drohungen bestritt, sondern auch,

unbedachten Arschlochart das kann ich dir wirklich sagen ein Lied davon singen wenn das doch diese geschissene Nachbarin täte nur tut sie das nicht sondern hustet nur und hustet nur in ewigen Hustenanfällen dass es zum Aus-der-Haut-Fahren ist und das muss ich auch sagen natürlich, wenn sie nicht endlich aufhört zu husten, dann beende

ORF.at News

SCHAFT CHRONIK IT

Hustenanfälle: Frau mit Umbringen bedroht

Online seit heute, 7.32 Uhr

Im Pongau in Salzburg hat laut Polizei ein 58-jähriger Mann seine Nachbarin mit dem Umbringen bedroht, weil sie Hustenanfälle hatte.

Mehr dazu in salzburg.ORF.at

[90]

ORF.at News

ORT CHRONIK SCIEN

Ex-Freund bedrohte Frau mit Gewehr

Online seit heute, 13.00 Uhr

In Wien-Leopoldstadt hat ein Mann seine Ex-Freundin mit einem Gewehr bedroht. Die WEGA musste ausrücken. Der Einsatz führte die Polizei dabei auf die Spur von zwei mutmaßlichen Drogendealern.

[91]

dass die Frau ihm im Zuge eines Trennungsstreits gedroht hätte, der Polizei von der Waffe zu erzählen. Dadurch wird von orf.at (erneut) Rache als Motiv der Frau für die Anzeige ins Spiel gebracht.

[90] Die pandemiebedingte, gesteigerte Gewaltbereitschaft von Männern lässt sich durch einen Fall im Pongau (Salzburg) veranschaulichen, wo ein 58-jähriger Mann die Nachbarin mit dem Umbringen bedrohte, weil sie Hustenanfälle gehabt hätte.

[91] In Leopoldstadt (Wien) kam die Spezialeinheit der Polizei (WEGA) zum Einsatz, weil ein 34-jähriger Mann seiner Ex-Freundin ein Gewehr an den Kopf gehalten hatte. Im Zuge der Hausdurchsuchung wurden, neben Drogen, ein Gewehr sowie Munition gefunden.

[92] Auch das Covid-19 Virus wird von Männern als ‚Waffe' gegen Frauen eingesetzt. Gleich mehrere (pandemiebedingte) Anzeigen folgten, nachdem ein 40-Jähriger einer Passantin damit drohte, sie mit dem Coronavirus anzustecken. Er hätte sie nämlich bei illegalen Müllablagerungen am Inn beobachtet. Während der Mann wegen gefährlicher Drohung und Verstößen gegen das Covid-19-Maßnahmengesetz angezeigt wurde, erhielt die Frau eine Anzeige wegen Verstoßes gegen das Abfallwirtschaftsgesetz.

[93] Als im andauernden Lockdown zu Hause gefeiert und die Musik etwas lauter aufgedreht wurde, musste die Polizei hin und wieder wegen Lärmbelästigung ausrücken. Als dies in Kapfenberg (Steiermark) geschah, attackierte ein betrunkener 41-Jähriger die Beamten mit einem rund 80 Zentimeter langen Schwert. Zudem wurden

ich ihr das und mit dem auch gleich sie, ja sicher, in einem Aufwaschen[90] brauche ich mein Gewehr nicht den es ist sauber immerdar bereit zu führen zu heben zu zeigen auf das zu Beschießende genau nun betrifft es meine Frau ja eigentlich meine Ex-Frau und richte das Gewehr gegen sie und feuere ja eh nicht hey ich richte es halt aus, damit sie weiß, wo der Hammer hängt[91] muss man ausmisten im Frühjahr, ja das muss man, und daher bring ich meinen Dreck weg und werfe den in den Wald oder die Wiese oder sonstwo hin ist ja egal wohin und wer das sieht und wer mir da absichtlich zuschaut dabei diese Sau ja die kann sich schnell trollen, sonst steck ich diese Person mit meiner Krankheit an mit diesem Virus, wie es herumgeht im Moment normal mit Namen CoV, damit kann man wen schon abschrecken wie ich es weiß und wie ich es tue[92] und wo ich auch bin, ich weiß mich zu wehren, und bin ich dabei nüchtern oder unnüchtern ja das steht zur Debatte sicher nicht, ich hab ein Schwert, was glaubst denn du, und wenn da ein Kiwara kein Hawara daherkommt und was will von mir, dann zieh ich das Schwert auch heran es zu verwenden gegen diese Amtsanmaßenden jawohl und genau[93] wenn ich dann aber wieder weiter bin und woanders bin ich denn

18:42 36 %
ORF.at News
ORT CHRONIK RELIG

Illegal Müll abgelegt: Mann drohte Zeugin mit CoV-Ansteckung

Online seit heute, 12.37 Uhr

Ein 40-jähriger Tiroler, der von einer Passantin bei illegalen Müllablagerungen am Inn beobachtet worden ist, hat die Augenzeugin damit bedroht, sie mit dem Coronavirus anzustecken. Auf den Mann wartet eine Reihe von Anzeigen

[92]

Airsoft-Gewehre sowie eine Schreckschusspistole in seiner Wohnung gefunden.

[94] Einen weiteren Fall von Gewalt gegen

ORF.at News
CHRONIK SPO

Betrunkener attackierte Polizei mit Schwert

Online seit heute, 13.46 Uhr

Mit einem Schwert hat ein betrunkener Kapfenberger gestern Polizisten attackiert, die wegen Lärmerregung an seiner Wohnung geklopft hatten. Es kam zum Einsatz der Cobra. Zudem wurden weitere Waffen gefunden.

[93]

Frauen mit Schusswaffen gab es in Maria Taferl (Bezirk Melk), wo ein 61-Jähriger seine Ehefrau mit einem russischen Karabiner aus dem Zweiten Weltkrieg angeschossen hatte. Der Täter war zudem im (legalen) Besitz weiterer Waffen. Seit dem

ORF.at News
WEIS CHRONIK SP

50-Jährige angeschossen: Ehemann in Haft

Online seit heute, 8.32 Uhr

In Maria Taferl (Niederösterreich) ist gestern Abend eine 50-Jährige mit einem Gewehr angeschossen worden. Als tatverdächtig gilt ihr 61 Jahre alter Ehemann. Dieser wurde festgenommen, bestätigte die Polizei heute Früh.

[94]

jetzt und das meine Frau immer so viel anmaßt ist auch nicht neu im Streite wird es zum Streite massiv wo ich dann einfach mein Gewehr nehme und der Frau dieser meiner Frau in den Bauch schieße und ich schieße ihr in den Bauch und tue es wie man in einer Frau Bauch schießt[94] so ist es nun also und

CHRONIK

Streit um Stromkosten eskalierte: Frau wehrte sich

Eine falsche Stromrechnung in Höhe von 290 Euro hat einen Mieter einer Drei-Zimmer-Wohnung im Bezirk Linz-Land derart in Rage gebracht, dass er seine Vermieterin attackierte.

[95]

darf nicht anders sein denn euch sogenannter Gemeinde zu geben was euch zusteht, und es geht los, ja jetzt geht es erst los oder was glaubst du, ich sehe diese Frau und ich sehe diese Frau, der ich eine Wohnung vermiete, sie ist meine Mieterin also, und leider streiten wir uns über die Stromkosten denn das ist ein Punkt, worüber es sich auszutauschen gilt ja und ich verleihe meiner Rede Nachdruck, indem ich sie in diese Wohnung dränge und ein kleines Küchenmesser heranziehe ebenso und

Beginn der Pandemie wurden für das Jahr 2020 in Österreich ca. 38 % mehr Anrufe bei Frauennotrufen, 20 % mehr Betretungs- und Annäherungsverbote sowie erhöhtes polizeiliches Einschreiten bei vergeschlechtlichter Gewalt im sozialen Nahraum verzeichnet. Oftmals ist dabei von ‚häuslicher Gewalt' die Rede. Da aber nicht alle Betroffenen ein Zuhause haben und Gewalt nicht ausschließlich innerhalb der ‚eigenen vier Wände' stattfindet, wird der Begriff kritisiert.

[95] Wegen einer falschen Stromrechnung (290 Euro) drang ein 42-Jähriger gewaltsam in die Wohnung seiner Vermieterin im Bezirk Linz-Land ein und bedrohte sie mit einem Küchenmesser.

[96] Im Zuge der Auflösung einer Party, die trotz Lockdown in einem Garten in Griffen (Kärnten) stattfand, wurden mehrere Polizist*innen von männlichen Partygästen beschimpft, bedroht und physisch angegriffen, sodass diese Pfefferspray einsetzten und vier Personen festnahmen. Hier zeigt sich nicht nur, dass sich nicht alle an die Verordnungen des Covid-19-Maßnahmengesetzes hielten, sondern ebenso der Unmut über die Einschränkungen, die die Pandemie mit sich gebracht hatte und der eine konformistische Rebellion nach sich zog, die sich u.a. gegen Exekutionsorgane der Maßnahmen richtete und richtet. ‚Konformistische Rebell*innen' sind unzufrieden mit der aktuellen gesellschaftlichen Situation und rebellieren daher gegen sie. Gleichzeitig kann ihre Form der Rebellion aber als konformistisch eingestuft werden, weil sie sich nicht gegen die eigentlichen Ursachen der Unzufriedenheit richtet, sondern nur

diese wehrt sich und drängt mich raus und sperrt sich ein und ruft die Polizei, ja so geht es mir, wie du siehst, ich werde ständig hinausgedrängt aus allem[95] so muss ich auch gehen in so viele schlimme Situationen hinein und wieder hinaus und wer dankt es dir, sag es, wer dankt dir das, ja niemand dankt dir das jemals oder was glaubst du das ist doch der größte Scherz überhaupt, dass dir das wer danken würde und daher sammle ich mich mit meinen Leuten und wir sammeln uns in großer Runde, um auszutauschen uns und uns zu berauschen dabei denn das ist des Menschen Freude und Frohsinn, das zu tun nun es ist wegen dieser Virusscheiße ja nicht gestattet und wenn dann gesagt wird, dass es nicht gestattet ist und es kommt diese Exekutive zu vielt, ja dann wehren wir uns auch hier natürlich und freilich in der Anlage der Natur her natürlich und dass das dann ein bisschen eskaliert, ist auch nicht

ORF.at News

WEIS CHRONIK SPO

Niederösterreicher soll Ex-Frau und Sohn bedroht haben

Online seit heute, 11.56 Uhr

Ein 30-jähriger Mann aus Wiener Neustadt (Niederösterreich) soll heute seiner Ex-Frau gedroht haben, den gemeinsamen elfjährigen Sohn zu töten. Experten des Bundeskriminalamts und der Cobra wurden alarmiert. Nach langwierigen Verhandlungen stellte sich der Verdächtige.

[97]

16:12 58 %

ORF.at News

GION CHRONIK SPO

Party in Kärnten eskaliert: Vier Festnahmen

Online seit heute, 11.55 Uhr

Die Polizei hat gestern Abend mit einem Großaufgebot eine lautstarke Feier in einem Garten in Griffen (Kärnten) beendet. 15 Personen waren an der Party beteiligt, gleich mehrere Männer gingen auf die Einsatzkräfte los. Die Polizei setzte Pfefferspray ein, vier Personen wurden festgenommen.

[96]

gegen ausgemachte Sündenböcke, wie ‚die da oben', Juden*Jüdinnen oder auch zugewanderte Menschen, die für die individuelle Unzufriedenheit verantwortlich gemacht werden. Folglich geht es nicht um grundlegende gesellschaftliche Veränderungen, zumeist wird lediglich der Austausch der ‚bestehenden Elite' durch Autoritätsfiguren aus dem eigenen Umfeld angestrebt. Eines der deutlichsten Abbilder dieser konformistischen Rebellion sind die immer größer werdenden Demonstrationen, die in regelmäßigen Abständen gegen Maßnahmen zur Eindämmung der Pandemie stattfinden.

[97] Nicht selten instrumentalisieren Männer die gemeinsamen Kinder, um weiterhin Kontrolle über Ex-Partnerinnen ausüben zu können. In diesem Sinn ist der Fall eines 30-jährigen Mannes zu verstehen, der in Wiener Neustadt (Niederösterreich) seiner Ex-Frau am Telefon gedroht hat, den gemeinsamen

unnatürlich und dann wird wieder angeklagt, eh klar[96] wenn ich dann schaue in den Himmel rauf und mich nicht mehr weiß, wohin zu bewegen, dann kann es schon sein, dass ich einfach einen kleinen Schnalzer verspüre

ORF.at News

ORT CHRONIK SCIE

Vater und Sohn mit Bagger angriffen

Online seit heute, 12.15 Uhr

Ein Firmenchef in Straßwalchen (Salzburg) soll mit einem Bagger zwei Personen brutal angegriffen haben – einen Mann und seinen kleinen Sohn. Sie waren in einem Kleinbus unterwegs. Die Staatsanwaltschaft ermittelt wegen Mordversuchs. Der Anwalt des Verdächtigen spricht von einer Psychose, ausgelöst durch die behördlichen Coronavirus-Maßnahmen.

[98]

und dann tue, was ich tuen muss, wo da meine Frau, nun es ist meine Ex-Frau, glaubt, sie könne mir was, da sage ich dann, dass ich unseren gemeinsamen Sohn, seiner Jahre elfe, töten werde, wenn sie nicht spurt, ja das sage ich und meine es auch so, denn ich bin Herbert und das ist meine Ansage und ich bestimme, was zu tun ist und wer sich dem nicht beugt, der soll schon spüren, was er mich spüren lässt[97] da nehm ich meinen Radlader wenn es mir zu viel wird mit diesen Coronamaßnahmen

elfjährigen Sohn zu töten, würde sie nicht wieder zu ihm zurückkehren.

[98] Auf die behördlichen Covid-19-Maßnahmen bezog sich auch ein Mann in Straßwalchen (Flachgau), der einen Mann und dessen kleinen Sohn mit einem Bagger angriff. Die Maßnahmen hätten bei ihm eine Psychose ausgelöst, die zur Vorstellung führte, dass „jeder, der sich dem Firmengelände nähert, ihn und seine Familie mit dem Coronavirus ansteckt und tötet."

[99] In Wien kam es zu mehreren Vorfällen mit sogenannten „Corona-Spucker*innen", die anderen Menschen mit einer Ansteckung durch Anspucken gedroht hatten – in einem Fall, um damit einer Festnahme durch die Polizei zu entgehen.

ORF.at News

ORT CHRONIK KULT

CoV: Positiv getesteter „Spucker" in U-Haft

Online seit heute, 19.03 Uhr

Das Landesgericht für Strafsachen Wien hat heute über einen positiv auf SARS-CoV-2 getesteten „Coronavirus-Spucker" die U-Haft verhängt. Das teilte Gerichtssprecherin Christina Salzborn am Abend auf APA-Anfrage mit.

[99]

[100] Im Zuge eines Banküberfalls wurde eine Frau vom Täter angeschossen und dabei schwer im Bereich der Nieren verletzt.

steige auf den Bagger hinauf und fahre auf den Typen samt seinem kleinen Sohn hin und will sie wirklich töten, denn ich bin so wild und ich halte das alles nicht mehr aus und ich sehe jetzt rot und spare sicher nicht mit Müh und Not das jetzt durchzuziehen [98] gilt es einiges auf diesem Erdball, wo gerade alles aus Tür und Angel geht weltweit haben jetzt alle die Arschkarte gezogen so wie sie auch glauben, dass ich es habe, nur weil so ein Testerl was Positives anzeigt, ist das aber sicher nicht das Ende einer Fahnenstange, denn ich verteile dann sicher und gerecht und richtig und recht meine Schleime und Säfte vulgo meine Spucke und spucke damit die Leute voll, die mir unter die Augen kommen und mir am Arsch gehen mit ihrer Mir-unter-die-Augen-Kommerei denn wen interessiert denn das wen interessiert denn sowas überhaupt jemals da muss ich einfach mich erweitern und schauen, dass möglichst viele auch so eine Arschkarte nun zugewiesen bekommen und ich sage dir, dass das nicht unverständlich ist, sondern sehr verständlich [99] dass ich Geld brauche und in eine Bank laufe mir zu nehmen, was ich mir nehmen will ein Hut, ein Stock, ein Waffenunterrock meine liebe Waffe und da schieße ich auch damit und treffe eine Frau von der Bank und treffe sie schwer [100] ist der Rausch mit meinen Freunden sind wir zusammen obwohl das im Moment nicht erlaubt da das Virus grassiert nun wir tun es dennoch und einer stürzt im Rausche aus dem Fenster runter der Dillo [101] wie oft wir uns zu solch Corona-Partys versammeln nun sag du es oder weißt du es nicht wenn du eh so

12:37 73 %
ORF.at News
CHRONIK

Frau bei Banküberfall schwer verletzt

Online seit heute, 11.22 Uhr

Ein unbekannter Täter hat heute Vormittag in Wien-Donaustadt eine Bank überfallen. Er gab dabei laut Polizei einen scharfen Schuss ab. Eine Person sei dabei verletzt worden, berichtete Polizeisprecher Paul Eidenberger.

[100]

ORF.at News
CHRONIK

Festnahme und Anzeigen nach Fenstersturz in Wien

Online seit heute, 14.17 Uhr

Ein 22-Jähriger ist gestern Abend bei einem Sturz aus dem Fenster einer Wohnung in Wien-Floridsdorf schwer verletzt worden. Freunde von ihm behinderten den Polizeieinsatz. Mehrere Männer wurden angezeigt, einer sogar festgenommen.

[101]

[101] Nachdem ein 22-Jähriger aus dem Fenster einer Wohnung in Floridsdorf (Wien) gestürzt und dabei schwer verletzt worden war, behinderten mehrere Männer den anschließenden Polizeieinsatz, u.a. dadurch, dass keine Sicherheitsabstände eingehalten wurden.

CHRONIK

Polizeieinsatz nach Schüssen bei Corona-Party

Weil Schüsse bei einer sogenannten Corona-Party zu hören waren, ist die Polizei am Wochenende nach Ollersbach bei Neulengbach (Bezirk St. Pölten) zu einem Einsatz ausgerückt. Nachbarn hatten den Lärm gemeldet.

[102]

News

CHRONIK

Mann drohte mehreren Menschen mit Mord und CoV

Online seit heute, 13.06 Uhr

Ein Mann ist in Sarleinsbach (Oberösterreich) in die Wohnung seiner Ex-Freundin eingebrochen. Mehrere Personen, die zur Hilfe eilten, bedrohte er mit Mord. Weiters drohte er damit, sie mit dem Coronavirus zu infizieren. Einem Polizisten spuckte er ins Gesicht.

[103]

gescheit bist, wie du tust, dann weißt du doch auch das, oder nicht, und wenn dann wieder diese Beamten daherkräulen und uns auflösen wollen und wir uns zu wehren verstehen, du denkst es dir schon, dass da auch das eine oder andere mal geschossen werden muss aus der Feuerwaffe heraus mit Feuer und mit Stärke und Bum und Bum [102] dass ich weiß, was ich spreche ebenso und dahingehe und ich bringe alle um, alle, wie sie mir begegnen, spreche ich den Tod an den Hals und ins Gesicht, und wenn das nicht reicht, spreche ich ihnen auch noch das Virus hin und sage es ihnen an, dass sie es gleich haben werden, wenn sie sich nicht schnell vertrollen aber sehr flott mein Lieber auch dir spreche ich das hin, wenn du nicht gescheiter wirst [103] dann kann es schon sein, dass ich es ein bisschen übertreibe und diese Cobra steht plötzlich da diese liebe Cobra heast und

[102] In Ollersbach bei Neulengbach (Bezirk St. Pölten) führten Betrunkene im Zuge einer Corona-Party Schießübungen mit einem Luftdruckgewehr durch. Der mögliche politische Hintergrund der Beteiligten stellt in der Berichterstattung abermals kein Thema dar.

[103] Zu einem äußerst gewalttätigen Angriff auf seine Ex-Freundin kam es in Sarleinsbach (Bezirk Rohrbach), wo ein 35-Jähriger mit einem Brecheisen die Wohnung seiner Ex-Freundin aufbrach und die Küche zertrümmerte. Er drohte mehreren Menschen mit dem Umbringen sowie damit, sie mit dem Covid-19 Virus zu infizieren, einem Polizisten spuckte er tatsächlich ins Gesicht. Erneut werden nicht die besonderen Gefahren für Frauen in Trennungssituationen zum Thema gemacht oder die problematischen Umgangsformen von Männern bei Zurückweisung und Kränkungen erläutert, sondern der brutale Angriff wird mit den Gefühlen des Täters erklärt: „Der 35 Jahre alte Mann dürfte die Trennung von seiner Ex-Freundin im vergangenen Herbst nicht überwunden haben."

[104] Nachdem sich zwei Männer gegenseitig mit dem Umbringen bedroht hatten, wurden fünf Softguns und eine

09:42 61 %
ORF.at News
ORT CHRONIK KULT

Cobra-Einsatz in Wels nach Morddrohung

Online seit heute, 8.42 Uhr

Ein 31-jähriger Mann aus Wels (OÖ) hat in der Nacht auf gestern die Polizei gerufen, weil ein 26-Jähriger am Telefon gedroht hatte, er werde ihn mit seinem Sturmgewehr umbringen. Nachdem auf den 26-Jährigen zwei Schusswaffen registriert waren, wurde das Einsatzkommando Cobra angefordert.

[104]

wer sagt denn, wann es übertrieben ist und wann nicht und wo es genug ist und wo noch nicht oder machen die das per Los[104] auf jeden Fall geht diese Geschichte weiter und ist noch lange nicht aus und ich kann dir sagen, dass wir jetzt zirka bei einem Viertel meines Jahres sind, zirka, und dass da noch einiges kommt, denn dieses Pandemische, diese Ausnahmelage, die ist ja erst losgegangen und den Herbert, mich freiheitsliebenden Herbert, einzuschränken, ja das kannst du dir vorstellen, dass das sowas aber von garnicht auf eine Kuhhaut geht ja wahrlich ich sage dir, wenn diese mich vollweinen von oben bis unten, dann muss ich einen Schlussstrich da hineinsetzen und beende das Leben und rüttle und schüttle auch eines noch so jungen Lebens sei es auch mein eigen Fleisch und Blut sei es auch, sei es desgleichen, sei es auch unmöglich in eines Schädel in einem Hirn nun es passiert dennoch hier vor

Schreckschusswaffe von der Polizei sichergestellt.

[105] Dass Männer selbst auf die Bedürfnisse von Babys mit Gewalt reagieren, zeigt sich am Fall eines 27-Jährigen, der sich vor dem Landesgericht Klagenfurt (Kärnten) wegen

ORF.at News
ORT CHRONIK KULT

Baby zu Tode geschüttelt - Vater vor Gericht

Online seit heute, 14.03 Uhr

Wegen Mordes an seiner sechs Wochen alten Tochter muss sich am kommenden Mittwoch ein 27-jähriger Kärntner am Landesgericht Klagenfurt verantworten. Ihm wird vorgeworfen, das Baby geschüttelt und am Kopf schwer verletzt zu haben.

[105]

Mordes an seiner sechs Wochen alten Tochter verantworten musste. Während die Mutter des Babys einkaufen gewesen war, hatte er dem Mädchen ein großes Kopfschwartenhämatom und eine Gehirnblutung („Shaken-Slam-Syndrom“) zugefügt, vermutlich infolge von starkem Schütteln und Schlägen auf den Kopf.

[106] Dass Familien eine Gefahr für alle Angehörigen darstellen können, wird im Fall eines 85-Jährigen deutlich, der in St. Pölten von seinem Sohn durch mehrere Stiche mit einem Schraubenzieher getötet wurde.

15:48 86 %

ORF.at News

ORT CHRONIK SCIE

85-Jähriger in St. Pölten erstochen: Sohn geständig

Online seit heute, 6.48 Uhr

In St. Pölten ist ein 85-Jähriger durch mehrere Stiche mit einem Schraubenzieher getötet worden. Als Verdächtiger gilt der besachwaltete 57 Jahre alte Sohn des Opfers. Er ist laut Chefinspektor Johann Baumschlager von der Landespolizeidirektion Niederösterreich geständig und wurde festgenommen.

Die Tat soll sich bereits am Dienstag im gemeinsamen Wohnhaus in der Landeshauptstadt zugetragen hab

[106]

mir und vor dir und aus ist das Baby und aus ist mein Baby und aus ist es solange [105] nicht das ganze Jahr vorüber musst du mit mir mitziehen und wir gehen weiter und glaubst du mir macht das Spaß ja aber sicher nicht ich speib mich fast an bei dem Dreck hier diesen Zeilen speib ich mich jetzt wirklich langsam an und es zerreißet dann den Laptop mit all dem Müll von mir da drauf vermerkt und es weiche das Buch und all seine Seite auf worin das alles steht und wir gehen hin zu meinem Vater und ich nehme meinen Schraubenzieher und ich steche auf ihn ein und ich ersteche diesen meinen Vater und ich sage auch, Ja, ich habe meinen Vater erstochen mit meinem Schraubenzieher, ja so ist es [106] da ich alle bin und alle Alter habe und alle Orte bewohne in diesem Österreich, so findest du mich

12:10 17 %

ORF.at News

ORT CHRONIK RELIG

32-Jähriger stach Frau in den Hals: Lebensgefahr

Online seit heute, 11.17 Uhr

In der Nacht auf heute hat ein 32-jähriger Mann in Wien auf seine Frau eingestochen. Sie wurde dabei im Halsbereich lebensgefährlich verletzt. Der stark alkoholisierte Mann hatte einem Passanten die Tat gestanden.

[107]

[107] In Penzing (Wien) hat ein stark alkoholisierter 32-jähriger Mann auf eine Frau eingestochen und sie dabei im Halsbereich lebensgefährlich verletzt.

[108] Im Lechtal (Tirol) verursachte ein 71-jähriger Bauer einen Motorradunfall, indem er sich mit einer Schaufel auf die Straße stellte, um seinen Unmut gegen Motorräder zum Ausdruck zu bringen.

ORF.at News

ORT CHRONIK RELIG

Zorniger Bauer bringt Biker zu Sturz

Online seit heute, 8.22 Uhr

Ein wütender Bauer hat gestern im Lechtal (Tirol) einen Motorradunfall verursacht. Der 71-Jährige stellte sich mit einer Schaufel auf die Straße, um gegen Motorradlenker zu protestieren, zwei Männer einer Gruppe erschraken und stürzten.

[108]

überall und zu aller Zeit und in jedem bin ich, Herbert, darin in meiner Frau bin ich ebenso mit meinem Messer, das ich in den Hals den ihren Hals gehen lasse direkt und ich bremse nicht[107] und stelle nicht so viele Fragen, denn es gibt keine Antworten darauf wer hätte denn Antworten auf solch Fragen auf Fragen dieser Art gibt es keine Antworten hat noch nie und wird auch nie ich wiederhole mich auf meinen Feldern bin ich der Herr ich bin der Chef des Agrarischen denn ohne mich überlebt ihr ja alle nicht, wenn ich euch nicht Korn und Fleisch bringe, ihr Schwachmaten, ich bin der Herr und das ist der Bauer, der euch erhält und das Leben erhält damit und wo mir so verschissene Motorradfahrer meine guten Felder verstinken und meine gute Luft verpesten und meine schöne Stille hier vermiesen, da hau ich sie einfach runter von ihren Gefährten und schau,

CHRONIK

Betrunkener Polizist verletzt Frau bei Unfall

Ein Wiener Polizist hat in der vergangenen Woche alkoholisiert einen Unfall verursacht und eine Frau leicht verletzt. Die Landespolizeidirektion (LPD) habe erste disziplinäre Maßnahmen eingeleitet, hieß es von der Polizei.

[109]

OÖ CORONAVIRUS

Landwirt soll Erntehelfer eingesperrt haben

Aus Angst, dass sich die Erntehelfer aus der Ukraine mit dem Coronavirus anstecken und so alle Arbeiter ausfallen, soll ein Landwirt aus dem Bezirk Linz-Land die Arbeiter in ihre Wohnungen gesperrt haben.

[110]

Zwei Motorradfahrer erschraken so sehr, dass sie stürzten.

[109] Männliche Selbstüberschätzung und Überheblichkeit sind nicht selten bei der Polizei anzutreffen, wie der Fall eines Wiener Polizisten zeigt, der alkoholisiert einen Autounfall verursachte, bei dem er eine Frau verletzte.

[110] Einen problematischen Kontrollwahn löste die Pandemie bei einem Landwirt aus dem Bezirk Linz-Land aus, der migrantische Erntehelfer*innen aus Angst, dass sie ihn mit dem Virus infizieren könnten, in ihre Wohnungen einsperrte und somit ihrer Freiheit beraubte.

[111] Nachdem ein 40-Jähriger am Telefon mit einer Bombe gedroht hatte und im Gegenzug eine Geldzahlung forderte, musste eine Bank in Vorarlberg geräumt werden.

[112] Im Zuge einer Hausdurchsuchung bei einem 42-Jährigen, der drei Personen in einer Wohnung in

← ORF.at News

ORT CHRONIK ME

Festnahme nach Bombendrohung in Vorarlberger Bank

Online seit heute, 19.22 Uhr

Nach einer telefonischen Bombendrohung ist heute Nachmittag eine Feldkircher Bank (Vorarlberg) geräumt worden. Noch in den frühen Abendstunden wurde ein 40-Jähriger in der Steiermark als Tatverdächtiger ausgeforscht, so die Polizei.

[111]

dass sie nicht mehr fahren[108] auf der Welt herum stehe ich erneut im Dienste der Exekutive und arbeite als diese und bin auch betrunken und verursach einen Unfall in meiner Fetten und verletze eine Frau bei diesem Unfall leider Schneider[109] ich werd schon ganz deppert vor lauter Deppertness da die ich tue und ist es eine Untertreibung, das mit deppert zu benennen, ja das ist es definitiv, aber das weiß ich als Herbert ja nicht oder weiß ich es doch hey du weißt es nicht und wer weiß es und wenn er es wüsste, was brächte es denn, denn wir gehen da jetzt weiter, bis das ganze Jahr um ist und wir durch sind damit und vorher geht hier niemand nach Haus, nur dass du es weißt, bevor wir nicht fertig sind, wirst du nicht entlassen und ich auch nicht und aus, kann da mein Helferlein dieser Ernteknecht in seiner Knechtschaft eben auch mir nicht aus denn das ist meine Macht solche und solches einzusperren das einzukasernieren wie ich es will und meine Hand das ansagt[110] auch die eine oder andere Bombe ja das verstehe ich desgleichen solches anzusagen da in und an und auf eine Bank hin denn Macht ist es, die es gibt und Macht ist es, die da kommt und Macht sei mit mir in diesem Fall sowieso oder weißt du leicht, was ich mit dem Geld mache und es nicht den Armen und Entrechteten gebe hmm[111] ich kann auch mit der Waffe oder einer Langwaffe die ist sehr lang wenn du glaubst, dass ich sowas brauche und auch gleich einem Vielfachen anzusagen den Tod einem Vielfachen an herumwürmelden Menschen dazuhierigst den Tod aufzunötigen[112] wie ich es als Sohn, der ich bin, denn ein Mann

11:26 36 %
ORF.at News
ORT CHRONIK KULT

Mann bedrohte mehrere Menschen mit Waffe

Online seit heute, 7.25 Uhr

Ein schwer bewaffneter Mann ist der Tiroler Polizei gestern ins Netz gegangen. Der 42-Jährige hatte laut Polizei zunächst drei Personen in einer Wohnung in Wörgl mit einer Langwaffe bedroht, daraufhin auch einen Kunden in einer Bäckerei.

[112]

ORF.at News
ORT CHRONIK KULT

Sohn würgte Mutter: Gegenwehr mit Messer

Online seit heute, 10.23 Uhr

In Graz ist gestern Abend ein Streit innerhalb einer Familie eskaliert. Ein 21-Jähriger bedrohte und würgte dabei seine Mutter, diese griff daraufhin zum Küchenmesser und attackierte ihren Sohn, der ebenfalls verletzt wurde.

[113]

Wörgl (Tirol) sowie einen Mann in einer Bäckerei mit einer Langwaffe bedroht hatte, wurden trotz aufrechten Waffenverbots eine Softgun, eine Machete, eine Armbrust sowie scharfe Munition sichergestellt.

muss ein Sohn sein und es gibt keinen Mann, der kein Sohn wäre, ist doch jeder Mann aus dem Leib einer Mutter gekommen und ich gehe also zu dieser Mutter hin und wir sprechen und wir streiten und es streitet sich so ungemein mit dieser bis dass ich würge diese meine Mutter und die Mutter aber gar nicht blöd, nimmt ein Küchenmesser

ORF.at News

ORT CHRONIK GESUN

14-Jähriger soll sechs Brände gelegt haben

Online seit heute, 14.34 Uhr

Die Polizei hat einen 14-jährigen vermeintlichen Brandstifter ausgeforscht. Er soll im Bezirk Melk (Niederösterreich) aus Langeweile sechs Brände gelegt haben. Der Gesamtschaden beträgt etwa 100.000 Euro. Der Jugendliche ist laut Polizei umfassend geständig.

[114]

und wehrt sich also diese meine Mutter und verletzt mich damit sogar an meinem Rücken puh hey das sag ich dir, Mütter sind schon arg[113] auch was die mir getan nun denn es geht schon weiter denn ich muss weiter und flotter muss es gehen damit das endlich wohinkommt, ich will ja weiterkommen und etwas schaffen und dir damit etwas sagen und ansagen oder glaubst du nicht glaubst du leicht ich tue das hier alles einfach so und ohne Ziel das

[113] In Graz bedrohte und würgte ein 21-Jähriger seine Mutter und verletzte sie zudem mit einem Küchenmesser. Die Mutter setzte sich – ebenfalls mit einem Küchenmesser – zur Wehr und fügte ihrem Sohn Verletzungen zu. Wieder sei laut orf.at „ein Familienstreit eskaliert".

[114] Aus Neugierde und Langeweile hat ein 14-Jähriger im Bezirk Melk (Niederösterreich) sechs Brände mit einem Schaden von rund 100.000 Euro gelegt. Es zeigt sich, wie gefährlich selbst männliche Langeweile für viele andere Menschen sein kann.

[115] Nachdem ein 18-jähriger, unter Drogen stehender Autofahrer in Purgstall an der Erlauf (Bezirk Scheibbs) gegen eine Straßenlaterne fuhr, fand die Polizei gestohlene Kennzeichen in seinem Auto.

[116] In Graz kam es zu mehreren Fällen von Tierquälerei. So schoss ein

17:07 13 %

ORF.at News

NDHEIT CHRONIK KULT

18-jähriger Drogenlenker beging Fahrerflucht

Online seit heute, 15.17 Uhr

Ein 18-jähriger Drogenlenker ist am Samstag in Purgstall an der Erlauf (Bezirk Scheibbs) gegen eine Straßenlaterne geprallt. Daraufhin flüchtete er zu Fuß und stellte sich erst drei Stunden später der Polizei. Im Auto wurden gestohlene Kennzeichen gefunden.

[115]

glaubst du ja selber nicht mein Schatz ist er auch noch sehr jung so jung wie du so jung wie ich so jung wie mein junges Alter so weiß ich dennoch längst wie man zündelt und das anzündet, was anzuzünden es gilt und viel ist das und da leg ich meine Hand ins Feuer dafür auf dass es brenne was zu brennen ich gedenke und das sind gleich sechs Orte [114] und ein bisschen älter bin ich jetzt schon und ich stehe unter Drogen und ich fahre mit dem Auto und ich fahre davon, wie ich es ja kann und dir bereits gesagt habe [115] ich mit einem

← ORF.at News

NDHEIT CHRONIK IT

Tierquälerei in Graz: Katze und Vögel beschossen

Online seit heute, 20.38 Uhr

Gleich mehrere Fälle von Tierquälerei beschäftigen die Grazer Polizei: Ein noch unbekannter Täter schoss gestern mit einem Luftdruckgewehr auf eine Katze. Zwei Männer stehen unter Verdacht, ebenfalls gestern wahllos Vögel erschossen zu haben.

[116]

Freund auf Tiere geschossen mit einem Luftdruckgewehr und waren das Katzen und Vögel und tue ich es in diesem Moment auch ja das tue ich [116] und nur weil ich bewaffnet bin will man mir die Hölle heißmachen ja weißt du überhaupt wie heiß die Hölle eigentlich ist oder nicht das ist doch völlig übertrieben würde da wer sagen oder sagst es eh

unbekannter Täter mit einem Luftdruckgewehr auf eine Katze, und zwei Männer erschossen wahllos Vögel.

Bei der überwiegenden Mehrheit der Verantwortlichen für Tierquälerei handelt es sich um Männer.

[117] Trotz eines aufrechten Waffenverbots schoss ein 35-jähriger Mann

Bewaffneter Mann löst Polizeieinsatz aus

Ein 35-jähriger Mann schoss unterdessen laut Polizei in Bregenz im Bereich des Skater-Platzes mit einer Luftdruckwaffe mehrmals auf eine Graffiti-Wand und auf den Boden. Verletzt wurde niemand. Passanten alarmierten die Polizei. Der Mann wurde rasch ausgeforscht, festgenommen und schließlich angezeigt.

[117]

← ORF.at News

ORT CHRONIK KULT

Mann schoss betrunken Lebensgefährtin an

Online seit heute, 8.39 Uhr

Im Zuge eines Streits hat gestern in Feldbach (Steiermark) ein 31-Jähriger seine Lebensgefährtin durch einen Schuss aus einer Gaspistole verletzt. Der Mann war schwer alkoholisiert.

CHRONIK

Zechkumpanen mit Messer bedroht

Ein 36-Jähriger ist Sonntagabend in Ried im Innkreis festgenommen worden, nachdem er einen 39-Jährigen mit einem Messer bedroht und das Inventar einer Wohnung zerschlagen hatte.

[118 & 119]

du [117] dass ich alkoholisiert bin also betrunken also fett in der Marille und ich mich nicht mehr so ganz spüre das weiß ich eigentlich nicht aber dass ich schieße auf meine Freundin auf diese meine Lebensgefährtin in ihre Richtung eigentlich ja mit meiner schicken Gaspistole und treffe sie dabei am Kopf [118] wie schnell das geht und wir sind schon wieder weg von diesem Platze

ORF.at News

ORT CHRONIK RELIG

Sohn soll Mutter getötet haben

Online seit heute, 12.59 Uhr

In Kronstorf (OÖ) soll ein 46-Jähriger in der Nacht auf heute seine 81 Jahre alte Mutter erschossen haben. Der Mann rief danach selbst die Polizei und stellte sich.

[120]

ORF.at News

ORT CHRONIK RELIG

Alkoholisierter Mann verletzte fünf Personen

Online seit heute, 18.08 Uhr

In Höflein (Niederösterreich) hat ein stark alkoholisierter Mann gestern Abend für einen Polizeieinsatz und fünf Verletzte gesorgt. Der 31-Jährige hatte seine Frau sowie ein benachbartes Ehepaar attackiert. Bei seiner Festnahme griff der Mann auch zwei Polizisten an.

[121]

in Bregenz (Vorarlberg) mit einem Luftdruckgewehr mehrmals auf eine Graffiti-Wand und den Boden eines Skater-Platzes.

[118] Ein schwer alkoholisierter 31-Jähriger schoss mit einer Gaspistole auf seine Lebensgefährtin und verletzte sie dabei am Kopf. Laut orf.at hatte es, ja genau, einen Streit gegeben.

[119] In Ried im Innkreis zerstörte ein 36-Jähriger das Inventar einer Wohnung und drohte einem 39-Jährigen, ihn mit einem Küchenmesser „kaputt zu machen".

[120] Zu einem weiteren Femizid kam es in Kronstorf (Bezirk Linz-Land), als ein 46-Jähriger mit einem legal besessenen Kleinkalibergewehr seine Mutter in den Kopf und in den Hals schoss. Anstatt normative Männlichkeitsanforderungen und ihre krankmachenden Auswirkungen auf Männer zu problematisieren oder alternative Umgangsformen aufzuzeigen, zitiert orf.at die Staatsanwaltschaft Steyr, die die Tat folgendermaßen erklärt: „Dass er keine Frau finde und oftmalige Vorwürfe der Mutter, damit keinen Hoferben zu haben, sollen zu der Bluttat geführt haben". Und, dass die „Situation" laut orf.at „eskaliert" sei, dürfte sich inzwischen wohl von selbst erklären.

[121] Ein stark alkoholisierter 31-jähriger Mann griff in Höflein (Bezirk Bruck a. d. Leitha) zunächst seine Frau und ein benachbartes Ehepaar sowie in weiterer Folge auch zwei Polizisten an und verletzte dabei alle fünf. Den Angriffen war, wie so oft laut orf.at, ein „lautstarker Streit" vorausgegangen.

[122] Nachdem ein alkoholisierter 30-Jähriger in Favoriten (Wien) mit

meines Lebens und im nächsten drin ist das Messer in meinem Saufhawara ja nicht aber ich halte es ihm hin und sage ihm, wie schnell es in ihm drin sein könnte und dass es recht schnell in ihm drin ist[119] und außen ist das Gerät mit dem zu schießen ich gedenke und es auch tue auf die Mutter auf die meine hin dass sie sei erschossen und tot vor meinem und jeglichem Angesicht auf immer ihr Leben also aus da ich bin der Sohn und sie ist die Mutter und ich sage an, wer lebt und wer nicht und diese Mutter lebt fürderhin nicht mehr[120] und

ORF.at News

ORT CHRONIK RELIG

Betrunkener schoss mit Gaspistole aus Fenster

Online seit heute, 11.11 Uhr

Ein 30-jähriger Mann hat gestern Abend in Wien-Favoriten mit einer Gaspistole mehrmals aus seiner Wohnung in die Luft geschossen. Der alkoholisierte Mann wurde mehrfach angezeigt.

[122]

weiter ist ein weiterer Tag meiner und weitere Aktionen meine und bin ich also wieder fett, so hab ich mich sichtlich auch nüchtern nicht unter Kontrolle oder nicht und ich streite mit allen und rangle herum und trete, attackiere und vergesse mich eigentlich komplett von vorne bis hinten und verletze der Personen in ihrer Anzahl fünfe[121] und in einem weiteren Fall und an einem anderen Tag

einer Gaspistole mehrmals aus seiner Wohnung in die Luft geschossen hatte, wurden bei ihm eine Gaspistole, 50 Stück Munition sowie zwei Schlagringe sichergestellt.

[123] Nur mit einer Unterhose bekleidet und ohne Schuhe versuchte ein 20-Jähriger in Linz, vor seiner Festnahme zu fliehen, wurde jedoch mittels einer Fahndung durch mehrere Streifen, einen Suchhund sowie einen Hubschrauber gefasst.

[124] In Sillian (Bezirk Lienz) wurden zwei Polizisten bei einem Einsatz von zwei Jugendlichen mit der Faust ins

ORF.at News

ORT CHRONIK RELIG

Mann flüchtete in Unterhose vor Polizisten

Online seit heute, 12.04 Uhr

Ein 20-Jähriger hat gestern in Linz auf spektakuläre Weise versucht, seiner Festnahme zu entgehen. Es folgte eine Fahndung mit mehreren Streifen, Suchhund und einem Hubschrauber, berichtete die Polizei.

[123]

Gesicht geschlagen und in die Hand gebissen, sodass alle Beteiligten im Krankenhaus behandelt werden mussten.

[125] Geduld zählt nicht unbedingt zu den Eigenschaften, die sich Männer im Laufe ihres Lebens aneignen. Aus Ärger über lange Wartezeit beschimpften und

ORF.at News

ORT CHRONIK MEDI

Jugendliche schlugen und bissen Polizisten

Online seit heute, 11.38 Uhr

Zwei Polizisten sind gestern Abend in Sillian (Tirol) bei einem Einsatz von zwei Jugendlichen attackiert und gebissen worden. Alle vier mussten nach dem Polizeieinsatz im Krankenhaus behandelt werden.

[124]

bin ich betrunken und schieße mit meiner hübschen Gaspistole aus dem Fenster raus [122] und an einem anderen Tag da stehen diese Kiwaraschweine vor meiner Tür und wollen mich mitnehmen und ich stoße die um und laufe nur in Unterhose bekleidet weg und lauf barfuß dahin und das auch recht lang naja [123] ich gehe im Rudel desgleichen gern im jungen wie im alten Alter und wenn ich da drin bin im Rudel das sich vergeht an der Exekutive da beißen wir und schlagen wir und sind eigentlich wie Tiere [124] wie das Tier auch ist und wo eine Ansammlung an Menschen gezwungen wird zu warten, da bin ich unter ihnen und wir alle gehen auf diesen Standler da auf dem Markte los weil wir warten nicht wollen und aber zu warten genötigt von des Marktes Standler da [125] dann bin ich der junge Herbert und der junge und neunzehnjährige Herbert der schafft es

F.at News

CHRONIK MEDI

Wartende Kunden gingen auf Marktstandler los

Online seit heute, 11.32 Uhr

Auf dem Hannovermarkt in Wien-Brigittenau ist es gestern zu einem handgreiflichen Streit gekommen. Weil sich zwei Männer beim Einkauf über die lange Wartezeit ärgerten, gingen sie auf einen Marktstandler los.

[125]

attackierten zwei Männer einen Fieranten in der Brigittenau (Wien) und beschädigten dessen Marktstand. Einer der beiden griff außerdem einen Polizisten an.

[126] 14 Einbrüche, Einbruchsversuche und Diebstähle – alle innerhalb von zwei Wochen begangen – wurden einem 19-Jährigen in Salzburg zur Last gelegt. Er war vor allem in Gaststätten in der Innenstadt eingebrochen.

[127] Der Nationalratspräsident Wolfgang Sobotka (ÖVP) hatte es einem 33-Jährigen so sehr angetan, dass dieser nicht nur mehrfach in seinem Büro anrief und sich

ORF.at News

ORT CHRONIK IT

19-Jähriger beging 14 Einbrüche in vier Tagen

Online seit heute, 16.26 Uhr

In der Stadt Salzburg soll ein 19-jähriger Mann aus Deutschland mehrere Einbrüche, Einbruchsversuche und Diebstähle begangen haben - vor allem in Gaststätten in der Innenstadt. Insgesamt konnten dem Serieneinbrecher zwischen 27. Februar und 1. März 14 Delikte nachgewiesen werden.

[126]

CHRONIK

U-Haft für Macheten-Mann beantragt

Die Staatsanwaltschaft hat am Mittwoch die Untersuchungshaft für einen 33-Jährigen beantragt. Der Mann war am Dienstag am Ballhausplatz festgenommen worden. Er hatte eine Machete bei sich.

Online seit heute, 15.35 Uhr

Gegen den Österreicher werde wegen versuchter schwerer Nötigung

[127]

CHRONIK

Home-Invasion: Über Baugerüst eingestiegen

Bei einer Home-Invasion in Wien-Währing sind in der Nacht auf Dienstag ein 61-jähriger Mann und eine 56-jährige Frau überfallen worden. Die bisher unbekannten Täter drangen über ein Baugerüst in die Wohnung ein.

[128]

innerhalb von vier Tagen vierzehn mal einzubrechen [126] und eine Machete habe ich auch und genannt werde ich der Macheten-Mann [127] wie der vieles versteht dieser Herbert desgleichen über ein Gerüste zum Zwecke der Bewegung am Außen einer Fassade einzudringen

in Facebook-Postings auf ihn bezog, sondern dieser sich mit einer Machete im Gepäck zum Parlament aufmachte, um – wie er selbst angab – mit Politikern zu sprechen.

[128] Über ein Baugerüst waren unbekannte Täter in die Wohnung eines 61-jährigen Mannes und einer 56-jährigen Frau eingedrungen und raubten die beiden im Zuge dieser Home-Invasion aus.

[129] Zu einer schweren Verletzung, die ein 19-Jähriger einem 17-Jährigen zugefügt hatte, führte ein Schlag mit der stumpfen Seite einer Axt auf den Kopf. Auslöser war laut orf.at ein Streit um Drogen.

09:37 68 %

ORF.at News

ORT CHRONIK IT

Streit in Niederösterreich endete mit Axthieb

Online seit heute, 8.41 Uhr

Ein 19-Järhiger ist Niederösterreich festgenommen worden, weil er einen 17-Jährigen mit der stumpfen Seite einer Axt auf den Kopf geschlagen haben soll. Der Auseinandersetzung waren laut Polizei ein Streit um Drogen und eine Verfolgungsjagd vorausgegangen.

[129]

[130] Ein 17-Jähriger musste sich vor dem Landesgericht Linz wegen Erpressung und Raub in mehreren Fällen verantworten und wurde dabei zu 21 Monaten unbedingter Haft verurteilt. Er

ORF.at News

ENCE CHRONIK KULT

21 Monate Haft für 17-jährigen Erpresser

Online seit heute, 14.22 Uhr

Ein erst 17-jähriger Erpresser und Räuber ist heute vom Landesgericht Linz rechtskräftig zu 21 Monaten unbedingter Haft verurteilt worden. Der Teenager war weitgehend geständig, teilte das Gericht mit.

[130]

in eine Wohnstatt[128] ist es erneut soweit und das Verbale entgleiset nicht nur das als auch meine liebe Axt da hinfährt auf meinen Kumpel mit der stumpfen Seit ja eh nur und hallo es geht da um bewusstseinserweiternde Substanzen und da muss man schon vehement argumentieren, wie ich das nenne[129] und ich kann auch das Erpressen und werde dann verurteilt[130] und ich kann auch das Verletzen und dass es den Kiwara nicht Hawara schwer verletzet[131] und ich kann auch das Geflüchte und das mit Hundertfünfzehn nur auf den Felgen[132] und ich kann auch das Partymachen mit meinen Leuten auf der Tanke und werden wir auch aufgelöset von dieser feierfaulen und

ORF.at News

ENCE CHRONIK RELIG

Polizisten in Wien attackiert und schwer verletzt

Online seit heute, 11.08 Uhr

Gleich zwei Wiener Polizisten sind gestern bei Amtshandlungen schwer verletzt worden. In Döbling wurde ein Beamter von einem Tobenden niedergeprügelt. In Neubau wurde ein Fahrradpolizist bei einer Kontrolle von einem Auto mitgeschleift.

[131]

hatte u.a. seine Opfer geschlagen, ausgeraubt und dazu gezwungen, Geld bei Bankomaten abzuheben.

[131] In Wien wurden zwei Polizisten bei Amtshandlungen schwer verletzt. Während in Döbling ein Mann einen Beamten niederprügelte, wurde in Neubau ein Fahrradpolizist von einem – wegen Telefonierens am Steuer abgemahnten – Autofahrer zehn bis 20 Meter mitgeschleift.

[132] Ein stark alkoholisierter 36-Jähriger in Unken (Pinzgau) verlor im Zuge einer Verfolgungsjagd mit der Polizei beide Vorderreifen, was ihn aber nicht daran hinderte, mit bis zu 115 km/h weiterzufahren. Ein Alkotest bei dem 36-Jährigen ergab 2,44 Promille. Als Gründe benennt orf.at nicht etwa männliche Risikobereitschaft oder Selbstüberschätzung, sondern führt aus, dass der Mann „wegen der Trennung

11:48 27 %

ORF.at News

S CHRONIK

115 km/h auf Felgen: Verfolgungsjagd mit Alkolenker

Samstagabend hat ein stark alkoholisierter Autofahrer bei Unken (Pinzgau) der Polizei eine Verfolgungsjagd geliefert: Der 36-Jährige hatte bei seinem Wagen zwar beide Vorderräder verloren, fuhr auf den Felgen aber bis zu 115 km/h.

Online seit heute, 10.00 Uhr

Der stark betrunkene Bosnier war gegen 19.40 Uhr von Unken in Ric[…] Lofer losgefahren. Kurz nach dem

[132]

15:35 11 %

ORF.at News

ENCE CHRONIK MEDI

Polizei löste Tankstellenparty in Linz auf

Online seit heute, 12.59 Uhr

Rund 90 Menschen, vor allem junge Männer, sind in der Nacht auf heute auf dem Gelände einer Linzer Tankstelle zusammengekommen. Mehrere Polizeistreifen waren nötig, um die Menschenmenge aufzulösen.

[133]

ORF.at News

ORT CHRONIK MEDI

Nach Mordversuch selbst Messer in Brust gerammt

Online seit heute, 14.31 Uhr

In Pressbaum (Niederösterreich) hat sich ein 74-Jähriger nach einer Attacke auf seine Lebensgefährtin selbst ein Messer in die Brust gerammt. Die Frau blieb unverletzt. Der Vorfall ereignete sich letzte Woche. Der Beschuldigte befand sich in Lebensgefahr und wurde ins Krankenhaus gebracht, mittlerweile ist sein Zustand stabil.

[134]

faden Frustpolizei nun was glaubst du ja es reut mich nicht[133] und ich kann natürlich auch das Leben eines anderen nehmen mit meinem Messer und wenn mir das dann nicht gelingt, dann hau ich

von seiner Freundin auf so gefährliche Weise unterwegs gewesen“ sei.

[133] Bei einer Tankstelle in Linz trafen sich an die 90 Personen, weil sie laut eigenen Angaben wegen des Fastenmonats Ramadan keine andere Möglichkeit hätten, sich zu treffen. Die Polizei benötigte mehrere Polizeistreifen, um die Versammlung aufzulösen.

[134] Ein 74-Jähriger in Pressbaum (Bezirk St. Pölten) attackierte zuerst seine Lebensgefährtin und verletzte sich dann selbst lebensgefährlich, indem er sich ein Messer in die Brust rammte. Die Frau konnte ihm das Messer aus der Hand schlagen und zu einer Nachbarin fliehen.

[135] Dass gerade Familienfeiern konfliktreich sein und in Gewalt enden können, zeigt ein Fall aus St. Veit an der Glan (Kärnten), wo ein 56-jähriger Familienvater seinen 22-jährigen Sohn schlug und bedrohte und die Tochter, die dazwischen gehen wollte, würgte. Zudem schoss er mit einer Schreckschusspistole drei Mal in die Luft. Von

ORF.at News

WEIS CHRONIK SCIE

Familienfeier eskalierte: Vater attackierte Kinder

Online seit heute, 10.09 Uhr

In St. Veit an der Glan (Kärnten) ist gestern eine Familienfeier außer Kontrolle geraten. Ein 56-jähriger Familienvater attackierte seine Kinder und gab auch mehrere Schüsse aus einer Schreckschusspistole ab.

[135]

mir das Messer selber rein in meine Brust[134] wenn ich dann ein Vater bin und ich bin des Öfteren ich Herbert ein solcher Vater, dann sehe ich diese meine Kinder und ich sehe sie und ich bin fett und sie alle sind auch fett und da entgleisen die Gedanken sind frei und es entgleisen die Sprache ist frei und dann entbrennt etwas und es brennt hernach in uns und ich bedrohe die

ORF.at News

WEIS CHRONIK SCIE

Tobender warf Hantelbank auf Straße

Online seit heute, 13.07 Uhr

Fernseher, Videorekorder und sogar eine Hantelbank: In Döbling hat ein Mann gestern Gegenstände vom Balkon geworfen. Erst mit Hilfe der WEGA ist es gelungen, den Tobenden festzunehmen. Er wurde in ein Krankenhaus gebracht.

[136]

Kinder diese meine Kinder bedrohe ich[135] sags und dort wo ich bin da kann ich nun dann kann ich mich einfach nicht mehr halten und ich zucke und ich tobe und ich junger Mann lebe in der Billrothstraße und dort werfe ich nun in meinem Durchzuckzustande alles aus dem verdammten Fenster auf diese verschissene Straße hinunter und ich kralle mir dazu den Fernseher und den Videorekorder und die Hantelbank und werfe und werfe und die depperten

der Polizei wurden neben der Pistole zwei weitere Schusswaffen sichergestellt.

[136] In Döbling (Wien) warf ein Mann zahlreiche Gegenstände von seinem Balkon, darunter einen Fernseher, einen Videorekorder sowie eine Hantelbank.

[137] Ein 22-Jähriger musste sich in Wien vor einem Gericht verantworten, weil er unter dem Einfluss von Alkohol und Drogen zuerst einen Autounfall verursacht und in weiterer Folge den Unfallgegner mit einer Axt angegriffen

ORF.at News

WEIS CHRONIK KULT

Schuldspruch nach Axtattacke auf Unfallgegner

Online seit heute, 14.48 Uhr

Unter anderem weil er mit einer Axt auf einen Unfallgegner losgegangen war, hat sich heute ein 22-jähriger Wiener vor Gericht verantworten müssen. Er wurde zu einer teilbedingten Haftstrafe verurteilt und befindet sich wieder auf freiem Fuß, weil er den unbedingten Strafteil bereits in der U-Haft abgesessen hatte.

[137]

und ihn dabei an der Hand verletzt hatte. Nachdem dieser versuchte zu flüchten, verfolge ihn der Alkolenker und bedrohte ihn mit einer Eisenstange. Begründung: Die Axt sei ins Auto des anderen gefallen, der Täter wollte diese zurückhaben, weil sie seinem Vater

Journalisten, die diese meine Geschichte aufgreifen, denen fällt natürlich sofort die Hantelbank ins Aug und das taugt ihnen und sie ergötzen sich daran, weil sie selbst schon immer einmal und eigentlich immer ihre eigene verschissene hingeschissene vollgeschissene Hantelbank aus dem Fenster werfen wollen und es aber nie tun und von daher ergötzen sich diese Jounalistenlaberl da an meinem Wurf und sie laben sich richtiggehend daran und lassen sich davon ernähren um durch ihr primitives Scheißleben besser durchzukommen durch so ein beschränktes und eingeschränktes Wichsleben, das nichts hergibt denn Wichserei und sie so sehr einengt und beengt und sie sich das gefallen lassen in ihren Dillofetzenleben und nicht auskönnen so festgeschweißt in ihre eigenen Leben hinein wie die Wurst ins Plastik reingewurstet und wie mit PU-Schaum noch drübergefahren unveränderbar hineinfixiert in sich selbst ja da freut sich so ein Journalistenbeidl natürlich schon von Weitem und hundert Meter gegen den Wind freut sich der wenn er da hört und sieht, dass eine ganze Hantelbank aus dem Fenster geschmissen wird und ihr Herz jauchzt und ihr Hirn frohlockt dabei und sie verwenden es von daher sofort als Schlagzeile und freuen sich, dass sie sich freuen[136] nun gut ich bin Herbert so meine Arten vielfach sind sie wie das Vielfache nur vielfach sein kann ich einen mit der Axt angehen oder kann ich es nicht und was glaubst du ist die Antwort ja sicher ist die Antwort ja und ich hab einen kleinen Autounfall mit einem Diplomaten der will den Unfall nicht ohne Kiwarei lösen und so ziehe

gehöre. Auf orf.at ist zudem zu lesen, dass der junge Mann durcheinander gewesen sei, weil er zuvor Streit mit der Freundin gehabt hatte. Der Nachsatz, dass das kein Grund sein könne, um mit einer Axt und einer Eisenstange auf einen anderen Menschen loszugehen, fehlt auch in diesem Beitrag.

[138] Immer wieder finden Femizide im Kontext jener Taten statt, die in den Medien als erweiterte Suizide verharmlost werden. Zumeist ermordet ein älterer Mann zunächst seine Frau und dann sich selbst, und nicht selten stehen diese Taten im Zusammenhang mit Erkrankungen. Während Frauen es gewöhnt sind, ihre Partner auch bei schweren Krankheiten bis in den Tod zu umsorgen und zu pflegen, gilt das gleiche nicht immer umgekehrt. Weil Frauen anderen häufig nicht zur Last fallen wollen oder die Überforderung ihrer Partner dabei erkennen, sind diese Taten nie gänzlich frei gewählt und schon gar nicht frei von vergeschlechtlichten Aspekten und Dynamiken. In diesem Sinne titelte orf.at zwar korrekterweise mit „Mord und Suizid" als in Viktring (Kärnten) ein 87-jähriger Mann seine 83-jährige Frau und dann sich selbst erschoss. Dass es einen Abschiedsbrief, in dem eine Krankheit erwähnt wurde, gab, erklärte jedoch sowohl für die Polizei sowie auch für orf.at scheinbar „alles". In dem Beitrag wurde weder auf die genannten vergeschlechtlichten Aspekte Bezug genommen noch der Mord selbst als Femizid benannt.

[139] Dass Hass im Netz aktuell ein gravierendes Problem darstellt und viel zu oft nicht folgenlos bleibt, verdeutlicht ein Fall aus Liezen (Steiermark), wo ein Jugendlicher 15 Mal auf einen anderen

ich meine Axt hervor es ist dies die Axt meines Vaters und schlage das Autofenster ein damit um mir Gehör zu verschaffen jetzt fährt der davon und hey die Axt meines Vaters ist aber noch in der Diplomatenkutsche drin drum ich hinterher bis ich sie einhole und wiederhabe und sie erneut angehe und es endet dann, wie du dir denken kannst, nicht so gut für mich [137] ist das Leben dann schon gelebt weil ich alt bin und krank auch und da töte ich zuerst meine Frau und dann suizidiere ich mich aber die Frau muss schon mit denn sie gehört ja zu mir und von daher ist es so wie es ist und wir zwei Alten mit Schuss aus dem Leben geschossen liegen dann eine Weile rum in unserem Haus, bis uns wer findet [138] bin ich wieder jung und der junge Herbert der ich also bin siehst du mich nicht der junge fünfzehnjährige Herbert der wird von einem anderen Fünfzehnjährigen in diesen sozialen Medien in diesen Netzwerken beleidigt und nehme ich also mein Messer und steche fünfzehnmal auf den ein für jedes Lebensjahr also einmal genau [139] bin ich also schon oder hast du das nicht geglaubt oder glaubst du sowas ist Zufall dass irgendwas auf diesem Erdball Zufall sei wenn ich stoße zusammen mit meinem Wagen mit was auch immer dann schert mich nicht wenns meine Beifahrerin herhaut dabei ich verlasse diesen Wagen und laufe halt davon und lasse die Schwerverletzte einfach zurück im Wagen und mach mich auf und davon, denn ich hab ja keinen Schein und wenn ich jetzt weglaufe, dann kommt mir nie wer drauf, dass ich keine solche Berechtigung zu Fahren und Lenken nie nicht habe he [140]

17:25 LTE+ 4 %

ORF.at News

LETZTE MELDUNG COV AUS

Mord und Suizid in Klagenfurt

Online seit heute, 17.12 Uhr

In Klagenfurt-Viktring soll es heute zu einem Mord und anschließenden Suizid gekommen sein. Nach ersten Informationen soll ein 87 Jahre alter Mann seine 83-jährige Frau getötet haben - und anschließend sich selbst.

[138]

ORF.at News

IT CHRONIK GESUN

15-Jähriger stach auf Gleichaltrigen ein - Lebensgefahr

Online seit heute, 8.35 Uhr

Im obersteirischen Liezen ist es gestern Nachmittag zu einer Bluttat gekommen: Zwei 15-Jährige waren in Streit geraten - dabei zog einer der beiden ein Messer und verletzte den anderen lebensgefährlich.

[139]

Jugendlichen eingestochen und ihn dadurch lebensgefährlich verletzt hatte. Dem Angriff waren Beleidigungen auf Social-Media-Kanälen vorausgegangen.

Im Online-Hassreport von 2020 stellten die Initiator*innen der App BanHate einen deutlichen Anstieg von Hass im Netz in Österreich fest. Allein im vierten Quartal 2020 kam es zu einer Vervierfachung der Hassmeldungen.

18:53 ORF.at News
ORT CHRONIK KULT

Lenker ließ Beifahrerin nach Autounfall zurück

Online seit heute, 18.09 Uhr

Ein 24 Jahre alter Autolenker hat seine schwer verletzte Beifahrerin nach einem Unfall in Nestelbach bei Graz zurückgelassen und ist geflüchtet. Die Polizei konnte den Tiroler ausfindig machen, er besitzt keinen Führerschein.

[140]

darf ich machen was ich sage und ich sage der Geschichte ein Absage an das was sie sagen dass es Geschichte ist die Geschichte nicht habe ich meine eigen Geschichte meine wie ich sie verstehe ist alles ein bisschen anders gewesen denn wer weiß denn wirklich was ist und was war und ich hab eine Wahrheit, wie viel mehr sie haben sollten da in diesem Österreich und es gibt einige mehr die gleiches denken und viele mehr die meine Ansichten teilen wir diese und sammeln uns in Gruppen und die nennen uns dann Neo dabei sind wir original aber wer weiß denn überhaupt was und wir wissen es und tun es auch und sammeln unsre Devotionalien hierzu und unsre Waffen und unsre Fahnen die echten nicht die falschen und dann kommt wer daher und löst uns auf und sagt wir täten Unrecht die Hand hochzureißen und dem Wahren zu schwören und zu singen wie wahre Gesänge es sind das kann doch nicht verboten sein oder nicht in den Häusern tun wir das und wer erlaubt denen überhaupt zu uns in unsere Wohnstatt zu gehen und

[140] Ein 24-jähriger führerscheinloser Autofahrer verursachte in Nestelbach bei Graz (Steiermark) zunächst einen Unfall, und ließ dann seine schwer verletzte Beifahrerin im Auto zurück, während er selbst floh. Wieder wird deutlich, dass männlicher Übermut nicht nur zu Selbstgefährdungen, sondern vor allem auch zur Gefährdung anderer führt.

[141] Erneut kam es zu Razzien in der Neonazi-Szene, wo bei über 20 Personen Hausdurchsuchungen (18 in Wien, vier in Niederösterreich und zwei in der Steiermark) stattfanden, denen Verstöße gegen das NS-Verbotsgesetz vorgeworfen wurden. Neben zahlreichen beschlagnahmten Computern, Datenträgern und Handys wurden von der Polizei NS-Devotionalien und Waffen sichergestellt. Interessantes Detail am

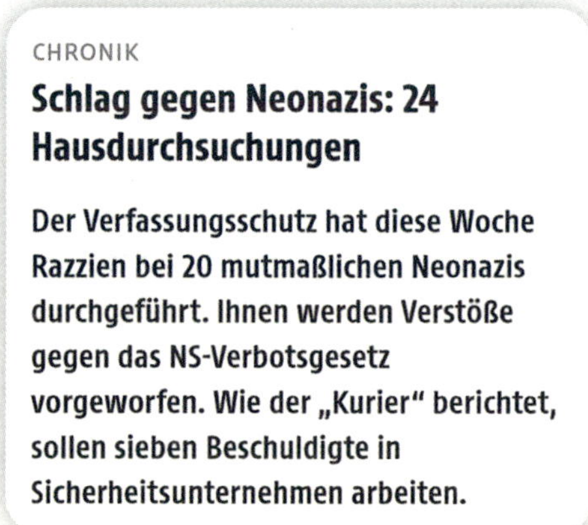
CHRONIK

Schlag gegen Neonazis: 24 Hausdurchsuchungen

Der Verfassungsschutz hat diese Woche Razzien bei 20 mutmaßlichen Neonazis durchgeführt. Ihnen werden Verstöße gegen das NS-Verbotsgesetz vorgeworfen. Wie der „Kurier" berichtet, sollen sieben Beschuldigte in Sicherheitsunternehmen arbeiten.

[141]

Rande: Sieben Beschuldigte arbeiten bei Sicherheitsunternehmen, wovon einer schon vorab für Aufsehen gesorgt hatte, weil er als Sicherheitsmann beim BVT-U-Ausschuss im Parlament tätig gewesen war.

das zu verbieten ja das verbiete ich mir denn es ist meine Privatsache dieses mein Geschichtsverständnis oder nicht mein Lieber Schwan[141] und wenn ich einem Ring angehöre da gibt es einiges an Ringen einzufügen anzugeben durchzusein der Ring der bin ich Herbert ich bin viele und hier bin ich ein ganzer Ring der handelt mit den Menschen wie

Menschenhändlerring in Wien zerschlagen

Online seit heute, 15.32 Uhr

Die Polizei in Wien, Rumänien und Großbritannien hat einen internationalen Ring von Menschenhändlern zerschlagen. Sie sollen Frauen über Jahre hinweg mit Gewalt zu Sexarbeit gezwungen haben - in gut der Hälfte der Fälle in Wien.

[142]

mit Waren denn ist nicht der Mensch auch eine Ware wie so vieles andres auch was der Mensch sagt, dass es eine Ware ist, so ist es auch eine Ware, und sagt nun der Mensch, dass der Mensch eine Ware ist, so ist er auch eine Ware und bestimmt dann auch welch Mensch die Ware und welch nicht, denn nicht jeder Mensch ist Ware, nur manche, und wieder andere Menschen bestimmen darüber, wer die Ware sei und wer nicht und sagt an ja und nein und geht dahin mit seinem Finger mit dem er zeigt und

[142] Das perfide Vorgehen und ausbeuterische Verhalten von Männern gegenüber Schwächeren und Deprivilegierten – insbesondere Frauen – wird immer wieder im Kontext von Menschenhandel und Zwangsprostitution deutlich. In Wien, Rumänien und Großbritannien wurde ein internationaler Ring von Menschenhändlern zerschlagen, deren Mitglieder mit der sogenannten Loverboy-Methode Frauen im Alter von 18 bis 40 Jahren, vor allem aus Rumänien, ‚anwarben'. Die Methode fußte darauf, dass die Loverboys Beziehungen mit Frauen aus sozial benachteiligten Verhältnissen eingingen und ihnen in weiterer Folge Jobs an anderen Orten in Aussicht stellten. Dort angekommen, wurden den Frauen die Reisepässe abgenommen. Über Jahre hinweg wurden sie mit Gewalt zur Prostitution gezwungen.

[143] Ein stark alkoholisierter 53-Jähriger versuchte mit 175 km/h, vor der Polizei zu flüchten und beging dabei zahlreiche

Flucht vor Polizei mit zwei Promille und 175 km/h

Online seit heute, 13.05 Uhr

Ein betrunkener Autolenker ist gestern Abend in Wien mit einer Geschwindigkeit von bis zu 175 km/h vor der Polizei geflüchtet. Der 53-Jährige fuhr Schlangenlinien und missachtete mehrmals Haltezeichen. Letztlich krachte er mit dem Pkw gegen einen Streifenwagen. Der Mann hatte zwei Promille.

[143]

Alkolenker wollte „Gastronomie unterstützen"

In St. Georgen im Attergau in Oberösterreich ist in der Nacht auf heute ein betrunkener Autofahrer am Steuer erwischt worden, der allerdings eine ganz eigenwillige Erklärung für seinen Zustand hatte. Er habe die „Gastronomie unterstützen" wollen, so der Mann.

[144]

zeigt hin auf das und auf das und sagt den Wert und sagt was zu tun ist mit der Ware und was die Ware zu tun hat und dann wird gehandelt mit den Waren von mir und meinem Ring, der bin ich, mit und zu andren Ringen wiederum und wir handeln und tauschen und geben und nehmen und bestimmen und wo wir sitzen, da ist das Recht unser und nicht das Recht von draußen gültig da haben wir das Recht erschaffen und niemand nehme das [142] ich fahre ja einfach nur und fahre ich einfaches Geschöpflein fahre dahin in des Alkohols Fahrtwind das ist ein Sturm denn mit zwei Promille in deines Blutes drin bist du ein Sturm mit diesen hunderfünfundsiebzig auf der Anzeigetafel bist du ein Sturm gleichermaßen und der bin ich Herbert, ich bin ein Sturm, den selbst die Polizei nicht kriegt solch fahre ich denen davon [143] und da hab ich schon die nächste Fahrt vor mir und ich fahre und fahre betrunken wie ich es nur sein kann und da mich die Exekutive anhält und mich befragt zu meinem Fahren in der guten Kombination zu meinem Rausche da sage ich ihnen, dass ich allein die Gastronomie

Verstöße gegen die Straßenverkehrsordnung, bis er schlussendlich in einen Streifenwagen krachte. 2020 gab es in Österreich 338 Straßenverkehrstote, 260 davon waren Männer. Männer sind auch insgesamt deutlich häufiger für Verkehrsunfälle mit Personenschaden hauptverantwortlich. Der Anteil von Verkehrsunfällen mit Personenschaden unter Einfluss von Alkohol betrug 2020 6,8 %.

[144] Ein stark betrunkener Autofahrer in St. Georgen (Bezirk Vöcklabruck) rechtfertigte seinen Zustand gegenüber der Polizei damit, dass er die Gastronomie nach den finanziellen Einbußen durch die Pandemie unterstützen wollte.

[145] In Wels wurde ein 19-Jähriger in seiner Wohnung überfallen und ausgeraubt, weil er 30 Euro Schulden hatte.

← ORF.at News

ORT CHRONIK SCIE

Cobra-Einsatz wegen 30 Euro Schulden

Online seit heute, 10.01 Uhr

Zahlreiche Polizisten, darunter auch Beamte der Cobra, sind in der Nacht in Wels in Oberösterreich im Einsatz gewesen. Ein 19-Jähriger wurde laut Polizei in seiner Wohnung überfallen und ausgeraubt. Das Motiv des Überfalls: 30 Euro Schulden.

[145]

[146] In Baden (Niederösterreich) verletzte ein 19-Jähriger sechs Menschen,

NÖ CHRONIK

Sechs Verletzte bei Messerattacken in Baden

In der Nacht auf Donnerstag soll in Baden ein 19-Jähriger mit einem Messer fünf Personen, darunter Jugendliche, teilweise schwer verletzt haben. Der Tatverdächtige - ebenfalls verletzt - konnte von Polizisten festgenommen werden.

Online seit heute, 6.39 Uhr

An mindestens drei Tatorten in Baden soll ein Mann mit einem Messer fünf Personen attackiert haben, so Polizeisprecher Raimund Schwaigerlehner. Der erste Einsatz war am Mittwoch gegen 22.30 Uhr am

[146]

unterstütze mit meinem Lebensstil ja das tue ich, ich bin die Unterstützung der Gastronomie und nichts sonst [144] gibt mir der die 30 Euro ja nie zurück, wenn ich mir die nicht einfach hole jetzt und ich gehe hin nicht in Frieden und drohe dem auch mit meiner Puffen und dass dann gleich die Cobra daherkommt finde ich schon etwas übertrieben und was der Einsatz kostet im Vergleich zu den 30 Euro naja ich bin da nichts Schuld dran [145] oder glaubst du sowas so leichtgläubig wie meine Ex das ist kein Spaß zu ziehen das Messer dann und ich werke damit und verletzte damit der Menschen sechs plus mich selbst und wüte und wüte denn so wütend bin ich meine Lieben [146] wissen das und ich weiß meine Sache die tue ich und ein Urteil gibts erneut gegen meine Person ist die Frau, die nicht mehr meine ist, soll keine Frau mehr sein und lege ihr daher eine

darunter auch seine Ex-Freundin – was für orf.at offenbar ausreicht, um über einen „Beziehungsstreit als mutmaßliches Motiv für die Bluttat" zu spekulieren. Wie bereits mehrfach erwähnt, haben entsprechende Taten jedoch eher mit hegemonialen Männlichkeitsvorstellungen und dem mangelnden Umgangsvermögen von Männern mit konfliktreichen Situationen als mit einem Streit selbst zu tun.

[147] Ein besonders brutales Beispiel männlicher Gewalt zeigte sich in Guttaring (Kärnten), wo zwei 29-jährige ehemalige Soldaten einen Bombenanschlag auf die Ex-Frau einer der beiden Männer verübten, um ihr einen „Denkzettel" zu verpassen. Sie erlitt dabei schwerste Brandverletzungen und musste mehrfach operiert werden. In der Anklage der Staatsanwaltschaft Klagenfurt wurden ihnen Mordversuch,

17:20 LTE+ 72 %

ORF.at News

ORT CHRONIK KULT

Bombenanschlag auf Frau in Kärnten: Anklage gegen Ex-Mann

Online seit heute, 14.13 Uhr

Die Staatsanwaltschaft Klagenfurt hat eine Anklage wegen des Bombenanschlags auf eine Frau in Guttaring eingebracht. Ihrem Ex-Mann und seinem Komplizen, beide 29 Jahre alt und ehemalige Soldaten, werden Mordversuch, schwere Sachbeschädigung sowie Gefährdung durch Sprengmittel vorgeworfen.

[147]

ORT CHRONIK KULT

42-Jähriger erlag Verletzungen nach Rauferei in Dornbirn

Online seit gestern, 22.34 Uhr

Ein 42-jähriger Mann aus Egg ist gestern im LKH Feldkirch in Vorarlberg den Verletzungen erlegen, die er sich in einer Rauferei in der Nacht auf Dienstag am Busbahnhof Dornbirn zugezogen hatte. Der Beschuldigte, ein 22-Jähriger aus Frastanz, wurde auf Anordnung der Staatsanwaltschaft bereits am Mittwoch in die Justizanstalt eingeliefert.

[148]

Bombe vor die Tür und verletze sie damit schwer mit meinem Denkzettel, den ich ihr verpassen will ich denkender Zettel, den ich mich vor ihr Angesicht begebe es zu verbrennen und zu zerfetzen und zu versengen, denn das ist ein Zettel mit Denke, nicht wahr[147] was weißt denn du von Wahrheit, kannst du überhaupt sagen wie Jesus auf Vorarlbergerisch heißt ja Dornbirn, was denn sonst, und in eben diesem schlagen sich zwei Männer und einer diese Männer bin ich, wir prügeln uns hart und ich jüngerer versetze dem älteren einen Faustschlag in sein Gesicht und der fällt um und bleibt liegen und ist tot dann in der Folge so kann es gehen[148] wobei das freilich nicht immer

CHRONIK

Mann fast zu Tode geprügelt

Wie erst jetzt bekannt wurde, hat ein 36-jähriger Salzburger in der vergangenen Woche einen 35-Jährigen fast zu Tode geprügelt. Laut Polizei kam es in einer Wohnung in Salzburg-Lehen zu dem heftigen Angriff.

23. Mai 2020, 8.26 Uhr
Dieser Artikel ist älter als ein Jahr.

Teilen

Der Gewalttäter soll auf seinen Kontrahenten mehrmals mit einem Bierkrug eingeschlagen haben. Der 35-Jährige wurde laut Ermittlern so schwer verletzt, dass er von einer Notärztin des Roten Kreuzes reanimiert werden musste.

[149]

schwere Sachbeschädigung sowie Gefährdung durch Sprengmittel vorgeworfen.

Die Rede vom „Denkzettel" lässt auf Bestrafungswünsche durch den Ex-Mann schließen – Ansichten, die Männer häufig an den Tag legen, wenn sie der Auffassung sind, dass Frauen sich nicht ihren Vorstellungen oder bestimmten Weiblichkeitsrollen entsprechend verhalten, beispielsweise im Fall von Trennungen oder neuen Beziehungen. Die Legitimation der Bestrafung von Frauen für vermeintliches Fehlverhalten wird dabei zumeist aus männlichen Dominanz- und Überlegenheitsfantasien abgeleitet.

News

CHRONIK KULT

Größeres Waffenlager in Oberösterreich gefunden

Online seit heute, 8.28 Uhr

Bei der Festnahme eines mutmaßlichen Drogenschmugglers ist die Polizei im Bezirk Schärding (Oberösterreich) auf ein größeres Waffenlager gestoßen. Der 48-jährige Deutsche lagerte in einem Haus unter anderem mehr als 30 Schusswaffen, 36 Messer und auch illegale Waffen.

[150]

tödlich endet, eine Auseinandersetzung mit den Fäusten habe ich mit einem Gleichaltrigen der ist wie ich Mitte dreißig und ich schlage ihm den Bierkrug in die Visage und der ist schwer verletzt aber nicht tot[149] und dann lagere ich Waffen, Munition und Sprengmittel in meiner Wohnung in großen Massen und die finden das blöderweise bei mir und räumen es aus wie schade drum[150] und so ich mich also nackt und ganz ohne Kleidung auf einer Baustelle verschanze und die heraneilende Polizei mit Steinen und Werkzeug bewerfe, da nehmen diese ihren Taser und tasern mich damit ziemlich heftig hinein und aus ist der Spaß[151] der eben erst beginnt mit Scheiße auf das Straflandesgericht

> CHRONIK
>
> **Nackter mit Taser außer Gefecht gesetzt**
>
> **Ein nackter Mann hat in der Nacht auf Samstag Polizisten auf einer Baustelle in Meidling mit Ziegelsteinen beworfen. Die Wiener Einsatzgruppe Alarmabteilung (WEGA) setzte den 27-Jährigen mit einem Taser außer Gefecht.**
>
> Online seit heute, 12.26 Uhr
>
> Der Nackte hatte sich kurz nach 1.00 Uhr auf der Baustelle in der Malfattigasse verschanzt. Als Polizisten nachsehen wollten, ob alles in Ordnung ist, begann der 27-Jährige mit seinen Wurfattacken. Die Uniformierten riefen die WEGA zu Hilfe. Der Mann warf unterdessen weiter Steine nach den Beamten und demolierte auch einen Baucontainer.

[151]

[148] Ein stark alkoholisierter 42-Jähriger starb in Dornbirn, nachdem ihn ein 22-Jähriger geschlagen hatte, er von einer Bank gestürzt war und dabei einen Herzstillstand erlitten hatte. Beide hatten, wie so oft laut orf.at, einen Streit gehabt.

[149] In Salzburg wurde ein 35-Jähriger von einem 36-jährigen Mann angegriffen und mit einem Bierkrug fast zu Tode geprügelt.

[150] Im Bezirk Schärding entdeckte die Polizei im Zuge der Festnahme eines Drogenschmugglers Waffenlager mit 31 Schusswaffen, 36 Messern, fünf als Taschenlampen getarnte Elektroschocker, mehrere Schlagwaffen, zwei Totschläger, je einen Morgenstern und Schlagring sowie einen Schalldämpfer. Wie in Österreich üblich, war die politische Gesinnung des Waffennarren kein Thema in der Berichterstattung.

[151] Einen außergewöhnlichen Kampf lieferten sich ein nackter Mann und die Wiener Einsatzgruppe Alarmabteilung (WEGA). Auf einer Baustelle hatte der Mann Ziegelsteine auf Polizisten geworfen und sich mit einem Hammer und einer Schaufel bewaffnet, während die Beamten gegen den 27-Jährigen einen Taser einsetzten.

[152] Manche Männer werfen im wahrsten Sinne des Wortes mit Scheiße um sich, beispielsweise im Wiener

> CHRONIK
>
> **Fäkalienangriff auf Straflandesgericht**
>
> **Im Wiener Straflandesgericht hat am Montag eine Fäkalienattacke stattgefunden. Ein Mann schleuderte vor der Sicherheitsschleuse zwei mit Exkrementen gefüllte Flaschen über eine Glaswand. Der Verdächtige wurde dank einer Security-Mitarbeiterin gefasst.**

[152]

ja das denkst du dir, dass das zusammenpasst, oder nicht[152] ... da bin ich als Kiwara, der kein Hawara ist und daher einen Sandler malträdiere und intimidiere, nicht freigesprochen von meiner Schuld, die ist meine Schuld, und werd vom Dienst suspendiert nun ja[153] was soll ich sagen, ich nehme meine Axt und erschlage meine Frau an einem Morgen im Mai mit der Axt den Leib

CHRONIK

Misshandlungsvorwurf: Polizist suspendiert

Ein Wiener Polizist ist nach einem Misshandlungsvorwurf suspendiert worden. Er soll einen am Boden liegenden, obdachlosen Mann seinen mit Pfefferspray eingesprühten Uniformhandschuh auf das Gesicht gedrückt haben. Laut Polizei laufen die Ermittlungen.

Online seit heute, 14.58 Uhr

In einem Schreiben, berichtet ein Zeuge von dem Vorfall, der sich am 26. März bei der U-Bahnstation Josefstädter Straße in unmittelbarer Nähe einer Obdachloseneinrichtung abgespielt haben soll.

[153]

entzwei und fahre gleich los zu meiner Freundin, die vor einem Kaffeehaus sitzt und steige aus und gehe hin und erschieße sie mit einem Schuss und dann bring ich mich selbst um aber nicht dort vor den Leuten, sondern wo anders[154] meine Wege sind verschlungen und weit und doch so einfach und kurz, so wie auch das Leben kurz sein kann,

Straflandesgericht, wo ein Mann zwei mit Fäkalien gefüllte Flaschen auf eine Glaswand schleuderte, weil er mit den Entscheidungen der Gerichte unzufrieden gewesen war. Der Verdächtige wurde dank einer Security-Mitarbeiterin gefasst. Der Angriff hatte sich noch Stunden später geruchlich bemerkbar gemacht.

[153] In Wien wurde ein Polizist, nachdem er einen auf dem Boden liegenden Wohnungslosen misshandelt hatte, indem er ihm einen mit Pfefferspray eingesprühten Uniformhandschuh ins Gesicht gedrückt hatte, suspendiert.

[154] Zu einem weiteren Femizid kam es in Wernberg (Kärnten), wo ein 63-Jähriger zunächst seine Ehefrau erschlug, anschließend einer ihrer Freundinnen mit einer illegal besessenen

Kärntner tötete Ehefrau und Freundin

Online seit gestern, 20.03 Uhr

Ein 63 Jahre alter Mann aus Wernberg (Kärnten) hat gestern zuerst seine Ehefrau und dann eine Freundin getötet. Danach flüchtete er nach Tarvis, wo er auf einem Parkplatz vor einem Restaurant Suizid beging. Vom Landeskriminalamt hieß es bei einer Pressekonferenz am Tatort in Drobollach am Faaker See, es sei kein Abschiedsbrief gefunden worden.

[154]

Waffe in den Kopf schoss und sie so ermordete. Auf einem Parkplatz in Tarvis (Italien) beging er anschließend Selbstmord.

[155] Nachdem das Opfer eines Raubüberfalls in Meidling (Wien) keine wertvollen Sachen bei sich hatte, fügten ihm

13:34

ORF.at News

ORT CHRONIK WIRTSC

Mann bei versuchtem Raub schwer verletzt

Online seit heute, 11.35 Uhr

Gestern Abend ist in Wien-Meidling ein Mann bei einem Raubversuch auf der Straße schwer verletzt worden. Die Täter fügten ihm eine tiefe Schnittverletzung am Bauch zu, nachdem er keine Wertgegenstände bei sich hatte.

[155]

so ist dies Jahr noch sehr lang, denn es ist noch lange nicht um, mein Freundchen, das sag ich dir und ich werde dich und deine Mutter, die dich geboren hat, in ein anderes Land treiben, das nicht euer Vaterland ist, wenn ihr das nicht kapiert, das ist halt so dass da auch Späne fallen wo gehobelt wird oder lebst du leicht hinter dem Mond du Armutschkerl, wenn ich etwas flauchen will und Geld brauch und der Typ da gibt mir nichts, dann steche ich einfach zu oder was glaubst du, ob er tatsächlich was hat oder nicht, das weiß doch ich nicht und es tut auch nichts zur Sache, [155] und meine Adoptivtochter missbrauche ich und werde dafür zu zehn Jahren Haft verurteilt [156] und einen Typen da streck ich mit meinen Fäusten nieder und der verstirbt in seinem Linz [157] und wo ich im Rudel auftrete und mich schlägere, da forschen sie mein ganzes

die Täter eine tiefe Schnittverletzung zu.

[156] Am Wiener Straflandesgericht wurde ein Mann zu zehn Jahren Haft verurteilt, weil er seine neunjährige Adoptivtochter mehrmals wöchentlich missbraucht hatte. Anstatt den sexuellen Missbrauch anzuerkennen, unterstellte der Täter seiner Ex-Frau, dass sie das Kind als „Werkzeug" benutze, um an Geld zu kommen. 2020 kam es in Österreich insgesamt zu 228 Verurteilungen wegen (schwerem) sexuellen Missbrauch von Unmündigen.

HRONIK

Adoptivtochter missbraucht: Zehn Jahre Haft

Am Wiener Straflandesgericht ist am Dienstag der Prozess gegen einen Mann wegen des sexuellen Missbrauchs seiner Adoptivtochter mit einem Schuldspruch zu Ende gegangen. Der Amerikaner wurde zu zehn Jahren Haft verurteilt.

Online seit heute, 15.48 Uhr

Der Richterspruch ist nicht rechtskräftig. Dem 58-jährigen Familienvater wurde vorgeworfen, in den Jahren 2013 bis 2014 das damals neunjährige Kind mehrmals wöchentlich missbraucht zu haben. Der Mann wies jegliche Schuld von sich, er sah hinter den Anschuldigungen eine Rache seiner Ex-Frau aufgrund der bevorstehenden Trennung.

[156]

News

CHRONIK MEDI

38-Jähriger Tage nach Faustattacke in Linz verstorben

Online seit heute, 8.09 Uhr

In Linz ist jetzt ein 38-jähriger Mann nach einem Faustschlag gestorben. Der Mühlviertler war schon vergangene Woche von einem 16-Jährigen an einer Straßenbahnhaltestelle in Linz attackiert worden.

[157]

[157] Ein 38-jähriger Mann starb an den Folgen eines körperlichen Angriffs mit

Rudel aus und nehmen es mir weg [158] und ich raube und stehle und werde

Nach Schlägereien 15 Beteiligte ausgeforscht

Acht teils schwer Verletzte und ein beschädigter Pkw - das war die Bilanz zweier Schlägereien Ende Mai im Bezirk Perg, bei denen es um eine Beleidigung gegangen war. Nun hat die Polizei 15 Beteiligte im Alter von 19 bis 25 Jahren ausgeforscht.

Online seit heute, 7.54 Uhr

Am 25. Mai gerieten auf einem Parkplatz in St. Georgen an der Gusen (Bezirk Perg) sieben Männer wegen der Beleidigung der Cousine eines der Männer in Streit. Die Situation eskalierte. Laut Polizei dürfte einer der Beteiligten einen Elektroschocker gezogen und eingesetzt haben, jemand beschädigte mit einem Schlagring ein Auto.

[158]

gesucht [159] und wieder finde ich mich im Rudel zusammen in einer großen Masse und schlage mich wie irre und viele werden verletzt, es sind zehn an der Zahl [160] und meine Ex diese Frau wie sie nicht mehr mir anhängt diese bedrohe und attackiere ich [161] und vor den Kiwaran nicht Hawaran lass ich einen Schas hin und lasse die Winde aus meinem Ausgang freien Lauf und zahle dafür gern der Euro fünfhundert dafür

einem Faustschlag durch einen 16-Jährigen bei einer Straßenbahnhaltestelle in Linz (Oberösterreich).

[158] Eine Beleidigung führte im Bezirk Perg (Oberösterreich) zu zwei Schlägereien, die mit acht teils schwer Verletzten und einem beschädigten Auto endeten.

[159] Zwei unbekannte Männer fesselten, knebelten und bedrohten einen 76-Jährigen in Bodensdorf (Kärnten) mit einer Schusswaffe. Die Täter flohen allerdings ohne Beute.

ORF.at News

CHRONIK

Alarmfahndung nach Raub in Bodensdorf

Online seit heute, 11.58 Uhr

In Bodensdorf in Kärnten haben heute in der Früh zwei Männer den Bewohner eines Einfamilienhauses überfallen. Der 76-Jährige wurde im Keller gefesselt und mit einer Schusswaffe bedroht. Die Polizei startete eine Alarmfahndung nach den Tätern.

[159]

[160] Männliche Gewalt richtet sich immer wieder auch gegen Personen mit geistigen und/oder körperlichen Beeinträchtigungen. Ein ableistischer Übergriff auf einen 26-Jährigen, der wegen seiner Behinderung beleidigt und gestoßen wurde, führte auf der Salztorbrücke am Donaukanal (Wien) zu einer Massenschlägerei. Diese endete mit zehn verletzten Personen, zwei davon schwer (Schädel-Hirn-Trauma und Bruch des Jochbeins). Gerade Ableismus

und
darauf[162]
und ich
ziehe
mein
Messer
und das
oft und
gehe
mit ihm
herum
in der
Welt als

15:09

ORF.at News

ORT CHRONIK KULT

Zehn Verletzte bei Massenschlägerei in Wien

Online seit heute, 15.00 Uhr

In Wien-Leopoldstadt ist es gestern zu einer Massenschlägerei gekommen. Dabei wurden insgesamt zehn Personen verletzt, zwei davon schwer. Auch ein einschreitender Polizist trug Verletzungen davon.

.ORF.at

[160]

ORF.at News

CHRONIK KULT

n in Graz attackierte Ex-Freundin

e seit gestern, 21.46 Uhr

az musste gestern eine 26-jährige Frau
andeskrankenhaus gebracht werden.
Polizei wurde sie von ihrem Ex-Freund
kiert und verletzt. Der Mann hingegen
an, von einem Beamten verletzt
den zu sein.

dazu in **steiermark.ORF.at**

[161]

Berserker frei
und wild nun
da weisen
sie mich in
eine Anstalt
halt ein[163]
mein lieber
Schwan ein
Missbrauch
kostet auch
einige Jahre

ORF.at News

ORT CHRONIK MEDI

Vorarlberger nach Messerattacken in Anstalt eingewiesen

Online seit heute, 17.55 Uhr

Ein psychisch kranker Mann ist heute am Landesgericht Feldkirch (Vorarlberg) von einem Geschworenengericht in eine Anstalt für geistig abnorme Rechtsbrecher eingewiesen worden. Der 24-jährige Vorarlberger hatte im September vergangenen Jahres in Bregenz zwei Personen grundlos mit zwei Messern angegriffen und verletzt und stand wegen versuchten Mordes vor Gericht. Das Urteil

[163]

(Behindertenfeindlichkeit) stellt in Österreich ein noch weitgehend unerforschtes Thema dar.

[161] In Folge eines Angriffs durch ihren Ex-Freund wurde eine 26-jährige Frau in Graz so stark verletzt, dass sie ins Landeskrankenhaus gebracht werden musste. Er wiederum behauptete, von einem Beamten verletzt worden zu sein.

[162] Österreich schafft es nur in sehr außergewöhnlichen Fällen in die internationale Presse. So beispielsweise als ein Mann eine 500 Euro-Strafe zahlen sollte, weil er im Beisein eines Polizisten in der

15:31

ORF.at News

W CHRONIK

Vor Polizisten gefurzt: 500 Euro Strafe

Wegen „Anstandsverletzung" muss ein Wiener 500 Euro Strafe zahlen. Er soll Anfang Juni in der Josefstadt absichtlich einen „lauten Darmwind" vor Polizisten entweichen haben lassen. Die Strafverfügung machte am Dienstag in Sozialen Netzwerken die Runde.

Online seit heute, 11.44 Uhr

Laut Polizei soll der Mann am 5. Juni gegen 0.40 Uhr auf dem Bennoplatz vor der Polizei gefurzt haben. Er muss nun 500 Euro Strafe bezahlen. Laut Polizei wurde die Anzeige allerdings nicht nur deswegen ausgesprochen. „Natürlich wird niemand angezeigt, wenn einmal versehentlich ‚einer auskommt'", twitterte die Polizei.

„Provokant und unkooperativ"

„Der Angezeigte verhielt sich jedoch während der gesamten vorangegange Amtshandlung bereits provokant und

[162]

wie sie es mir ansagen sind es Jahre und einweisen tun sie mich auch dazu gibts denn das[164] ja ich weiß ja, dass es das gibt denn ich sage es dir ja gerade in dem Moment sage ich es dir hin zu dir, der da höret und sehet meine Geschichte die von mir von mir Herbert, der ich bin und du bist er auch aber sicher doch, da brauchst du jetzt nicht den Kopf so behindert schütteln wie halbspastisch du weißt es ja eh und jetzt sei ruhig

ORF.at News

OÖ CHRONIK

Missbrauchsprozess: 13 Jahre und Einweisung

Jener Arzt aus dem Salzkammergut, dem vorgeworfen wurde, 109 Buben sexuell missbraucht zu haben, ist zu 13 Jahren Haft verurteilt worden. Zusätzlich wurde der 56-Jährige vom Schöffensenat in eine Anstalt für geistig abnorme Rechtsbrecher eingewiesen.

Online seit heute, 17.04 Uhr
(Update: 18.05 Uhr)

Der Mann wurde wegen schweren sexuellen Missbrauchs von Unmündige… wegen sexuellen Missbrauchs von

[164]

und hör zu genau da brauch ich keine Armbrust dazu nun ich hab sie halt jetzt doch da und benutze sie auch das würdest du auch so du eine in deinen Armen hältst so eine

CHRONIK

Mann feuerte auf Straße Armbrust ab

Ein Mann hat am Freitagabend seine neu gekaufte Armbrust in Alsergrund auf der Straße seinen Freunden vorgeführt. Er schoss laut Zeugen auf Häuserfassaden und Werbesäulen. Passanten alarmierten die Polizei.

Online seit heute, 11.30 Uhr

Der 36-Jährige war zunächst mit seiner Neuerwerbung zu seiner Freundin gefahren, um ihr diese zu präsentieren. Doch diese zeigte sich wenig begeistert. Zurück in seinem Heimatbezirk setzte sich der Deutsche mit einigen Freunden in der Porzellangasse in einen Schanigarten.

[165]

Josefstadt (Wien) absichtlich einen „lauten Darmwind“ entweichen ließ.

[163] Nachdem ein 24-Jähriger vier Menschen mit Messern so schwer verletzt hatte, dass zwei Angriffe sogar als Mordversuch gewertet wurden, wurde der Täter vom Landesgericht Feldkirch verurteilt.

[164] Zu 13 Jahren Haft wurde ein Arzt aus dem Salzkammergut wegen sexuellen Missbrauchs von Unmündigen sowie Ausnutzen seines Autoritätsverhältnisses, pornografischer Darstellung Minderjähriger und unerlaubten Umgangs mit Suchtgiften verurteilt. Der 56-Jährige hatte über 20 Jahre lang 109 Buben – darunter 40 unter 14 Jahren – teilweise schwer sexuell missbraucht, u.a. hatte er sie zur Masturbation aufgefordert und pornographische Filme mit ihnen gedreht. Seine Verantwortung und Schuld erkannte der Täter nur teilweise an und behauptete, dass seine Methoden medizinisch begründet gewesen seien. Mehrere der Kinder weisen Langzeitfolgen von den Traumatisierungen auf. Gerade Ärzte genießen zumeist nicht nur gesellschaftliches Ansehen, sondern auch Vertrauen in

Brust da benutzt du [165] die sind zu fesseln wieder und wieder Dornbirn und wieder Raub [166] und ich wichse denen allen auf diese Parkbank da hin [167] und nackt randaliere ich auf einem Baugerüst jawohl ich randaliere [168] und ich schieße aus dem Fenster so ich mich gestört fühle und das tue ich in dem Moment [169] fühle ich mich sehr gestört und [170] wenn der Typ mein Zeug nicht kaufen will, obwohl es ein gutes Zeug ist, dann muss ich halt zustechen aufdass es gerecht ist es leider viel zu oft nicht ja das sage ich dir geht es da sicher nicht anders wollen sie mich haben

ORF.at News

SCHAFT CHRONIK SPO

OÖ: Unbekannter onanierte auf Parkbank

Online seit heute, 10.10 Uhr

Die Polizei sucht in Enns in Oberösterreich einen Mann, der gestern Mittag auf einer Parkbank in aller Öffentlichkeit onaniert hat.

[167]

Nackter randalierte in Vorarlberg auf Baugerüst

Online seit heute, 16.38 Uhr

Ein 42-jähriger nackter Mann hat gestern in Höchst (Vorarlberg) auf dem Baugerüst eines Wohnhauses randaliert und einen 87-jährigen Mann attackiert. Nach Polizeiangaben befand er sich in einem psychischem Ausnahmezustand.

[168]

und klagen mich an in der Sache sagen sie mir meine vielen Vergewaltigungen auf und sagen sie laut [171] und sie klagen

12:25

ORF.at News

SCHAFT CHRONIK SPO

Raubüberfall in Vbg.: Zwei Personen gefesselt

Online seit heute, 9.12 Uhr

In Dornbirn sind gestern Abend drei Menschen in einer Wohnung überfallen und ausgeraubt worden. Dabei haben die Täter zwei Opfer gefesselt, ernstlich verletzt wurde nach Polizeiangaben niemand. Die Täter konnten flüchten, die Fahndung blieb bisher erfolglos.

[166]

Bezug auf Medikamentenvergabe und Untersuchungsmethoden. Dies begünstigt die Möglichkeiten des sexuellen Missbrauchs, gerade von Kindern. Anders lässt sich wohl kaum erklären, wie der Arzt über 20 Jahre unbemerkt agieren konnte.

[165] In Alsergrund (Wien) schoss ein Mann mit seiner neu gekauften Armbrust auf mehrere Häuserfassaden und Werbesäulen.

[166] Ein Überfall auf drei Personen in einer Wohnung in Dornbirn (Vorarlberg),

Steirer fühlte sich gestört: Schuss aus Fenster

Online seit heute, 17.30 Uhr

Ein 30-Jähriger hat sich gestern Abend in Leibnitz offenbar durch mehrere Jugendliche auf der Straße vor seinem Wohnhaus gestört gefühlt: Er gab seinem Ärger mit einer Scheckschusspistole Ausdruck, die er von seinem Wohnungsfenster aus abfeuerte.

[169]

11:46

ORF.at News

ORT CHRONIK KULT

Mann wollte keine Drogen: Dealer stachen zu

Online seit heute, 11.12 Uhr

Weil ein junger Mann in der Nacht auf heute in der Wiener Innenstadt keine Drogen kaufen wollte, haben zwei Dealer auf den 19-Jährigen eingeschlagen und mit einem Messer zugestochen.

[170]

14:25

ORF.at News

ORT CHRONIK IT

Vergewaltigungsserie: Mann in Klagenfurt angeklagt

Online seit heute, 13.12 Uhr

Ein 30 Jahre alter Mann wird von der Staatsanwaltschaft Klagenfurt wegen Vergewaltigung angeklagt. Es geht um zehn Tatvorwürfe seit 2015. Die meisten Fälle passierten in der Nähe einer Klagenfurter Großdisco. DNA-Spuren überführten den Verdächtigen.

[171]

CHRONIK

Teilbedingte Haft für Mann mit Machete

Wegen versuchter schwerer Nötigung hat sich am Mittwoch ein 33-Jähriger am Landesgericht für Strafsachen in Wien verantworten müssen. Er wollte Ende April mit einer Machete bewaffnet ins Parlament eindringen. Er wurde zu einer teilbedingten Haftstrafe verurteilt.

Online seit heute, 15.00 Uhr
(Update: 17.32 Uhr)

[172]

mich wegen
meiner
Machete an[172]
und so ich das
Leben zu
nehmen
damals
versuchte, da
sprechen sie
mich frei und
lassen mich
aber einwei-
sen[173] und sie
klagen mich
an wo ich
meinem
Freund
tatsächlich
das Leben
genommen
und entziehen
mir die
Freiheit für der
Jahre zehn[174]
und dann
nehme ich
meiner Frau

bei dem die Opfer u.a. gefesselt und ausgeraubt wurden, führte bei den Betroffenen zu einem schweren Schock.

[167] In Enns (Oberösterreich) onanierte ein Mann in aller Öffentlichkeit auf einer Parkbank.

[168] In Höchst (Bezirk Bregenz) randalierte ein 42-jähriger nackter Mann auf dem Baugerüst eines Wohnhauses und griff dabei einen 87-jährigen Mann an.

[169] Ein 30-Jähriger schoss in Leibnitz (Steiermark) mit einer Schreckschusspistole aus dem Fenster seiner Wohnung, weil er sich durch Jugendliche, die sich auf der Straße vor seinem Wohnhaus aufhielten, gestört gefühlt hatte. Ein weiteres Beispiel dafür, dass viele Männer es bevorzugen, Konflikte mit Machtdemonstrationen, Einschüchterungen und Gewalt, anstatt mit Worten zu lösen.

[170] Ein 19-Jähriger wurde in Wien von zwei Männern geschlagen und mit einem Messer verletzt, weil er keine Drogen von ihnen kaufen wollte.

[171] In Klagenfurt (Kärnten) wurde ein 30-Jähriger für insgesamt zehn Vergewaltigungen in der Nähe einer Großdisco angeklagt.

[172] Jener Mann, der mit einer Machete bewaffnet ins Parlament eindringen wollte (siehe Fußnote 127), wurde wegen versuchter schwerer Nötigung am Landesgericht Wien zu einer teilbedingten Haftstrafe verurteilt. Abermals beteuerte er, dass sein Anliegen lediglich gewesen wäre, aufzuzeigen, „was im Land falsch läuft“, und er daher vorhatte, im Nationalrat zu sprechen.

[173] Im Landesgericht Leoben (Steiermark) musste sich ein 25-Jähriger wegen Mordversuchs durch einen

herbeigeführten Autounfall und sexuellen Missbrauchs an seinem zweijährigen Sohn verantworten, wobei er von ersterem freigesprochen wurde, nicht jedoch von zweitem.

[174] Zu zehn Jahren unbedingter Haft wurde in Salzburg ein 20-Jähriger verurteilt, weil er einen Freund erwürgt hatte. Sachverhalt, der zum Mord geführt hatte, war laut orf.at ein Streit zwischen den beiden.

[175] Patriarchaler Kontrollwahn wurde auch in einem Prozess gegen einen 32-jährigen Mann deutlich, der im Vorjahr einen Femizid beging. So hatte der Täter einen Kugelschreiber mit Überwachungsfunktion in der Jacke der Ermordeten versteckt, um alle Gespräche zu überwachen, die sie in seiner Abwesenheit führte. Dass er „ausgeflippt" sei und ihr zunächst mit einer Holzlatte aus einem Lattenrost auf den Kopf schlug und ihr die Latte dann gegen den Hals drückte, bis sie erstickte, begründete er damit, dass sie am Hauptbahnhof einen fremden Mann getroffen habe. Als er sie darauf ansprach, gab sie ihm zu verstehen, sie schlafe „mit jedem, den ich will". Die Tat sowie weitere Gewaltausbrüche erklärt orf.at mit der „rasenden Eifersucht des Mannes", die Gefährlichkeit männlichen Besitzdenkens und Kontrollwahns bleiben hingegen unausgesprochen.

18:22

ORF.at News

ORT CHRONIK IT

Mordversuchsprozess: Freispruch und Einweisung

Online seit heute, 17.18 Uhr

Im Landesgericht Leoben ist heute ein Niederösterreicher in eine Anstalt für geistig abnorme Rechtsbrecher eingewiesen worden. Er war wegen Mordversuchs und Kindesmisshandlung angeklagt. Der 25-Jährige wurde vom Mordversuch freigesprochen, den sexuellen Missbrauch soll er begangen haben.

[173]

die Luft, die sie am
Leben erhält und sie hat
nun keine Luft mehr
und das Leben ebenso
nicht [175] da liefere ich
mir
einen
Schuss-
wechsel
und es
geht
schnell [176]
und so
schnell
muss es
jetzt
weiter-
gehen
denn

News

CHRONIK MEDI

Mordprozess: Freund erwürgt, zehn Jahre Haft

Online seit heute, 19.08 Uhr

In Salzburg ist heute ein 20-Jähriger wegen Mordes zu zehn Jahren unbedingter Haft verurteilt worden. Die Geschworenen sprachen den laut Behörden „subsidiär Schutzberechtigten" mit 6:2 Stimmen schuldig. Er soll seinen afghanischen Freund erwürgt haben.

[174]

APA/Helmut Fohr

CHRONIK

Ehefrau erstickt: Eifersucht als Motiv

Ein 32-Jähriger, der sich am Freitag am Wiener Landesgericht wegen Mordes an seiner Frau verantworten musste, hat behauptet, diese habe noch gelebt, als er die Wohnung in Wien-Wieden verließ. Er bestritt außerdem, seine Frau gewürgt zu haben.

Online seit heute, 5.05 Uhr
(Update: 14.30 Uhr)

„Ich bin unter Schock. Ich verstehe selber nicht, was passiert ist. Es tut mir äußerst leid, dass ich mit der Mutter meiner K das gemacht habe", stellte der Angekl

[175]

ORT CHRONIK KULT

Schusswechsel in Salzburg: Ermittlungen laufen

Online seit heute, 14.42 Uhr

Nach der Schießerei mit zwei Schwerverletzten in Salzburg-Leopoldskron muss geklärt werden, wer wie oft auf wen geschossen hat. Gestern kam es vor einem Einfamilienhaus zu einem Schusswechsel zwischen einem Mann und einem Polizisten. Der Anrainer musste n… werden.

[176]

siehst du nicht, was das ist, es ist ein Raub und ich raube die Juwelen [177] und es ist ein Mord an meiner Frau, die ich erwürge [178] und es ist schon wieder um eine die meine Machete her [179] und als wir auf der Parkbank sitzen, da schieße ich dem in den Kopf peng und das ist schon eine Wucht mit der rechnet halt niemand [180] und dass meine ganze Jugendbande einkaserniert wird, nun das war nur eine Frage von Zeit immer schon [181] hab ich meine Kinder schwer missbraucht und jetzt gehe ich dafür in Haft [182] auch weil ich meine schwer-verletzte Freundin einfach auf die Straße gelegt hab werde ich also ange-klagt [183] und wo ich mich raufe mit Männern zu fünft, da

Zudem war es nicht das erste Mal, dass der Mann gewalttätig geworden war. Bereits 2015 war eine Anzeige wegen Körperverletzung und Nötigung aus Mangel an Beweisen eingestellt worden.

[176] In Leopoldskron (Salzburg) ist es zu einem Schusswechsel zwischen einem Mann und einem Polizisten gekommen, infolgedessen ersterer notoperiert werden musste.

[177] Dass Raubüberfälle häufig sehr brutal über die Bühne gehen, zeigte sich an einem Fall in Alsergrund (Wien), wo ein unbekannter Täter nicht nur Schmuckstücke und Bargeld aus einem Juweliergeschäft raubte, sondern auch eine Mitarbeiterin würgte und

← ORF.at News

ORT CHRONIK KULT

Raub in Wiener Juweliergeschäft

Online seit heute, 13.02 Uhr

In der Wiener Servitengasse ist es heute zu einem Raub in einem Juweliergeschäft gekommen. Ein derzeit unbekannter Täter bedrohte eine Mitarbeiterin mit einer Pistole, würgte sie und raubte diverse Schmuckstücke und Bargeld.

[177]

[178]

CHRONIK

Frau in Imst erwürgt: Gatte festgenommen

Der Ehemann einer seit Donnerstag vermissten 31-jährigen Frau ist am Samstagabend in Imst wegen Mordverdachts festgenommen worden. Er gestand nach Angaben des Landeskriminalamts mittlerweile, dass er seine Frau erstickt und in den Inn geworfen hat.

Mann mit Machete: Polizei stoppt Bus in Bregenz

Online seit heute, 8.23 Uhr

In Bregenz ist gestern Nachmittag ein 31-Jähriger mit einer Machete in einem Bus unterwegs gewesen. Das Fahrzeug wurde von einem Großaufgebot der Polizei angehalten und der Mann festgenommen. Bedroht wurde allerdings niemand.

[179]

CHRONIK

Kopfschuss auf Parkbank: Prozess startet

In Wien steht heute ein 47-Jähriger vor Gericht, der einen Mann mit einem Kopfschuss getötet haben soll. Das Opfer saß in einer Gemeindebau-Anlage in Döbling auf einer Parkbank. Die beiden kannten einander nur vom Sehen

[180]

ORT CHRONIK KULT

Haft für Mitglieder von Linzer Jugendbande

Online seit gestern, 22.30 Uhr

Im Prozess gegen sieben Mitglieder einer Jugendbande unter anderem wegen schweren Raubs und Erpressungen sind gestern Abend in Linz alle Angeklagten schuldig gesprochen worden. Die beiden Hauptangeklagten fassten zweieinhalb Jahre unbedingt bzw. eine Zusatzstrafe von zwei Jahren aus. Die fünf anderen Burschen wurden zu teilbedingten Haftstrafen zwischen neun und 24 Monaten verurteilt.

[181]

kommt
ein
Kleinkind
dazwi-
schen
und wird
halt
verletzt

mit einer Pistole bedrohte.

[178] Ein weiterer Femizid – und damit der 11. im Jahr 2020 in Österreich – fand in Imst (Tirol) statt. Der Ehemann einer vermissten 31-jährigen Frau hatte sie gewürgt, mit einem Polster erstickt und anschließend in den Inn geworfen. Wie üblich berichtet orf.at von „einem heftigen Streit zwischen den Eheleuten“, der „eskaliert“ sei.

[179] Dass manche Männer ihre Waffen so ausführen wie andere neue Kleidung, zeigte sich in Bregenz (Vorarlberg), wo ein 31-Jähriger mit einer Machete in einen Bus einstieg und durch die Gegend fuhr. Zumindest konkret bedroht hatte er damit niemanden.

[180] Selbst der Wunsch, Gutes zu tun, kann hin und wieder zum Gegenteil führen. So beispielsweise im Fall eines psychisch erkrankten 47-Jährigen, der einem anderen, auf einer Parkbank sitzenden Mann in Döbling (Wien) in den Kopf schoss und ihn dadurch an seinem 43. Geburtstag ermordete. Nach dem Mord erklärte der Täter den ermittelnden Polizeibeamten sowie einer psychiatrischen Sachverständigen, dass er Staatspolizist sei und „ganz grausliche Vergewaltiger“ töten und „die Welt von schlechten Menschen befreien“ müsse. Da er das Opfer für einen solchen schlechten Menschen hielt, habe er „alles richtig gemacht“.

[181] Sieben Mitglieder einer Jugendbande aus Linz (Oberösterreich), die zwischen

ORF.at News

CHRONIK SPO

der schwer missbraucht: Mann in

e seit heute, 13.13 Uhr

14-Jähriger soll seit 2003 drei derjährige Mädchen, unter ihnen seine Töchter, und seinen unmündigen Sohn ver sexuell missbraucht haben. Bundes- Landeskriminalamt klärten nun den chreckenden Fall“. Der Beschuldigte in Wien in Haft.

[182]

das ist halt
so[184] oder so
stirbt der
durch meine
Schüsse
nun[185] steht
da der
Verdacht auf
Kopfgeld im
Raum durch
mich[186] und
mit mir und
meinem
Messer wird
der

17:44

ORF.at News

DIEN CHRONIK SPO

Schwerverletzte auf Straße gelegt: Prozess

Online seit heute, 13.16 Uhr

Wegen Mordversuchs steht heute ein 25-jähriger Mann in Wien vor Gericht. Er soll seine damalige Freundin vergewaltigt und sie dann schwer verletzt auf die Straße gelegt haben. Der Angeklagte spricht von einem „Filmriss“, auch das Opfer kann sich an nichts erinnern.

[183]

15:06

ORF.at News

ORT CHRONIK

Zweijährige bei Schlägerei verletzt

Online seit heute, 14.07 Uhr

Ein Kleinkind ist gestern Abend bei einer Schlägerei unter fünf Männern in Salzburg verletzt worden. Das Quintett war wegen einer Rechnung in Streit geraten. Und drei andere Männer sollen eine Frau attackiert und schwer verletzt haben.

[184]

[185]

ORF.at News

ORT CHRONIK IT

Gerasdorf: Mann starb durch mehrere Schüsse

Online seit heute, 12.20 Uhr

Nachdem gestern Abend ein Mann in Gerasdorf bei Wien (Niederösterreich) erschossen worden ist, gibt es nun erste Ermittlungsergebnisse. Er starb durch mehrere Schüsse, das Motiv ist unklar.

[186]

NÖ CHRONIK

Mord in Gerasdorf: Verdacht auf Kopfgeld

Nach den tödlichen Schüssen auf einen Tschetschenen in Gerasdorf bei Wien (Bezirk Korneuburg) sitzen zwei Verdächtige in U-Haft. Die im Exil lebenden Tschetschenen sorgen sich nun um ihre Sicherheit und fordern Aufklärung. Auf den Toten war offenbar ein Kopfgeld ausgesetzt.

Online seit heute, 5.53 Uhr

Viele Emigranten der zu Russland gehörenden Kaukasus-Republik Tschetschenien, die nun in Westeuropa leben, flüchteten vor allem wegen des Machthabers Ramsan Kadyrow. Als

ORF.

SCHAFT

Schwerverletzter nach Messerattacke in Tirol

Online seit heute, 12.57 Uhr

In einer Wohnung in Fügen in Tirol ist es am Samstagabend zu einer Auseinandersetzung unter drei polnischen Arbeitern gekommen. Einer der Männer wurde mit einem Küchenmesser in den Unterbauch gestochen und musste in der Innsbrucker Klinik operiert werden. Ein anderer wurde mit einem Faustschlag derart verletzt, dass er heute operiert werden muss.

[187]

nächste schwer verletzt [187] der nächste wird erwürgt von mir [188] und meine Ehefrau zu töten gelingt mir nicht, doch

Sommer 2018 und Dezember 2019 andere Jugendliche ausgeraubt, erpresst, genötigt und betrogen hatten, wurden im Zuge eines Gerichtsprozesses für die genannten Taten verurteilt.

[182] In Niederösterreich wurde ein weiterer schrecklicher Fall von schwerem sexuellen Missbrauch an Minderjährigen, Nötigung, Vergewaltigung, pornografischen Darstellungen Minderjähriger, sittlicher Gefährdung von Personen unter 16 Jahren, Blutschande, Missbrauch eines Autoritätsverhältnisses, entgeltliche Vermittlung von Sexualkontakten mit Minderjährigen sowie auch des unerlaubten Besitzes einer Faustfeuerwaffe samt Munition bekannt. Ein 44-Jähriger hatte seit 2003 mehrere Kinder, darunter seine zwei Töchter sowie seinen Sohn, zuerst unter Drogen gesetzt, bei sexuellen Missbrauchshandlungen aufgenommen und die pornografischen Bilder und Filme per WhatsApp verschickt. Darüber hinaus bot er ein damals sechs Jahre altes Mädchen für einen vierstelligen Eurobetrag zum sexuellen Missbrauch an.

[183] In Wien kam es zu einem Gerichtsprozess, weil ein 25-Jähriger im Oktober 2019 seine Freundin zuerst vergewaltigt, ihr mehrere schwere innere Verletzungen zugefügt und sie dann zwischen geparkten Autos auf der Straße abgelegt hatte. Ohne die Hilfe eines Spaziergängers, der die Frau nur durch Zufall fand, überlebte sie ihre schweren Verletzungen. Der Täter wurde wegen Vergewaltigung, Mordversuchs durch Unterlassung sowie Widerstands gegen die Staatsgewalt angeklagt. Auch der Mitbewohner des Täters wurde belangt, weil er die Schreie der Frau gehört hatte,

CHRONIK

21-Jährige erwürgt: Verteidiger plädieren auf Totschlag

Wegen Mordes muss sich derzeit ein 25-Jähriger vor dem Landesgericht verantworten. Er soll vor einem Jahr in Bludenz seine Verlobte erwürgt haben. Die Verteidiger plädieren auf Totschlag. Der Mann habe die Frau beim Austausch von Liebesnachrichten erwischt und im Affekt gehandelt.

Online seit heute, 6.31 Uhr

[188]

ich gehe in die Zelle dafür dennoch [189]

ORF.at News

ORT CHRONIK RELIG

Versuchter Mord: 66-Jähriger vor Gericht

Online seit heute, 8.49 Uhr

Ein 66-Jähriger muss sich heute wegen versuchten Mordes an seiner Ehefrau vor dem Landesgericht Feldkirch in Vorarlberg verantworten. Der Pensionist soll laut Staatsanwaltschaft versucht haben, seine Frau zu erwürgen. Die Frau verletzte ihn laut den Ermittlungen daraufhin schwer.

[189]

ihr jedoch nicht zu Hilfe gekommen war. Am Verhalten des Mitbewohners, der durch eine Falschaussage versucht hatte, den Täter bei der Vertuschung seiner Handlungen zu unterstützen, zeigen sich nicht nur die problematischen Auswüchse männlicher Kumpanei. Auch der Täter selbst gestand keine Schuld ein, da er einen „Filmriss“ gehabt habe. Zudem verwundert bei dem Fall die Haltung der Freundin, die sowohl die Vergewaltigung als auch den Mordversuch bestritt und dem Angeklagten sogar Liebesbriefe ins Gefängnis geschickt haben soll. Gleichzeitig handelt es sich dabei nicht um ein gänzlich ungewöhnliches Verhalten. Zahlreiche Betroffene von (sexualisierter) Gewalt leugnen die Taten, weil sie sie selbst nicht wahrhaben wollen oder sich dafür schämen. Auch spielen emotionale wie finanzielle Abhängigkeitsbeziehungen oftmals eine Rolle, die Gefangenheit in Gewaltdynamiken oder der Umstand, dass Betroffene auch ‚die guten Seiten‘ der Täter kennen und auf Besserung ihres Verhaltens hoffen. In allen beschriebenen Erklärungen ist es jedoch von äußerster Wichtigkeit, nicht die Opfer und Betroffenen für die ihnen angetane Gewalt verantwortlich zu machen, weil es – auch wenn Frauen es nicht schaffen, sich zu trennen – Männer bleiben, die ihre (Ex-)Partnerinnen schlagen, bedrohen, vergewaltigen und leider auch immer wieder ermorden.

[184] Bei einer Schlägerei in Salzburg, an der fünf Männer beteiligt waren, wurde ein Kleinkind verletzt. Der Auslöser soll laut orf.at der Streit über eine Rechnung gewesen sein. In derselben Nacht wurde – ebenfalls in Salzburg – zudem eine 19-Jährige von unbekannten

9:42

ORF.at News

ORT CHRONIK RELIG

Mordprozess nach Schüssen in Salzburg-Lehen

Online seit heute, 9.09 Uhr

Ein Jahr nachdem ein 46-Jähriger im Gastgarten eines Lokales in Salzburg-Lehen erschossen wurde, stehen heute zwei Tatverdächtige vor Gericht. Der eine schoss laut Anklage, der andere besorgte die Tatwaffe. Mysteriös bleibt nach wie vor das Motiv der Tat.

[190]

und ich schieße und töte der Menschen zwei und werde dafür von der Menschheit verurteilt[190] wo ich mein Messer nehme und bedrohe den Typen im Auto da ist der zu bedrohen[191] und mir entgleist mein Denken und meine

ORF.at News

ORT CHRONIK RELIG

Mann bedrohte Autofahrer mit Küchenmesser

Online seit heute, 12.26 Uhr

Mit einem Küchenmesser hat ein 54-Jähriger in der Nacht auf heute einen Autofahrer in Wien-Donaustadt bedroht und angekündigt, er wolle „Leute abstechen". Der Lenker konnte flüchten. Auch der 54-Jährige flüchtete, wurde jedoch danach in seiner Wohnung festgenommen.

[191]

Männern angegriffen, die die Frau schlugen und sie mehrmals gegen den Kopf traten.

[185] In Gerasdorf (Bezirk Korneuburg) wurde ein Mann hinter einer aufgelassenen Fabrikshalle durch mehrere Schüsse getötet. Bereits zuvor dürfte der Mann Angst vor einem Anschlag gehabt haben. Auch andere im österreichischen Exil lebende Menschen tschetschenischer Herkunft beunruhigte die Tat, sodass es zu einer Demonstration in Wien kam, um auf die Problematik aufmerksam zu machen.

Für orf.at ist es nicht unüblich, die Geburtsländer oder Staatsbürger∗innenschaften der Personen zu nennen, über die berichtet wird. Auffallend an diesem Beispiel ist dennoch, dass erstmals in der Berichterstattung auf der Startpage von orf.at in diesem Jahr ein möglicher politischer Hintergrund der Tat erwähnt wird. So wurde das Landesamt für Verfassungsschutz und Terrorismusbekämpfung eingeschaltet, und auch die Polizei stellte die Möglichkeit eines politisch motivierten Auftragsmordes in den Raum. Indem in dem Beitrag jedoch davon die Rede ist, dass der Ermordete in einem Videoblog „die Führung der russischen Teilrepublik Tschetschenien provoziert und insbesondere den Regionalpräsidenten Ramsan Kadyrow beschimpft" habe, wird indirekt die Schuld für den Mord bei dem Opfer selbst verortet – schließlich habe er provoziert.

Grundsätzlich kann an dieser Stelle erwähnt werden, dass es genauso wünschenswert wäre, dass sowohl Polizei als auch Medien politische Hintergründe in Erwägung ziehen, wenn es sich bei den Täter∗innen (wie auch den Opfern) um

19:22

ORF.at News

INWEIS INLAND AUSL

Rassismusvorwurf gegen Wiener Polizisten

Online seit heute, 15.30 Uhr

Nach einer Attacke von Passanten gestern Nachmittag bei der U2-Station Seestadt in der Donaustadt erhebt eines der Opfer, ein 16-Jähriger, nun Rassismusvorwürfe gegen an der Amtshandlung beteiligte Polizisten. Diese sollen ihn unter anderem mehrfach als „Neger" bezeichnet haben. Die Wiener Polizei prüft den Vorfall.

[192]

Sprache und das ist dann rassistisch, sagen sie mir, der ich ein Kiwara und

St CHRONIK

Schüsse vor Grazer Supermarkt: Drei Verletzte

Bei einer Schießerei vor einem Supermarkt in Graz sind Dienstagabend drei Personen verletzt worden. Im Zuge eines Streits gab ein 31-Jähriger mehrere Schüsse aus einem Auto heraus ab.

Online seit heute, 7.14 Uhr

Der Tatverdächtige hatte zunächst vor einem Supermarkt in der Neuholdaugasse einen 24-Jährigen sowie einen 20-jährigen Mann zuerst verbal bedroht und dann Messer gezogen - die beiden jüngeren Männer flüchteten, auch der 31-Jährige

Aktuell in ORF.at

[193]

Angehörige der Dominanzgesellschaft handelt. Schließlich handelt es sich bei männlicher Gewalt um ein durch und durch politisches Thema.

[186] Nachdem dem Mann, der in Gerasdorf (Bezirk Korneuburg) ermordet worden war, bereits unterstellt wurde, dass er die tschetschenische Führung provoziert habe, erfolgten in der medialen Berichterstattung weitere Diskreditierungen seiner Person durch die Betonung, dass er (u.a. wegen Schlepperei und falscher Zeugenaussage) mehrfach vorbestraft war. Zudem soll ein „Kopfgeld" auf ihn ausgesetzt worden sein. Durchaus unüblich für die Berichterstattung auf orf.at ist zudem, dass im Beitrag der Name des Opfers – wenn auch mit abgekürztem Nachnamen – sowie dessen Alias genannt werden.

[187] Eine Auseinandersetzung unter drei Männern in einer Wohnung in Fügen (Tirol) führte zu mehreren Verletzten: Einem Mann wurde mit einem Küchenmesser in den Unterbauch gestochen, ein weiterer mit einem Faustschlag so schwer verletzt, dass er operiert werden musste.

[188] Am Landesgericht Feldkirch (Vorarlberg) wurde ein weiterer Femizid verhandelt. Ein 25-Jähriger hatte ein Jahr zuvor seine Lebensgefährtin erwürgt und wurde wegen Mordes zu zwölf Jahren Haft verurteilt. Im Bericht über den Prozess wird auf orf.at den Gefühlen des Täters ausführlich Raum gegeben und sein Verteidiger zitiert, der meinte, der Angeklagte sei „so von seinen Gefühlen überwältigt worden, dass er im Affekt gehandelt habe, nachdem er seine Verlobte beim Austausch von Liebesnachrichten mit Chatpartnern

10:55
ORF.at News
LAND CHRONIK WIRTSC

Mordversuch mit Schusswaffe in Zell am See

Online seit heute, 9.48 Uhr

In Zell am See in Salzburg soll es in der Nacht auf heute zu einem Mordversuch mit einer Schusswaffe gekommen sein. Mehrere Männer sollen im Ortszentrum auf einen 39-Jährigen geschossen und ihn dabei schwer verletzt haben.

Mehr dazu in **salzburg.ORF.at**

[194]

19:31
ORF.at News
SCHAFT CHRONIK SCIEN

Burgenland: Mann stach auf Frau ein

Online seit heute, 13.34 Uhr

In Rechnitz im Burgenland ist es am Wochenende zu einem Gewaltverbrechen gekommen. Die Landespolizeidirektion bestätigte einen Bericht in der aktuellen „Kronen Zeitung“, dem zufolge ein 32-jähriger Mann einer 29-jährige Frau Stichverletzungen zugefügt haben soll.

Mehr dazu in **burgenland.ORF.at**

[195]

kein Hawara bin nun ja [192] zackzack schieße ich vor dem Geschäft da herum und verletze drei dabei [193] froh und frei

erwischt habe“. Auch der Gerichtspsychiater kam zu dem Ergebnis, „dass in jener Nacht vermutlich große Gefühle der Verzweiflung und des Zorns hochgekommen seien“. Eine Unzurechnungsfähigkeit diagnostizierte er dem Täter jedoch nicht. Dennoch führen die ausführlichen Beschreibungen der Eifersucht und Verzweiflung des Täters zu Empathie mit ihm, während beispielsweise den Angehörigen des Opfers nicht in gleicher Weise Aufmerksamkeit für ihren Verlust, den Schmerz und die Trauer eingeräumt werden. Letztlich kann auch die Tat nicht mit den Gefühlen des Täters erklärt werden, da die Ursachen – wie mehrmals erwähnt – in bestimmten Konstruktionen von Männlichkeit gesucht werden müssen, Männer betreffend, die nie gelernt haben, mit Zurückweisung anders umzugehen als mit Gewalt. Nur wenn diese gesellschaftliche Problematik erkannt und ernst genommen wird, können auch wirksame Mittel zur Prävention von Gewalt gegen Frauen entwickelt werden.

[189] Ein weiterer Prozess fand in Feldkirch (Vorarlberg) wegen eines versuchten Femizids statt, bei dem ein 67-Jähriger seine Frau mehrfach gewürgt und mit zwei Stichen mit einem 17 Zentimeter langen Küchenmesser in den Hals lebensbedrohlich verletzt hatte. Nachdem sie ihm das Messer entreißen konnte, verletzte die Frau auch den Täter. Eine Schuld für seine Handlungen gestand er allerdings nicht ein, da er sie nur ein bisschen „erschrecken“ wollte. Wie sich jemand, der seine Partnerin beinahe umgebracht hätte, noch immer im Recht fühlen kann, lässt sich wohl nur mit den bereits mehrfach erwähnten

21:46

ORF.at News

ORT CHRONIK KULT

Mord vor Cafe: 18 Jahre Haft

Online seit heute, 19.00 Uhr

Bei dem Prozess um die Bluttat von Salzburg-Lehen, bei der zwei Menschen vor einem Cafe niedergeschossen und einer getötet wurde, ist der mutmaßliche Haupttäter heute in Salzburg zu 18 Jahren unbedingter Haft verurteilt worden. Sein mutmaßlicher Komplize wurde von der Beihilfe zum Mord freigesprochen.

[196]

21:46

ORF.at News

ORT CHRONIK KULT

Mordversuch an einem Polizisten: 15 Jahre Haft

Online seit heute, 17.01 Uhr

Im Grazer Straflandesgericht ist heute ein Steirer wegen Mordversuchs an einem Polizisten zu 15 Jahren Haft verurteilt worden. Der Mann hatte im September 2019 von seinem Haus in der Oststeiermark aus auf sechs Beamte gefeuert, wobei niemand verletzt wurde. In fünf Fällen erfolgte nach zweitägiger Verhandlung ein Freispruch. Das Urteil ist nicht rechtskräftig.

[197]

versuche ich den nächsten zu erschießen und es gelingt mir nicht[194] und auf die Frau stech ich ein mit meinem

Vorstellungen männlicher Überlegenheit erklären.

[190] Auch in Salzburg fand ein Prozess wegen Mordes statt, weil ein stark alkoholisierter, unter Drogen stehender 32-Jähriger im Juni 2019 auf zwei Menschen geschossen und einen dabei getötet hatte.

[191] In Donaustadt (Wien) attackierte und bedrohte ein 54-Jähriger einen anderen Autofahrer mit einem Küchenmesser und äußerte, dass er ihn und andere „abstechen" werde.

[192] Rassismus schafft es zum ersten Mal in diesem Jahr in die Berichterstattung von orf.at. Nachdem drei Jugendliche von einem Passanten in der U-Bahn-Station Seestadt (Wien) attackiert und teilweise so verletzt worden waren, dass sie ins Krankenhaus mussten, diskriminierten auch die gerufenen Wiener Polizisten eines der Opfer mehrfach, indem sie die Person als „N****" beschimpften.

[193] In Graz (Steiermark) wurden bei einer Schießerei vor einem Supermarkt drei Personen verletzt. Ein 31-Jähriger hatte im Zuge eines Streits mehrere Schüsse abgegeben und dabei auch Unbeteiligte getroffen.

[194] Zu einem Mordversuch kam es auch in Zell am See (Pinzgau), wo ein 30-Jähriger auf einen 39-Jährigen schoss und ihn dabei schwer verletzte.

[195] In Rechnitz (Bezirk Oberwart) fand ein weiterer versuchter Femizid statt, bei dem ein 32-jähriger Mann einer 29-jährigen Frau Stichverletzungen in einem Ausmaß zugefügt hatte, dass diese ins Krankenhaus geflogen werden musste.

Messer in ihre Oberschenkel, in ihre Arme und in ihren Hals und blutverschmiert lasse ich sie liegen am Asphalt[195] gibts keine Sünd nicht wahr so heißt es doch, dass es am Asphalt keine Sünd gibt da auch nicht vor einem Kaffeehaus ist ja auch Asphalt da klagen sie mich an und sperren mich dafür ein wie ein Schwein[196] das ich nicht bin und einen Kiwara keinen Hawara versuch ich zu erschießen und es wird mir der Prozess gemacht[197] das sag ich dir ich kann auch mit meinem Körper allein agieren und das tuen mit mir 30 andere an diesem Tag und in dieser Nacht, dass es sich staut daneben auf der Straße sogar und es ist allerhand zu tun, um dem Raufhandel Einhalt zu gebieten Jesus Maria es ist ein klassischer Raufhandel, was die Kiwara nicht Hawara betonen dabei sehr klassisch ist das und nicht entartet oder neumodern oh nein es ist klassisch mit uns 30[198] dann bin ich allein und schieß herum und

Rauferei zwischen 30 Personen in Favoriten

Online seit heute, 13.47 Uhr

Eine Rauferei mit rund 30 Beteiligten hat gestern zu einem Großeinsatz der Polizei in Wien-Favoriten geführt. Die Wiener Berufsrettung musste mehrere Personen verarzten, drei wurden in Spitäler gebracht. Fünf Personen wurden angezeigt, weitere werden noch ermittelt.

[198]

[196] Im Zuge des in Fußnote 190 beschriebenen Mordprozesses wurde der Täter zu 18 Jahren unbedingter Haft verurteilt.

[197] Zu 15 Jahren Haft wurde im Grazer (Steiermark) Landesgericht auch ein Mann verurteilt, der im September 2019 von seinem Haus auf sechs Polizist*innen geschossen hatte.

[198] In Favoriten (Wien) fand eine Massenschlägerei mit rund 30 Beteiligten statt, in deren Folge mehrere Personen von der Berufsrettung verarztet und ins Krankenhaus gebracht werden mussten. Wiederholt berichtet orf.at, dass „die Situation“ eskaliert sei.

[199] Die Ermittler*innen im Fall des Mordversuchs in Zell am See (Pinzgau) (Fußnote 194) konnten bislang noch keine Untersuchungsergebnisse erzielen, da sich das Mordopfer in einem kritischen Zustand befände und der Täter bislang keine Aussage machte.

[200] Im Nachgang einer Messerstecherei, die im Dezember 2019 in Salzburg zu zwei Verletzten geführt hatte,

Mordversuch in Zell am See: Verdächtiger schweigsam

Online seit heute, 13.38 Uhr

Nach den Schüssen im Stadtzentrum von Zell am See (Salzburg) rechnen Ermittler erst in den kommenden Tagen oder Wochen mit Untersuchungsergebnissen. Der Verdächtige gab sich bei der Einvernahme bisher wenig gesprächig.

[199]

← ORF.at News

RT CHRONIK IT

Zwei Burschen in Salzburg niedergestochen: 15 Jahre Haft

Online seit heute, 20.26 Uhr

Am Landesgericht Salzburg sind heute zwei junge Männer wegen zweifachen versuchten Mordes im Zuge einer Messerstecherei mit zwei Verletzten vor einem Lokal in der Stadt Salzburg am 15. Dezember 2019 schuldig gesprochen worden. Der 26-jährige Erstangeklagte erhielt 15 Jahre unbedingte Haft, der 24-jährige Zweitangeklagte wegen Beitragstäterschaft zehn Jahre unbedingte Haft.

Die am Abend gesprochenen Urteile des Geschworenengerichtes sind nicht rechtskräftig. Weder der Staatsanwalt noch die Verteidiger gaben eine Erklärung ab. Die beiden Beschuldigten hatten bei dem gestern gestarteten Prozess den Vorwurf des versuchten Mordes bestritten.

[200]

erwische halt nieman-den doch es ist sehr schee in Zell am See [199] bin ich eh nicht das erste Mal das ist ja ein heißes Pflaster dort wie auch anders-wo ebenso und ich gehe herum und mit mir geht wer mit und wir sind also zu zweit und wir stechen wiederum zwei andere nieder, wie sie auch zu zweit sind, aber das ist nur der Versuch einer Tötung im Juli sind wir angelangt da ist es heiß wie es im Juli heiß ist das sage ich dir [200] so heiß dass da ein Besenstiel brennt so brennt der Streit und eine Waffe ist schnell gezückt mein Schatz [201] wenn die Kassafut mir die Keks nicht gibt, dann

← ORF.at News

ORT CHRONIK KULT

Mann wollte Kekse: Kassierin mit Messer bedroht

Online seit heute, 10.24 Uhr

Ein 62-jähriger Mann hat gestern im Salzburger Stadtteil Herrnau eine Kassierin mit dem Messer bedroht, weil er eine Kekspackung nicht bezahlen wollte. Nach der Tat flüchtete der Salzburger mit den Keksen in seine nahe gelegene Wohnung.

[202]

wurden zwei junge Männer wegen zweifachen versuchten Mordes zu 15 Jahren unbedingter Haft sowie zu zehn Jahren unbedingter Haft verurteilt. Ein Angeklagter beteuerte im Zuge des Prozesses, dass die „Eskalation" seinem vorangegangenen Alkoholkonsum geschuldet sei. Erneut lässt sich hier einwenden, dass die Tat eher mit seiner Männlichkeit als mit Alkohol in Verbindung steht.

[201] Als „kurios" bezeichnet orf.at einen Fall, bei dem in Salzburg ein unbekannter Mann einen brennenden Besen-

← ORF.at News

ORT CHRONIK SCIEN

Bewaffneter Streit um brennenden Besenstiel

Online seit heute, 11.51 Uhr

Ein kurioser Vorfall beschäftigt derzeit die Polizei in der Stadt Salzburg. In einer ehemaligen Pension soll ein Unbekannter den Hausbesitzer mit einer Faustfeuerwaffe bedroht haben, weil er einen brennenden Besenstiel zurückhaben wollte.

[201]

stiel vor ein Haus geworfen hatte. Weil er diesen anschließend zurückhaben wollte, bedrohte er den Hausbesitzer mit einer Faustfeuerwaffe.

[202] Dass selbst Kekspackungen bei Männern Auslöser für Gewalt sein können, zeigte der Fall eines 62-Jährigen, der eine Kassiererin mit einem Messer bedrohte, weil er den Einkauf nicht bezahlen wollte.

zuck ich aus bitteschön ein Messer im Aug hast schnell[202] und so ich mich streite mit einem Manne meines Alters es ist mir egal und meinem Messer ebenso steche ich es in diesen seinen Oberschenkel genau gesagt[203] stell dir das vor ich nehme das Messer erneut heran und ersteche eine zweifache Mutter ich kenne die nicht nun ich ersteche sie auf der offenen Straße wie
[203] es so genannt wird ist die Straße also offen für sie und für mich und für mein Messer ebenso[204] nun dann nehm ich mein Messer und ersteche meine Mutter[205] nun dann bedrohe ich meine Lebensgefährtin und ihr Kind und es kommt die Cobra daher heast[206] nun dann will ich meine Maske nicht aufsetzen in den Öffis und ich drohe den Wiener Linien-Leuten mit einem Schuss in den Kopf[207] und bin ich ein Kiwara und kein Hawara ja da misshandle ich und misshandle zusammen

> CHRONIK
>
> **Festnahme nach Messerstich in Oberschenkel**
>
> **In der Nacht auf Sonntag kommt es in der Wiener-Innenstadt zwischen zwei Männern zum Streit. Dabei zückte einer der Männer ein Messer, stach es seinem Kontrahenten in den Oberschenkel und flüchtete.**
>
> Online seit heute, 11.35 Uhr
>
> Gegen ein Uhr Früh kam es am Franz-Josefs-Kai zwischen einem 27-jährigen und einem 28-jährigen Mann zum Streit. Dabei stach der 28-Jährige seinem Kontrahenten mit einem Messer in den Oberschenkel. Ein Zeuge entwaffnete den Angreifer, der daraufhin mit seinem Auto flüchtete.
>
> **Grund für Streit unklar**
>
> Die Polizei konnte den mutmaßlichen Täter wenig später anhalten. Bei ihm wurde Messer sichergestellt. Der Verdächtige

[203] In Wien verletzte ein Mann einen anderen Mann mit einem Messer, mit dem er ihn in den Oberschenkel stach. Der Grund für den vorangegangenen Streit war laut orf.at nicht bekannt.

[204] Im Fall jenes Mannes, der Anfang Februar auf offener Straße mindestens 19 Mal auf eine 33-jährige Frau eingestochen und sie dabei tödlich verletzt hatte (Fußnote 22), kam es bereits zu einem Prozess. Schon vor dem Angriff hatte der Mann, der von einem psychiatrischen Sachverständigen als geistig abnorm und nicht zurechnungsfähig eingestuft wurde, versucht, zweimal Selbstmord zu begehen.

[205] Ein weiterer Femizid und damit der 12. im Jahr 2020 fand in Jennersdorf (Burgenland) statt, wo ein Mann seine Mutter mit einem Küchenmesser ermordete. Nach der Tat wollte er sich selbst umbringen.

[206] In Parsch (Salzburg) hielt ein 33-jähriger Mann

> ← ORF.at News
>
> ORT CHRONIK SCIEN
>
> **Frau auf Straße in Graz erstochen: 28-Jähriger vor Gericht**
>
> Online seit heute, 6.45 Uhr
>
> Ab heute muss sich ein 28-jähriger Steirer wegen Mordes vor Gericht verantworten. Er soll Anfang Februar auf einer Straße in Graz auf eine 33-jährige Frau eingestochen und sie dabei tödlich verletzt haben. Dem Mann droht die Einweisung in eine Anstalt für geistig abnorme Rechtsbrecher. [204]

> **Burgenland: Sohn soll Mutter erstochen haben**
>
> Online seit gestern, 20.39 Uhr
>
> Im Bezirk Jennersdorf (Burgenland) hat sich gestern Abend offenbar eine schwere Gewalttat im Familienkreis ereignet. Ein Sohn soll seine Mutter vermutlich mit einem Küchenmesser getötet haben. Landeskriminalamt und Staatsanwaltschaft ermitteln.
>
> **Mehr** dazu in **burgenland.ORF.at**

[205]

mit meinen Kiwarahawaran und misshandle ganz sichtbar auf Videos wie diese an die Öffentlichkeit kommen da wird uns schon ganz anders und die Amtshandlung ist nicht erfasst denn so können wir das auch machen[208] wie das Machen manchmal geht an einer Gasleitung vergehe ich mich auch und tu sie ein bisschen auf meine Absichten hindrehen[209] und heimdrehen ist mein Spezialgebiet wie ich es mit meinem Messer tue an meiner Mutter und drehe diese heim dorthin, wo sie mich damals hergeholt hat und in die Welt

ORF.at News

ORT CHRONIK KULT

Frau und Kind bedroht: Cobra-Einsatz

Online seit heute, 7.44 Uhr

Im Salzburger Stadtteil Parsch musste gestern Abend die Polizei-Spezialeinheit Cobra ausrücken. Ein 33-jähriger Mann hatte seine Lebensgefährtin und ein Kleinkind in einer Wohnung festgehalten und bedroht.

urg.ORF.at

[206]

ORF.at News

USLAND COV INLAND AUSLA

Maskenkontrolle: 17-Jähriger drohte Kopfschuss an

Online seit heute, 13.00 Uhr

Ein 17-Jähriger hat gestern zwei Mitarbeitern der Wiener Linien damit gedroht, ihnen in den Kopf zu schießen. Die Mitarbeiter hatten den Jugendlichen in einer U-Bahn-Station ohne Mund-Nasen-Schutz angetroffen.

[207]

CHRONIK

Polizeigewalt: Amtshandlung nicht erfasst

Die Amtshandlung, bei der es im Jänner 2019 zu Polizeigewalt gegen einen Tschetschenen gekommen war, ist nicht dokumentiert worden. Innenminister Karl Nehammer (ÖVP) spricht von „inakzeptablem Verhalten" der acht Polizisten.

Online seit heute, 12.15 Uhr (Update: 13.18 Uhr)

Seit Donnerstag sind die Vorwürfe gegen die Polizisten bekannt, nachdem ein V… aufgetaucht ist, auf dem Misshandlunge…

[208]

CHRONIK

Gasleitung manipuliert: Festnahme

Die Wiener Polizei hat am Freitag den 61-Jährigen festgenommen, der verdächtigt wird, in Wien-Ottakring eine Gasleitung vorsätzlich beschädigt zu haben. Eine Explosion ist am Dienstag nur knapp vermieden worden.

[209]

seine Lebensgefährtin und ein Kleinkind in einer Wohnung fest und bedrohte die beiden.

[207] Im Zuge einer Mund-Nasen-Schutz-Kontrolle in der U-Bahn in Wien drohte ein 17-Jähriger zwei Mitarbeitern der Wiener Linien damit, ihnen in den Kopf zu schießen. Laut orf.at war die „Situation" wieder einmal eskaliert.

[208] Der Fall eines Mannes, der im Zuge einer Amtshandlung im Jänner 2019 zum Opfer von Polizeigewalt wurde, wirft die Frage auf, wer eigentlich die Polizei kontrolliert bzw. gegen sie ermittelt. Ein Überwachungsvideo des Lokals, in dem der Übergriff stattgefunden hatte und das die Gewalt

Frau im Burgenland erstochen: Neue Details

Online seit heute, 12.56 Uhr

Im Fall des Mannes, der am Mittwochabend in Mühlgraben (Bezirk Jennersdorf) seine Mutter erstochen haben soll, sind nun weitere Details bekannt: Opfer und Täter stammen aus der Steiermark. Tatort war das Haus eines hochrangigen Diplomaten. Er ist der Sohn des Opfers und Bruder des Täters.

[210]

gebracht, bringe ich sie aus dieser hinaus[210] hey warum willst du keine Maske aufsetzen obwohl es deine Pflicht ist es diese und da kannst du dich nicht wehren dagegen, das sagen wir dir, meine Security-kollegen und ich sagen dir das und willst du nicht gefügig sein, dann schlagn wir dir den Schädel ein, Abschürfungen und Hämatome sind es dann konkret geworden nun ja[211] ich mag eigentlich nicht mehr leben und meine Lebensgefährtin und unsre beiden Kinder gehören ja schon so zu mir, dass ich mich erweitere und sie mitnehme und es gelingt mir leider weder die Erweiterung noch mein eigenes Ende[212] es folgt dann eine wie sie das nennen

CHRONIK

Securities verletzen Fahrgast ohne CoV-Maske

Sicherheitspersonal der Wiener Linien soll im Juni einen Fahrgast angegriffen und geschlagen haben. Der Mann habe gegen die Maskenpflicht verstoßen, berichtete die „Kronen-Zeitung" in ihrer Samstagausgabe. Die Wiener Linien prüfen den bestätigten Vorfall.

[211]

der Beamten dokumentiert, war nicht im Zuge der Ermittlungen sichergestellt, sondern vom Betroffenen selbst der Polizei übergeben worden. Immer wieder wird von unterschiedlichen NGOs, Jurist*innen und politischen Akteur*innen in Österreich kritisiert, dass es keine unabhängigen Stellen gäbe, die in einem solchen Fall tätig werden, sondern in der Regel die Polizei gegen sich selbst ermittelt.

[209] In Ottakring (Wien) hat ein Mann, der delogiert worden war, absichtlich eine Gasleitung beschädigt und dabei fast eine Explosion ausgelöst. 2020 wurden in Österreich insgesamt 3360 Zwangsräumungen vollzogen und dadurch

Mordversuch an Frau und Kindern

Online seit gestern, 23.34 Uhr

Ein 21-Jähriger steht im Verdacht, in der Nacht auf gestern in einer Gemeinde im oberösterreichischen Bezirk Schärding seine Lebensgefährtin und zwei Kinder zu töten versucht zu haben. Die 26-Jährige und ihre fünf Jahre und zehn Monate alten Kinder überlebten wie durch ein Wunder. Der 21-Jährige stellte sich am Nachmittag.

Mehr dazu in **ooe.ORF.at**

[212]

18:38

ORF.at News

ORT CHRONIK SCIEN

U-Haft nach Mordversuch an Familie

Online seit heute, 14.43 Uhr

Die Staatsanwaltschaft wird für jenen 21-jährigen Mann, der in der Nacht auf gestern im Bezirk Schärding (OÖ) zuerst seine Ex-Freundin und dann zwei Kinder zu töten versucht haben soll, Untersuchungshaft beantragen. Das Motiv der Tat soll das Beziehungsende gewesen sein.

Mehr dazu in **ooe.ORF.at**

[213]

Haft in Absicht der Untersuchung denn das ist die logische Folge[213] und meine Nachbarin folgt meiner Einladung und wir saufen uns an und dann würge ich sie und werd festgenommen[214] jetzt sag mal das ist ja neither übermenschlich nor unmöglich ich kann auch fünfzehn Autos auf einen Schlag zamm-pracken die durch meinen Fleischwolf drehen und sie demolieren aufs Letzte check Heckscheibe, Heckscheibe, Seitenfenster, Heckscheibe[215]

ORF.at News

T CHRONIK RELIG

Nachbarin gewürgt – Mann festgenommen

Online seit heute, 22.34 Uhr

Ein 57-jähriger Mann steht im Verdacht, in der Nacht auf heute seine 35-jährige Nachbarin gewürgt und damit gedroht zu haben, sie zu töten. Der Oststeirer wurde festgenommen.

[214]

in den meisten Fällen Menschen, die ihre Miete aus unterschiedlichen Gründen nicht mehr zahlen konnten, auf die Straße gesetzt.

[210] Über den Mann, der in Jennersdorf (Burgenland) einen Femizid verübte, indem er seine Mutter mit einem Küchenmesser ermordete (siehe Fußnote 205), wurde U-Haft verhängt. Ein Motiv für die Tat konnten die Ermittler*innen bislang nicht in Erfahrung bringen.

[211] Wegen eines Verstoßes gegen die Maskenpflicht hatte das Sicherheitspersonal der Wiener Linien im Juni einen Fahrgast so schwer angegriffen und geschlagen, dass er schwere Abschürfungen und Hämatome an den Armen, den Beinen und im Bereich des Unterbauches erlitt.

[212] Zu einem weiteren versuchten Femizid kam es in Schärding (Oberösterreich), wo ein 21-Jähriger versucht hatte, seine Lebensgefährtin und zwei Kinder zu ermorden und im Anschluss Suizid zu begehen. Der Täter hatte seine 26-jährige Lebensgefährtin so lange gewürgt, bis diese bewusstlos wurde, und danach die beiden Kinder in eine mit Wasser gefüllte Badewanne gesetzt und einen angesteckten Toaster ins Wasser geworfen. Nachdem es zu einem Kurzschluss kam, öffnete er die Ventile von zwei Gaskartuschen, um so den Tod der ganzen Familie zu erwirken. Als die Frau ihr Bewusstsein wiedererlangte, floh er, versuchte allerdings erneut, sich umzubringen.

[213] In einem weiteren Beitrag über den versuchten Femizid in Schärding (siehe Fußnote 212) berichtet orf.at nicht nur darüber, dass Untersuchungshaft von der Staatsanwaltschaft beantragt

nun
ich

18:39
ORF.at News
ORT CHRONIK SCIEN

Mann demoliert 15 Autos in Kufstein

Online seit heute, 14.54 Uhr

In der Nacht auf heute soll laut Polizeiinspektion Kufstein (Tirol) ein junger Mann mutwillig mehrere Fahrzeuge demoliert haben. Er wurde von der Polizei bereits ausgeforscht, eine Anzeige wird erhoben.

Mehr dazu in **tirol.ORF.at**

[215]

16:15
ORF.at News
SCHAFT CHRONIK RELIG

Stein auf Pkw geworfen und Geld gefordert

Online seit heute, 13.50 Uhr

Heute hat in Villach in Kärnten ein Unbekannter einen Stein auf einen Pkw geworfen und ihn beschädigt. Nach der Attacke fuhr er dem Wagen nach, brachte den Lenker zum Anhalten und wollte ihn seinerseits noch zur Herausgabe von Bargeld nötigen.

[216]

kann auch
einen Unfall
vortäuschen
und hau einen
fetten Stein
aufs Auto
drauf und
dann verlange
ich ein Geld
dafür [216] wird
mir in einer
anderen Sache
der Prozess
gemacht
nämlich
hab ich
ja eine
Frau
getötet
als ich
ein
Banker
war [217]
und als
Kiwara
kein
Hawara
mach

12:36
ORF.at News
ORT CHRONIK SCIEN

Banker soll Kundin getötet haben: Prozess beginnt

Online seit heute, 8.37 Uhr

Heute muss sich ein Bankberater in Wiener Neustadt (Niederösterreich) vor Gericht verantworten, weil er im September 2019 eine 86-jährige Kundin getötet haben soll. Der 61-jährige Angeklagte zeigt sich umfassend geständig.

[217]

wurde, sondern verharmlost den versuchten Mord auch als „Beziehungstat". Es wird breit ausgeführt, dass ein Beziehungsende sowie Eifersucht wegen eines neuen Freundes der 26-jährigen Ex-Lebensgefährtin das Motiv für die Tat gewesen sein sollen. Der Mann habe erkannt, „dass es mit der Beziehung nichts mehr werden wird, und das dürfte ihn so in Rage gebracht haben."

Das Motto ‚wenn ich sie nicht haben kann, soll sie sonst keiner haben' lässt auch an diesem Fall erkennen, dass patriarchales Besitzdenken und Dominanzansprüche bei Männern dazu führen können, dass sie die Ex-Partnerin lieber tot sehen als mit einem anderen Mann. Damit verbundene Täterperspektiven bekommen – auch in der Rekonstruktion dieses versuchten Femizids – deutlich mehr Raum als jene von Betroffenen. Durch die wiederkehrende Erzählung, dass Männer aus Eifersucht entsprechende Taten begehen, findet eine Normalisierung statt einer Problematisierung der angewendeten Gewalt statt.

[214] Ein alkoholisierter 57-Jähriger ging nicht nur auf seine Partnerin los, sondern würgte sie und drohte ihr, sie umzubringen. Im Vorfeld war es zu einem Streit gekommen.

[215] Dass sich männliche Gewalt und Destruktion nicht nur gegen Frauen bzw. Personen richtet, sondern u.a. Sachbeschädigungen zur Folge hat, zeigte sich in Kufstein (Tirol), wo ein 30-Jähriger mehrere Autos absichtlich demolierte.

[216] In Villach (Kärnten) hatte ein Autofahrer versucht, einen Unfall vorzutäuschen, indem er einen Stein gegen ein Auto warf. Auf diese Weise erhoffte er sich, vom vermeintlichen

W CHRONIK

Polizei ignorierte Zeugen nach Übergriff

Im Fall eines im Jänner 2019 in einem Spiellokal von Polizisten misshandelten Tschetschenen ist zunächst offenbar nicht korrekt ermittelt worden. Es gab nämlich einen Zeugen des Vorfalls, den ein kürzlich aufgetauchtes Video dokumentiert.

[218]

Ermittlungen gegen Prinz Ernst August

Online seit heute, 12.09 Uhr

Zum zweiten Mal innerhalb einer Woche beschäftigt Ernst August von Hannover im oberösterreichischen Almtal die Polizei. Zuerst ging es um eine Misshandlung durch Polizeibeamte, dann soll der Prinz Polizisten bedroht haben. Der Fall liegt jetzt bei der Staatsanwaltschaft, hieß es heute.

Mehr dazu in **ooe.ORF.at**

[219]

ich mich straf-
bar, weil ich
einen Zeugen
ignoriere
wenn der halt
nicht gescheit
Deutsch
spricht[218] und
heast ein Prinz
bin ich und ich
hab einen Beef
mit den Kiwaran
nicht Hawaran
und das ent-
artet sich in eine Richtung ich weiß nicht
wie sie darzustellen sei sie ist einfach
und schlicht ziemlich deppert[219] bring
ich meine Frau um und ich bring meine
Mutter um und hernach bring ich mich
selbst ums Hauseck herum ergo um[220]
meine Schweine ein bisschen mehr
unter Kontrolle zu behalten da bohre ich
ihnen Löcher in die Rüsslein rein und
ziehe ihnen Drähte durch und das darf
ich angeblich nicht sagen sie zu mir

Doppelmord im Burgenland

Online seit heute, 8.36 Uhr

In Strebersdorf im Burgenland ist es gestern Abend zu einem Gewaltverbrechen gekommen. Ein 59-jähriger Mann hat laut Angaben der Polizei seine Frau und seine Mutter getötet. Der Mann beging anschließend Suizid.

Mehr dazu in **burgenland.ORF.at**

[220]

Unfallgegner Geld zu erhalten. In Hermagor und Spittal/Drau wurden ebenfalls mehrere Autos beschädigt, darunter ein Elektroauto bei einer Testfahrt.

[217] Ein weiterer Femizid aus dem Jahr 2019 wurde bei einem Gerichtsprozess in Wiener Neustadt (Niederösterreich) verhandelt. Ein 62-Jähriger wollte die Ermordung einer 86-jährigen Kundin in ihrem Haus wie einen Unfall aussehen lassen. Er fasste den Plan, sie zuerst mit einem Sparstrumpf bewusstlos zu schlagen und anschließend die Kellerstiege hinunterzustoßen. Als die Frau jedoch ihr Bewusstsein nicht verlor, änderte er das Vorgehen und erstickte sie mit einer Frischhaltefolie.

[218] Im Fall von Polizeigewalt in einem Lokal (siehe Fußnote 208) wurden weitere Versäumnisse der Polizei während der Ermittlungen bekannt. Ein Zeuge war wegen angeblicher Sprachbarrieren nicht vernommen worden.

[219] Seit 1919 sind Adelstitel in Österreich verboten. Da das Adelsaufhebungsgesetz nur für österreichische Staatsbürger*innen gilt, können beispielsweise Prinzen aus Deutschland in Österreich dennoch in Konflikt mit der Staatsgewalt kommen. So zum Beispiel Ernst August von Hannover, ein Urenkel des letzten deutschen Kaisers Wilhelm II, der allein innerhalb einer Woche im Almtal gleich zwei Mal (körperliche) Auseinandersetzungen mit der Polizei hatte. Zuerst rief er diese, weil er annahm, ein Paar wolle ihn umbringen, verhielt sich

aber abschlachten und fressen das darf man meine lieben Schweinderl da frage ich mich um die Logik dieser Menschheit schon sehr [221] arg gehe ich meine Ehefrau an und ich beschädige das Auto

[221]

ORF.at News

ORT CHRONIK KULT

Schweinen Löcher in Rüssel gebohrt: Anzeige

Online seit gestern, 18.40 Uhr

Ein besonders grausamer Fall von Tierquälerei ist gestern auf einem kleinen Hof in Oberkärnten bekanntgeworden. Ein Tierhalter hat seinen Mangalitza-Schweinen Löcher in die Nasen gebohrt und anschließend Draht durchgezogen. Der Besitzer wird wegen Tierquälerei angezeigt.

[222]

ORT CHRONIK KULT

Mann bedrohte Ehefrau und ging auf Auto los

Online seit heute, 10.40 Uhr

In Graz hat die Polizei einen 46-jährigen Mann festgenommen. Er soll seine 48-jährige Ehefrau mit dem Umbringen bedroht und den Pkw der gemeinsamen 18-jährigen Tochter beschädigt haben. Er schlug die Scheiben mit einer Bierflasche ein.

[223]

von der Tochter [222] ist es auch wieder so, dass ich ein Mädchen im Prater belästige, ja es ist so [223] und

ORF.at News

ORT CHRONIK KULT

Mann soll im Prater Mädchen belästigt haben

Online seit heute, 10.36 Uhr

Zwei Mädchen, beide 13 Jahre alt, sollen gestern Abend von einem Mann im Prater sexuell belästigt und mit einem Messer bedroht worden sein. Der 32-Jährige wurde festgenommen, das Stanleymesser wurde bei ihm gefunden, berichtete die Polizei.

jedoch selbst aggressiv gegenüber den Beamten. Das Vorhaben, die Beamten wegen Polizeigewalt anzuzeigen, endete mit verbalen Drohungen, die er durch einen Baseballschläger, den er bei sich führte, unterstrich. Die Ereignisse zogen letztlich Ermittlungen wegen Widerstands gegen die Staatsgewalt, gefährlicher Drohung, teils mit dem Tode, sowie schwerer Körperverletzung nach sich.

[220] In Strebersdorf (Bezirk Oberpullendorf) kam es zu einem doppelten Femizid, und damit zum 13. und 14. in diesem Jahr. Ein 59-Jähriger hatte sowohl seine 64-jährige Frau als auch seine 92-jährige Mutter getötet und im Anschluss selbst Suizid begangen. Auf orf.at wird die Tat verharmlosend damit erläutert, dass „die Situation dann für ihn ausgeufert" sei, weil beide Frauen „Pflegefälle" waren und er sich durch den pandemiebedingten Ausfall der Unterstützung durch Pflegerinnen wohl allein um sie kümmern hätte müssen. Auf die Idee, dass die ‚Überforderung' vielmehr in engem Zusammenhang mit hegemonialen Geschlechterverhältnissen und Männlichkeitsbildern steht, die familiäre Fürsorgetätigkeiten in der Regel auf Frauen abschieben, kommt orf.at hingegen nicht. Während weibliche Familienmitglieder nicht selten aufopfernd über viele Jahre hinweg Angehörige pflegen, verdeutlicht dieser Doppelfemizid, dass Selbiges oftmals nicht für Männer gilt, die mit Sorgearbeiten schnell überfordert sind. Wenig verwunderlich, dass auch noch auf die Familie verwiesen wird, die den Doppelmord nicht minder verharmlosend als „Verzweiflungstat in einer schweren depressiven Phase" einordnet.

St. Pölten: Bordellgäste betäubt und betrogen

Online seit heute, 12.38 Uhr

Ein 32-jähriger Bordellbetreiber steht im Verdacht, mindestens 17 Gäste seines Etablissements in St. Pölten mit Getränken betäubt und um mehrere tausend Euro betrogen zu haben. Der Mann wurde am Dienstag festgenommen. Der Gesamtschaden beträgt mehr als 100.000 Euro.

[224]

auch wieder so, dass ich ein Puff hab und meine Puffgäste betäube und betrüge, ja es ist so [224] und ist es auch wieder so, dass ich mit meinem Auto vor den Kiwaran nicht Hawaran flüchte und die Reibe in den Bach runterstürzt leider ja es ist so [225] oder so sauf ich mich an und dann bau ich einen Unfall mit einem Motorrad und der ist dann schwer verletzt [226] ja ich bin recht oft berauscht und dann bin ich es schon wieder und nach zig Unfällen ziehen sie mich raus aus dem Verkehr, so nennen sie das, sie ziehen mich heraus aus dem Verkehr [227] und hab ich ein Messer und

Lenker flüchtet vor Polizei: Auto stürzt in Bach

Online seit heute, 10.15 Uhr

In der Nacht auf heute hat ein 28-jähriger Autolenker im Bezirk Weiz in der Steiermark der Polizei eine Verfolgungsjagd geliefert. Der Mann verlor dabei die Kontrolle über sein Fahrzeug. Das Auto landete in einem Bach. Der Lenker und sein Beifahrer wurden verletzt.

Mehr dazu in **steiermark.ORF.at**

Ein 31-jähriger Motorradfahrer ist gestern auf der L175 in Trattenbach (Niederösterreich) beim Zusammenstoß mit einem Kastenwagen, dessen Lenker alkoholisiert war, schwer verletzt worden.

Mehr dazu in **noe.ORF.at**

Unverändert hoch ist die Zahl an Alkolenkern, die die Polizei derzeit fast täglich aus dem Verkehr zieht. Im Bez… Braunau (OÖ) prallte ein Betrunkener …

[225 & 226 & 227]

[221] In Oberkärnten wurde ein weiterer Fall bekannt, bei dem sich männliche Gewalt gegen Tiere richtete. Ein Landwirt hatte seinen Mangalitza-Schweinen Löcher in die Nasen gebohrt und anschließend Draht durch diese Löcher gezogen, um so zu verhindern, dass die Tiere den Boden zerstören. Gerade weil die Methode bei Schweinen zu großen Schmerzen führt, ist sie in Österreich verboten. Entsprechend wurde der Landwirt wegen Tierquälerei angezeigt.

[222] Ein 46-Jähriger bedrohte in Graz nicht nur seine 48-jährige Ehefrau damit, sie umzubringen, sondern schlug auch die Heck- und Windschutzscheibe des Autos seiner Tochter mit einer Bierflasche ein.

[223] Zu einem weiteren sexualisierten Übergriff kam es im Wiener Prater, als ein 32-Jähriger zwei 13-jährige Mädchen sexuell belästigte und mit einem Messer bedrohte.

[224] Mindestens 17 betrunkene Gäste eines Bordells in St. Pölten (Niederösterreich) wurden von dem 32-jährigen Betreiber mit K.O.-Tropfen betäubt, sodass sie in einen komatösen Zustand verfielen. Nach dem Aufwachen stellte ihnen der Betreiber nicht nur Konsumationen und sexuelle Dienstleistungen im Wert von mehreren tausend Euro in Rechnung, sondern erpresste sie auch mit kompromittierenden Fotos.

[225] Nach einer Verfolgungsjagd mit der Polizei im Bezirk Weiz (Steiermark) landete ein 28-jähriger Autofahrer in einem Bach und verletzte dabei sowohl sich selbst als auch einen Beifahrer.

[226] In Trattenbach (Bezirk Neunkirchen) ereignete sich ein weiterer Verkehrsunfall, bei dem ein stark

geht es um meinen Kater, nicht um jenen nach dem Saufen, sondern Burli um meinen Kater, meinen geliebten, so zücke ich dies Messer auch und es reut mich nicht, ja was glaubst du [228] und wieder sprechen sie wider mich und machen mir den Prozess und klagen mich an in einer Sache wie ich sie getan eine Bombe zu legen an der Türe des Hauses meiner ehemaligen Frau [229] nun es geht auch ohne Bombe nur mit einem Schnitzel-klopfer wenn mich der Lärm stört des Nachts dann gehe ich raus mit meinem Klopfer und klopfe einmal auf ein Kopfe

Streit um Kater eskalierte: Mann mit Messer bedroht

Online seit heute, 8.08 Uhr

In Braunau ist am Wochenende ein Streit um einen verschwundenen Kater eskaliert. Eine 46-jährige Innviertlerin sowie deren Eltern verdächtigten einen 19-Jährigen, den Kater gestohlen zu haben, was diesen so in Rage brachte, dass er den Vater mit einem Messer bedrohte.

[228]

K CHRONIK

Prozess gegen Bombenleger startet

Am Landesgericht Klagenfurt müssen sich am Montag die beiden Bombenleger von Guttaring verantworten. Die Staatsanwaltschaft wirft den beiden ehemaligen Soldaten versuchten Mord, Gefährdung durch Sprengmittel und schwere Sachbeschädigung vor. Sie hatten vor dem Haus der Ex-Frau des einen Angeklagten eine Bombe detonieren lassen, die Frau wurde lebensgefährlich verletzt.

[229]

betrunkener Kastenwagenfahrer mit einem Motorrad zusammenstieß und dabei dessen Fahrer schwer verletzte.

[227] Auch im Bezirk Braunau (Oberösterreich) fuhr ein betrunkener Mann mit einem Quad gegen einen Baum und trug dadurch – wie zahlreiche Männer neben ihm – dazu bei, dass die Anzahl alkoholisierter Autofahrer auch im Jahr 2020 unverändert hoch blieb.

[228] Ein weiteres Mal berichtet orf.at von einem Streit, der „eskaliert" sei – diesmal gab ein verschwundener Kater in Braunau (Oberösterreich) den Anlass, dass ein 19-Jähriger, der verdächtigt wurde, das Tier gestohlen zu haben, den Freund der Besitzerin mit dem Umbringen und ihren Vater mit einem Messer bedrohte.

[229] Der Prozess gegen die beiden Soldaten, die eine selbst gebastelte Paketbombe vor dem Haus der Ex-Frau des einen Täters explodieren ließen und so der Frau schwere Verbrennungen mit lebenslangen Folgen zugefügt hatten (siehe Fußnote 147), wurde am Landesgericht Klagenfurt (Kärnten) gestartet. Die beiden Männer müssen sich wegen versuchten Mordes, Gefährdung durch Sprengmittel und schwerer Sachbeschädigung verantworten.

[230] Dass der Kreativität von Männern kaum Grenzen gesetzt sind, wenn es um die Wahl ihrer Waffen geht, mit denen sie Gewalt ausüben, verdeutlicht der Fall eines 32-Jährigen in Ottakring (Wien), der einen 21-Jährigen mit einem

hin und das kann man wenn man will tun mit einem Klopfer der Art von den Schnitzeln her jawohl[230] dann erwürge oder erdrossle ich meine Frau oder auch Exfrau weiß man das nicht so genau ob wir noch zusammen oder nicht und du schon gar nicht oder was glaubst du dass du etwas weißt[231] von Staat oder

ORF.at News
ORT CHRONIK GESUNI

21-Jähriger mit Schnitzelklopfer verletzt

Online seit heute, 14.16 Uhr

Ein 21-Jähriger ist gestern in den frühen Morgenstunden in Wien-Ottakring von einem 32-Jährigen mit einem Schnitzelklopfer attackiert und am Kopf verletzt worden. Der ältere der Männer hatte sich in seiner Wohnung von Lärm gestört gefühlt.

[230]

nicht Staat oder von sowas wie den Staat zu verneinen ihm zu entsagen ihn zu verweigern sagen sie dass ich den verweigere so eine Lächerlichkeit ich steige aus aus dem allen aus dem Staat gleich als erstes oder was ist das für eine Anmaßung mich hier in Österreich als dem Staate Untertan zu machen da steig ich aus so wie ich auch

ORF.at News
ENCE CHRONIK RELIG

OÖ: Mann soll Lebensgefährtin getötet haben

Online seit heute, 13.11 Uhr

In Neustift im Mühlkreis (Oberösterreich) soll heute ein 60-jähriger Mann seine um ein Jahr jüngere Lebensgefährtin getötet haben. Das teilte die Polizei der APA mit.

[231]

Schnitzelklopfer am Kopf attackierte und ihm dabei eine Rissquetschwunde zufügte. Der Vorfall reiht sich ein in eine lange Liste von Tätern, die Probleme – wie hier Ärger über Lärm – nicht anders lösen wollen (und können) als mit der Anwendung von Gewalt.

[231] In Neustift im Mühlkreis (Bezirk Rohrbach) beging ein 60-Jähriger einen Femizid, indem er seine Partnerin, die sich kurz zuvor von ihm getrennt hatte, erwürgte oder erdrosselte. Im Zuge einer geplanten Aussprache sei es, laut orf.at in gewohnt verharmlosender Manier, erneut zu einem Streit gekommen. Der anschließende Plan, sich auch selbst umzubringen, scheiterte am Eingreifen der Polizei.

[232] Die enge Verbindung zwischen Verschwörungsmythen, Gewaltfantasien und Antisemitismus veranschaulicht der Prozess gegen einen führenden Vertreter des „Staatenbundes Österreich". Die staatsfeindliche Gruppierung hängt dem Verschwörungsmythos an, dass die Republik Österreich nicht existiere, sondern eine Firma und daher illegitim sei. Staatliche Institutionen würden zudem durch eine unbekannte Macht gelenkt.

„Staatsverweigerer" wollte ausbrechen – Haft

Online seit heute, 19.37 Uhr

Ein führendes Mitglied des „Staatenbunds Österreich" ist heute im Grazer Straflandesgericht zu zwölf Jahren Haft verurteilt worden. Außerdem wurde die Einweisung in eine Anstalt für geistig abnorme Rechtsbrecher verfügt. Der 73-Jährige soll einen Ausbruch durch Geiselnahme aus der Justizanstalt Graz-Jakomini geplant haben.

[232]

einfach aus meiner Haft aussteige und dies Gefängnis verweigere ich und ich entsage dieser Haft die sie nur für Leute gemacht ist, die sich solches auch gefallen lassen und ich tue das nicht mein Freundchen sicher nicht nun es will mir eh nicht ganz gelingen das sind schon gscheid gmachte Häfen da die sich der Staat erdacht gemacht[232] so klagt mich an und klagt halt weiter wo ich diese Bombe gelegt und verurteilt

K CHRONIK

Schuldsprüche im Bombenleger-Prozess

Am Dienstag sind die beiden Angeklagten im Bombenleger- Prozess wegen versuchten Mordes schuldig gesprochen worden. Sie sollen der Ex-Frau des Erstangeklagten eine Bombe vor die Haustür gelegt haben. Beide Männer wurden zu langen Haftstrafen verurteilt, der Erstangeklagte wird zudem in eine Anstalt eingewiesen.

[233]

mich halt ihr alle ihr Geschworenen und wenn ihr noch so einstimmig seid[233] mit meinem Messer geht es besser und mit diesem steche ich in meiner Trunkenheit, denn betrunken muss der Mensch sein ab und an steche ich also auf meinen Sohn ein und hin und[234] ich bin schon jung, das kannst du mir nicht

Der angeklagte Ex-Gendarm drohte nicht nur dem Staatsanwalt und dessen Familie, sondern auch den Justizwachebeamten, dass sie, wenn seine Organisation die Macht übernehme, „in ein Konzentrationslager kommen" würden. Darüber hinaus plante er einen Gefängnisausbruch mit Geiselnahme.

[233] Der Bombenleger-Prozess (siehe Fußnote 147 und 229) endete mit einem Schuldspruch wegen versuchten Mordes und langen Haftstrafen. Der Beitrag auf orf.at sticht vor allem deswegen hervor, weil ausführlich auf die Einschätzung eines psychiatrischen Sachverständigen Bezug genommen wird, der die Tat eben nicht – wie zahlreiche Artikel zuvor – mit Eifersucht oder der vorangegangenen Trennung, sondern einer stark ausgeprägten emotionalen Störung erklärte. Er verwies darauf, dass der Hauptangeklagte nicht nur kein Mitgefühl mit dem Opfer gezeigt, sondern auch Victim Blaming betrieben hatte, indem er der durch den Anschlag schwer verletzten Frau die Schuld zuwies. Wenngleich der Gutachter den Täter als „gekränkte, narzisstische Persönlichkeit" mit Verfolgungswahn einstufte, spielt die Verbindung zu zerstörerischer

Betrunkener stach auf Sohn ein

Online seit gestern, 18.15 Uhr

Ein stark alkoholisierter Mann hat gestern in Villach (Kärnten) bei einem Streit mit einem Messer auf seinen Sohn eingestochen. Dieser erlitt Schnittwunden an einer Hand. Der 56-jährige Vater wurde festgenommen.

[234]

nehmen und so jung wie ich bin nehme ich mir kein Blatt vor den Mund den meinen und bedrohe mit diesem zwei Frauen ja das kann ich tun[235] wie mit meiner Gaspistole ich hernehme diese und im Streit um eine Frau sie abfeuere der Schüsse es waren drei[236] und dann ersteche ich mit meinem Messer meine Frau es war das Messer aus der Küche

ORF.at News

ORT CHRONIK KULT

17-Jähriger bedrohte zwei Frauen in Graz

Online seit heute, 11.52 Uhr

Ein 17-Jähriger steht im Verdacht, gestern Abend eine 26-Jährige sexuell belästigt zu haben. In der Folge soll er der Freundin der Frau mit Mord gedroht haben. Polizisten konnten den Burschen stellen.

[235]

und die Küche war ihre und sie war 80 und ich 88 und sie ist tot und ich bin es nicht[237] im August ist es schön am Donaukanal und da zerhaue und schlage ich den tot und das ist keine Frage von Zeit sondern nur eine von Kraft und wer anschafft und wer der Stärkere ist vielleicht bin ich das oder kannst du dir das nicht vorstellen von Vorstellungskraft fehlt es mir keinen Zentimeter[238] im Auto ist es auch immer von Raum ringsum weit und gut und wo mir einer deppert

CHRONIK GESUNI

Streit wegen Frau: Mann durch Gaspistole verletzt

Online seit heute, 10.09 Uhr

In Bregenz ist gestern Abend ein Streit wegen einer Frau eskaliert. Laut ersten Angaben der Polizei gingen zwei Männergruppen vor einer Tankstelle lautstark aufeinander los. Dabei zückte ein Mann eine Gaspistole und schoss zweimal auf seinen Widersacher.

[236]

Männlichkeit in den auf orf.at zitierten Ausführungen leider abermals keine Rolle.

[234] Wenn ein Vater seinen Sohn mit einem Messer verletzt, weil dieser der Aufforderung zu putzen nicht nachkommt, scheint es für orf.at erneut Grund genug, um von einem „Familienstreit" zu berichten. Anknüpfungspunkte, um männliche Gewalt und gewalttätige Umgangsformen mit Konflikten zu problematisieren, fänden sich schließlich auch an diesem Beispiel mehr als genug.

[235] Dass Männer selten Einsicht zeigen, wenn sie auf Fehlverhalten hingewiesen werden, zeigt das Beispiel eines 17-Jährigen in Graz (Steiermark), der zuerst eine 26-Jährige begrapschte und in der darauffolgenden verbalen Auseinandersetzung ihre Freundin damit bedrohte, sie umzubringen.

[236] Alle Tage wieder berichtet orf.at von einem (wegen einer Frau) „eskalierten Streit" – diesmal in Bregenz (Vorarlberg), wo im Zuge einer Auseinandersetzung zwischen drei Männern einer mit einer Gaspistole drei Schüsse abgab und dabei einen anderen leicht am Hals und an der Stirn verletzte.

[237] In verharmlosender Manier wird auf orf.at die Polizei zitiert, die

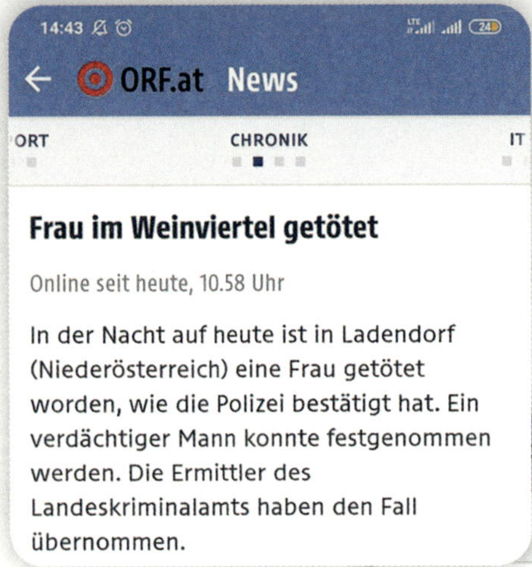
14:43
ORF.at News
ORT CHRONIK IT

Frau im Weinviertel getötet

Online seit heute, 10.58 Uhr

In der Nacht auf heute ist in Ladendorf (Niederösterreich) eine Frau getötet worden, wie die Polizei bestätigt hat. Ein verdächtiger Mann konnte festgenommen werden. Die Ermittler des Landeskriminalamts haben den Fall übernommen.

[237]

kommt und sich mit mir anlegt, da hab ich einen Pfefferspray und nehme diesen auch her und zur Verwendung zu solchem ist der gedacht in der Anlage seiner Natur und seiner Art so gemacht zu sprayen den Pfeffer in eines Angesicht hinein und drum schau nicht so behindert drein da du würdest das auch tun[239] leugnen bringt nicht viel das weiß ich sehr genau und wer wüsste das nicht so punkt- und pfeilgenau ins Schwarze wie ich wo mir die Musik von ist es nicht meine Musik ist sie mir zu laut und geht mir zu weit und geht mir ein wie nichts eingehen darf in die Ohren des Menschen an sich da muss er sich wehren und verwehren dagegen da hole ich ganz locker ich will nicht sagen flocker meinen Elektroschocker was für ein Wort ich liebe dieses Wort und ist es nicht eine Freude, dass der Mensch sich wehren und verwehren kann gegen eines andren Sache und Absicht sehr genau[240] blöd ist es fürderhin wenn etwas geschehen was

.at News
CHRONIK IT

Attacke am Donaukanal: Mann verstorben

Online seit heute, 12.13 Uhr

Ein 25-Jähriger, der Sonntagfrüh schwerstverletzt am Donaukanal in Wien-Leopoldstadt gefunden wurde, ist im Spital gestorben. Die Polizei ermittelt nun wegen Mordes.

[238]

einen weiteren Femizid, bei dem ein 88-Jähriger seine 80-jährige Ehefrau in Ladendorf (Bezirk Mistelbach) mit einem Küchenmesser ermordete, als „Beziehungstat" einordnete.

[238] In einem Spital in Wien starb ein 25-Jähriger in Folge seiner schweren Kopfverletzungen, die ihm unbekannte Täter am Donaukanal zugefügt hatten.

[239] Eine Engstelle auf einer Straße führte in Natters (Bezirk Innsbruck-Land) zu einem Streit zwischen zwei Autofahrern, bei dem einer den anderen so schwer mit Pfefferspray attackierte, dass dieser im Krankenhaus behandelt

ORF.at News
ORT CHRONIK SCIEN

Streit unter Autofahrern: Attacke mit Pfefferspray

Online seit heute, 8.25 Uhr

In Natters (Tirol) ist gestern Abend ein Streit zwischen zwei Autofahrern ausgeartet. Ein Lenker griff seinen Kontrahenten dabei mit Pfefferspray an, dieser musste in die Innsbrucker Klinik gebracht werden.

[239]

werden musste.

[240] Weil die Musik zu laut war, versuchte ein 24-Jähriger einen 33-Jährigen

nicht in der Absicht liegt wenn sich also so ein Schuss blöderweise löst wo nicht zu lösen ein solcher sollte er sich und dann wen verletzt das tut mir leid Schatzi[241] das ist eine Masse, in der wir uns da jetzt Paroli bieten sehr hart und was eine Massenschlägerei ist, das kannst du dir gar nicht ausdenken sowas Fettes und ich nehm mein Auto und fahr in die Masse rein und verletze damit ja klar das ist ja glasklar dass es zum Verletzen ist[242] es auch manchmal wirklich wie verhext da streitet man sich in der Gruppe und man wandert dahin auf und in den Bergen sie sind so schön juchee so schee und ein Stein ist lose und ich Trottel stürze selbst ab sowas ist mir auch noch nicht passiert aber es ist so[243] dann gibt es schon wieder Streit und ich weiß mir echt gar nicht mehr ein und aus aber so genau zu bezeichnen ist das eigentlich gar nicht und ich greife zum Franzbranntwein und zünde meine Freundin an damit[244] werde ich erneut zu Prozessieren geladen und sie machen mir den solchen Prozess da habe ich meine

12:20 ORF.at News

ORT CHRONIK WIRTSC

Elektroschocker-Attacke wegen lauter Musik

Online seit heute, 11.40 Uhr

Laute Musik hat gestern auf einer Wiese in Wien-Floridsdorf für erhitzte Gemüter gesorgt. Ein 24-Jähriger fühlte sich gestört und ging mit einem als Taschenlampe getarnten Elektroschocker auf einen 33-Jährigen los.

[240]

V CHRONIK

Schuss löste sich: 18-Jähriger schwer verletzt

Ein 18-Jähriger ist bei einem Schuss aus einem Luftdruckgewehr in der Nacht auf Samstag in Götzis schwer verletzt worden. Der Mann wurde laut Polizei getroffen, als ein 25-Jähriger mit dem Gewehr in seiner Wohnung hantierte. Die beiden erklärten allerdings zunächst, sie seien aus einem fahrenden Auto heraus beschossen worden.

[241]

mit einem als Taschenlampe getarnten Elektroschocker zu attackieren und handelte sich und seiner Begleiterin damit Anzeigen wegen gefährlicher Drohung sowie Verstoßes gegen das Waffengesetz ein.

[241] Während ein 25-Jähriger in Götzis (Vorarlberg) in seiner Wohnung mit einem Luftdruckgewehr hantierte, löste sich ein Schuss, der einen 18-Jährigen traf und dadurch schwer verletzte. Die beiden hatten jedoch anfangs behauptet, aus einem fahrenden Auto angeschossen worden zu sein.

CHRONIK

Massenschlägerei in Favoriten: Mann mit Auto gerammt

Eine Massenschlägerei in Favoriten ist in der Nacht auf Sonntag außergewöhnlich brutal ausgetragen worden: Eines der Opfer wurde absichtlich am Gehsteig mit einem Auto angefahren. Mehrere Personen wurden teils schwer verletzt.

Online seit heute, 11.19 Uhr

Die Angreifer schlugen danach mit einem Golfschläger auf den 24-Jährigen ein, der bereits einen Unterschenkelbruch erlitten hatte, berichtete die Polizei am Sonntag. Eine Gruppe hatte in einem Lokal am Favoritner Gewerbering Geburtstag gefeiert und war kurz nach 2.00 Uhr vor das Lokal gegangen.

[242]

Freundin erstickt mit dem Kopfpolster habe ich das gemacht und jetzt muss ich die Verantwortung hab ich eine solche denn überhaupt ja ich habe sie wie sie es sagen also tragen und die Freundin ist totgestickt und ersticket von mir [245] will die Menschheit immer so viel wie diese Straßenbahnoide da dass ich eine Maske aufsetze in der Straßenbahn der ihrigen es ist unser aller Fahrgerät hiernach setz doch keinen

ORF.at News

ORT — CHRONIK — IT

Streit auf Wanderweg: 70-Jähriger abgestürzt

Online seit heute, 12.21 Uhr

Im Kaisergebirge in Tirol hat eine Begegnung zweier deutscher Wanderer einen Unfall verursacht. Ein 70-Jähriger stürzte gestern rund 15 Meter ab, nachdem er von einem Landsmann genötigt wurde, zur Seite zu treten. Der Verletzte wurde ins Krankenhaus geflogen.

[243]

ORF.at News

ORT — CHRONIK — WIRTSC

Freundin angezündet: 34-Jähriger verurteilt

Online seit heute, 15.29 Uhr

In Graz musste sich heute ein Mann vor Gericht verantworten, weil er heuer im April versucht haben soll, seine Freundin anzuzünden. Die Frau erlitt bei der Attacke leichte Verletzungen. Der 34 Jahre alte Angeklagte wurde nicht rechtskräftig zu einer mehrjährigen Haftstrafe verurteilt.

[244]

ORF.at News

SCHAFT — CHRONIK — SPO

Freundin getötet und SMS verschickt: Mordprozess

Online seit heute, 8.32 Uhr

Wegen Mordes an seiner Freundin in Wien-Floridsdorf muss sich heute ein 38-jähriger Wiener vor einem Schwurgericht verantworten. Der Mann soll laut Staatsanwaltschaft mit dem Handy der jungen Frau versucht haben, eine falsche Spur zu legen.

[245]

[242] In Favoriten (Wien) kam es erneut zu einer Massenschlägerei, bei der mehrere Menschen u.a. durch absichtliches Anfahren mit einem Auto, eine abgeschlagene Bierflasche und einen Golfschläger teilweise schwer verletzt wurden.

[243] Auch auf Wanderwegen führt männlicher Hochmut zum Unglück anderer, wie sich im Kaisergebirge verdeutlichte, als ein 70-Jähriger ca. 15 Meter abstürzte, nachdem er von einem entgegenkommenden Wanderer genötigt worden war, auszuweichen und dabei auf einen lockeren Stein trat.

[244] Zu einem Gerichtsprozess kam es in Graz (Steiermark) gegen einen Mann, der seine Freundin nicht nur geschlagen, sondern auch mit einer Flasche Franzbranntwein angegriffen und versucht hatte, sie anzuzünden. Auf orf.at wird nicht etwa mangelnde Gefühlskontrolle oder Unfähigkeit des Täters im Umgang mit Wut und Ärger als Ursachen für die Angriffe genannt, sondern dass er wütend geworden sei, weil sich die Freundin nicht an einen gemeinsamen Alkoholentzug gehalten habe.

[245] Vor Gericht stand ein 38-Jähriger, der in Floridsdorf (Wien) Anfang Jänner seine Freundin (siehe Fußnote 12) mit einem Kopfpolster erstickte. Danach hatte er zudem versucht, durch

Mundfetzen auf zu atmen mir der nimmt und ich tu mir ja eh so schwer mit allem im Leben ja sieht mich denn niemand und wie gemein ist das bitte ich prack der eine rein dass sie das sieht und sich nicht mehr kehrt an falsche Rede und falsches Denken allein mein Denken ist das Wahre das A und O und beim Z sind wir noch lang nicht hab ich das schon gesagt oder auch nicht es ist mir sowas von Blunzen[246] wenn ich den Kiwara kein Hawara mitreiß mit meiner Reibe meinem Fahrgestell wenn der von mir eine technische Überprüfung will dann fahr ich den zamm aber sowas von sicher wie das Amen im Gebet[247] muss ich mich leider wieder streiten und sei es auch auf einem Kirtag und sei es egal wo da wo gestritten wird da muss gestritten werden es Schüsse zur Demonstration meiner Kraft aus meiner kräftigen und aussagenden Gaspistole ja[248] wo sich meine mir Zugesprochene nun verweigert da steche ich sie nieder im Vorbeigehen[249] und ich habe ein Messer und ich bin viel härter als der

← ORF.at News

LAND · COV INLAND · COV AUS

Streit über Maske: Straßenbahnlenkerin attackiert

Online seit gestern, 15.49 Uhr

In Graz ist gestern eine 53 Jahre alte Straßenbahnlenkerin von einem Fahrgast attackiert worden. Sie forderte den jungen Mann auf, einen Mund-Nasen-Schutz zu tragen. Dieser wurde jedoch handgreiflich. Die Frau wurde leicht verletzt.

[246]

Nachrichten, die er vom Handy der Frau abschickte, an ihren Bankomatcode zu kommen.

[246] Zu einer weiteren männlichen Gewalttat, die im Zusammenhang mit der Pandemie steht, kam es in Graz (Steiermark), wo ein Mann eine Straßenbahnfahrerin anspuckte und auf sie eintrat und einschlug, als sie ihn aufgefordert hatte, einen Mund-Nasen-Schutz zu tragen.

[247] Im Zuge von Kontrollen der burgenländischen Roadrunner*innen-Szene, die ihre Autos umbauen, damit sie besonders schnell fahren, wurde ein Polizist angefahren.

News

ORT · CHRONIK · RELIG

Lenker fuhr bei Kontrolle Polizisten an

Online seit heute, 13.36 Uhr

Die Polizei hat gestern Abend und in der Nacht die burgenländische „Roadrunner“-Szene ins Visier genommen. Das sind meist technisch umgebaute Autos, die durch ihre Optik, Geräusche und Schnelligkeit besonders auffallen. Dabei kam es zu einem Zwischenfall. Ein Polizist wurde bei einer Kontrolle von einem „Roadrunner“ angefahren und 300 Meter mitgenommen.

[247]

← ORF.at News

NDHEIT · CHRONIK · KULT

Schüsse mit Gaspistole an Kirtag im Burgenland

Online seit gestern, 19.57 Uhr

Eine Auseinandersetzung am Kirtag in Oslip im Burgenland hat in der Nacht auf gestern mit mehreren verletzten Jugendlichen geendet. Laut Polizei sollen die Opfer mit einer Schreckschusspistole angeschossen worden sein. Ein Verdächtiger wurde gestern Vormittag einvernommen, der zweite Verdächtige wurde am Nachmittag

[248]

Mackie mit dem seinen oder wer weiß denn das nicht wir leben ja heute und nicht zu des Brechtes Zeiten von daher spring ich gleich locker mit meinem Messer rein in das Ziviler-Kiwara kein Hawara-Automobil und fahre davon und ich bin mir sehr sicher, dass ich damit durchkomme denn ich komme ja immer mit allem durch wie du schon gesehen hast auf

← ORF.at News

NDHEIT CHRONIK SCIEN

Frau in Wels niedergestochen

Online seit heute, 9.24 Uhr

Eine junge Frau ist in der Nacht auf heute in Wels in Oberösterreich mit einem Messer niedergestochen worden. Täter soll ein 21 Jahre alter Mann sein. Er wurde festgenommen. Das Motiv des Messerangriffs ist derzeit nicht bekannt.

[249]

← ORF.at Ne

ORT CHR

Messerangreifer wollte mit Zivilstreifenauto flüchten

Online seit heute, 9.21 Uhr

Ein 19-Jähriger hat in der Nacht auf heute in der Linzer Innenstadt einen Bekannten mit einem Messer attackiert und verletzt. Auf der Flucht hielt er ein Auto an und versuchte, sich darin zu verschanzen. Was er nicht wusste: Es handelte es sich um eine Zivilstreife der Polizei.

[250]

den Seiten davor, ich bin sehr stark und komme mit meinem Denken und meinen Taten immer durch denn ich bin sehr gescheit und alle meine Pläne sind von Lorbeer und Früchten getragen und es geht alles auf was aufzugehen ich gedenke wie die Saat in deinem Garten und die Spreu auf deinem Felde und schüttelst du noch immer den Kopf

[248] Mehrere Jugendliche wurden bei einem Kirtag in Oslip (Bezirk Eisenstadt-Umgebung) mit einer Schreckschusspistole angeschossen und dabei verletzt. Zwei Tatverdächtige konnten kurz darauf ausgeforscht werden.

[249] Nachdem ein 21-Jähriger in Wels (Oberösterreich) seiner 19-jährigen Ex-Freundin nicht nur vor ihrer Wohnung aufgelauert und sie bedroht hatte, zerrte er sie auch in den Keller und stach mit einem Klappmesser auf sie ein. Indem sich das Opfer zur Wehr setzte und laut schrie, konnte sie Schlimmeres verhindern.

[250] Als ein 19-Jähriger in Linz (Oberösterreich) fliehen wollte, nachdem er einen anderen Mann mit einem Messer angegriffen und verletzt hatte, landete er in einer Zivilstreife. Er hatte diese jedoch selbst aufgehalten, weil er sich in dem Auto verstecken wollte.

[251] Von einem „Streit", der „eskaliert" sei, berichtet orf.at in Hinblick auf eine

← ORF.at News

ORT CHRONIK KULT

Mann bei Messerattacke in Niederösterreich verletzt

Online seit heute, 13.12 Uhr

In Laa an der Thaya (Niederösterreich) hat heute Früh ein 53-Jähriger einen Mann mit einem Messer attackiert und verletzt. Das Opfer schwebt nicht in Lebensgefahr.

[251]

hierzu kann es lediglich an einer spastischen Lähmung deinerseits liegen [250] zu verletzen da zwei auf einmal durch mein Messer [251] bin ich ein Kiwara kein [252] Hawara und frage die Daten meiner Ex-Oiden ab das darf man nicht hehe [252] da hat wer keine Maske auf im Verkaufesladen und dass das so nicht geht das weiß doch jedes Kind wir leben in einer Pandemie und wenn der Maskenfratz noch so jung ist gibts da einen Faustschlag [253] ins Gesicht von mir Supermarkt hin oder her wo kommen wir denn da hin sowas muss exekutiert werden sofort denn ich bin das Gesetz und ich sage an, wo das zu sein hat und wo nicht denn ich kenne das Gesetz und viele andere anscheinend nicht das merkt sich der aber für immer, dass einst keine Maske sein Gesicht geziert sondern die Faust meiner [253] kann ich auch den Präsidenten der Jüdischen Gemeinde angreifen, ja sicher kann ich das oder hast du geglaubt dass irgendwas ich nicht könnte Baby [254] es gibt auch schönere Geschichten, nämlich solche, wo eine Verfolgungsjagd mit Kiwaran nicht Hawaran in einem

19:25

ORF.at News

ORT CHRONIK WIRTSC

Polizist fragte Daten von Ex-Partnerin ab: Bewährungsstrafe

Online seit heute, 12.52 Uhr

Ein Polizeibeamter, der verbotenerweise die Daten seiner Ex-Partnerin abgefragt hatte, ist heute am Wiener Landesgericht verurteilt worden. Der 54-Jährige erhielt eine mehrmonatige Bewährungsstrafe wegen Amtsmissbrauchs.

SCIEN

Jugendlicher ohne Maske in Supermarkt niedergeschlagen

Online seit heute, 11.51 Uhr

Ein 16-Jähriger ohne Schutzmaske hat gestern Abend in einem Supermarkt in der Stadt Salzburg einen Faustschlag von einem anderen Kunden kassiert. Dieser soll betrunken gewesen sein. Der junge Mann trug eine blutige Nase davon.

Messerattacke nach einer Partynacht, bei der ein Mann auf zwei weitere Männer losgegangen war und dabei einen der beiden schwer am Hals verletzt hatte.

[252] In Wien stand ein Polizeibeamter wegen Amtsmissbrauchs vor Gericht, weil er über einen Polizeicomputer Daten seiner Ex-Freundin und ihres neuen Partners abgefragt hatte. Er hatte die Frau über ein christliches Portal kennengelernt, war jedoch bald durch einen US-amerikanischen Fernsehprediger ersetzt worden und hätte daher wissen wollen, ob die beiden geheiratet hätten. Dem Angeklagten und seinem Glauben bzw. der Bibel zufolge hätten die beiden eigentlich gar keine Beziehung haben dürfen, weil der Prediger bereits geschieden war.

[253] Wer keinen Mund-Nasen-Schutz trägt, gefährdet nicht nur andere, sondern lebt selbst gefährlich. So zumindest in einem Supermarkt in Salzburg, wo einem Jugendlichen ohne Maske von einem Mann die Nase blutig geschlagen wurde.

[254] Ein weiterer Fall von Antisemitismus schaffte es auf die Startpage von orf.at, auch wenn er nicht explizit so

schönen Wald endet und wer wollte denn sowas nicht, da wirst rausgefischt aus deiner Reibe und es zwitschern die Vögel und es ist schön kühl in so einem heißen Sommer und die Lichtverhältnisse sind auch besser als auf der Tangente oder sonstwo auf dieser räudigen Erd, ja das kann ich dir sagen, wünsche dir unbedingt, dass jede Verfolgungsjagd in einem Wald endet und nicht auf einem Hoferparkplatz oder einer verbrunzten Schweinemastanstalt oder dem Vorgarten eines dieser typischen Landnazis oder im Arsch eines Grenzsoldaten im Graben drin [255]
dann schon wieder eine Verfolgungsjagd und diesmal von Salzburg nach Tirol rüber sogar und das ist schon eine Besonderheit nicht wahr [256]
daraufhin steche ich auf meine Frau ein und springe aus dem Fenster und wir schweben beide in Lebensgefahr [257]
daraufhin gehe ich mit meinem selbstgebastelten Speer herum und fühle mich wie im Dschungel
nur ist es halt der Reumannplatz dort kommts zu einem Polizeieinsatz mit

ORF.at News

LETZTE MELDUNG AUSLA

Angriff auf Präsidenten der jüdischen Gemeinde Graz

Online seit heute, 19.46 Uhr

Der Präsident der Jüdischen Gemeinde Graz, Elie Rosen, ist heute Abend vor dem jüdischen Gemeindehaus von einem Unbekannten mit einem Holzprügel attackiert worden. Das bestätigte der Sprecher des Landespolizeikommandos Steiermark, Fritz Grundnig.

Rosen wollte laut der Sprecherin der jüdischen Gemeinde, Brigitte Wimmer, mit seinem Auto auf das Grundstück des jüdischen Gemeindehauses einfahren, als er angegriffen wurde. Der Präsident und eine Begleitung seien beim Versuch, auf das Synagogenareal einzufahren, auf einen Mann mit Baseballkappe und Rad aufmerksam geworden, der offensichtlich einen Stein mit sich führte.

[254]

ORF.at News

ORT CHRONIK

NÖ: Verfolgungsjagd endet im Wald

Online seit heute, 11.51 Uhr

Ein Pkw-Lenker hat in der Nacht auf heute in Krems in Niederösterreich der Polizei eine Verfolgungsjagd geliefert. Der 30-Jährige hatte sich einer Verkehrskontrolle widersetzt und wurde in einem Waldstück ohne gültigen Führerschein gestellt.

Mehr dazu in **noe.ORF.at**

Verfolgungsjagd von Salzburg nach Tirol

Auch im Grenzgebiet von Salzburg und Tirol fuhr ein 21-Jähriger der Polizei davon. Er missachtete in Leogang einen Anhalteversuch der Polizei und flüchtete in Richtung Tirol. In Hochfilzen umfuhr er eine Straßensperre. Er konnte bisher nicht ausgeforscht werden.

[255 & 256]

benannt wurde. Der Präsident der Jüdischen Gemeinde Graz (Steiermark), Elie Rosen, wurde mit einem Holzprügel vor dem jüdischen Gemeindehaus angegriffen. Zuvor war auch schon die Synagoge in Graz durch Vandalismus beschädigt worden.

[255] In Krems (Niederösterreich) versuchte ein Autofahrer, einer Verkehrskontrolle zu entkommen, wurde jedoch von der Polizei in einem Waldstück ohne gültigen Führerschein gefasst.

[256] Keinen Erfolg hatte die Polizei hingegen bei der Verfolgungsjagd

Kiwara nicht Hawara[258] ist der Vermieter auch nicht von mir und ich ziehe meinen Golfschläger heran und nehme den Schläger zum Golfe gedacht nun her, um meinen Vermieter zu attackieren[259] und die Wohnungstür meiner Ex-Freundin zünde ich an so schnell kannst gar nicht schauen so schnell ist die angezündet und es ist jetzt Ende August und das Jahr zu zwei Drittel um

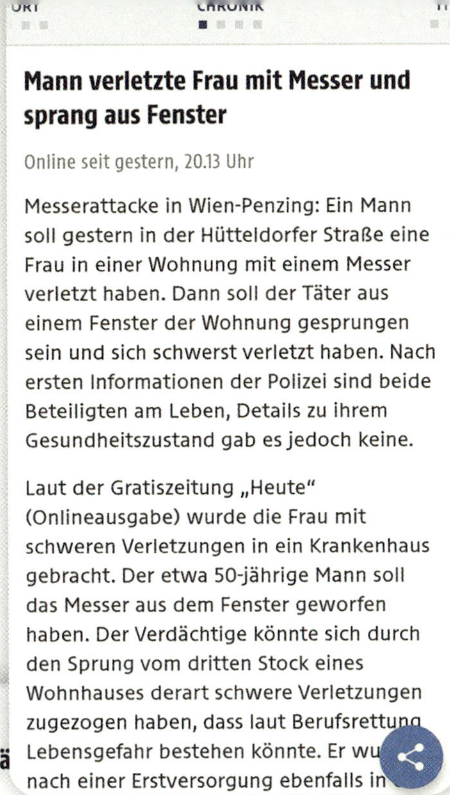
Mann verletzte Frau mit Messer und sprang aus Fenster

Online seit gestern, 20.13 Uhr

Messerattacke in Wien-Penzing: Ein Mann soll gestern in der Hütteldorfer Straße eine Frau in einer Wohnung mit einem Messer verletzt haben. Dann soll der Täter aus einem Fenster der Wohnung gesprungen sein und sich schwerst verletzt haben. Nach ersten Informationen der Polizei sind beide Beteiligten am Leben, Details zu ihrem Gesundheitszustand gab es jedoch keine.

Laut der Gratiszeitung „Heute“ (Onlineausgabe) wurde die Frau mit schweren Verletzungen in ein Krankenhaus gebracht. Der etwa 50-jährige Mann soll das Messer aus dem Fenster geworfen haben. Der Verdächtige könnte sich durch den Sprung vom dritten Stock eines Wohnhauses derart schwere Verletzungen zugezogen haben, dass laut Berufsrettung Lebensgefahr bestehen könnte. Er wu nach einer Erstversorgung ebenfalls in

[257]

eines 21-Jährigen, der in Leogang (Pinzgau) einen Anhalteversuch durch die Beamten missachtete.

[257] Nachdem ein Mann in Penzing (Wien) auf seine Freundin mit einem Messer losgegangen und danach aus einem Fenster gesprungen war, befanden sich beide in Lebensgefahr. Die Polizei ermittelte nicht nur wegen Mordversuchs, sondern betonte auch in gewohnt verharmlosender Art und Weise, dass sie dabei von einer „Beziehungstat“ ausgehen würde.

[258] Ein ungewöhnliches Utensil – einen selbstgebastelten Speer – führte ein Mann in Favoriten (Wien) bei sich, der ein Auto stehlen wollte.

[259] Auch Mietstreitigkeiten werden von Männern nicht immer nur verbal ausgetragen, und so kam es in

CHRONIK

Mann mit Speer in Fußgä

Ein Mann, der mit einem selbst gebastelten Speer in der Fußgängerzone beim Reumannplatz unterwegs war, hat am Dienstagabend für Unruhe und für einen Polizeieinsatz gesorgt. Der 59-jährige Österreicher wollte offenbar auch ein Auto stehlen.

Online seit heute, 13.10 Uhr Teilen

Der Mann spazierte gegen 19.30 Uhr mit dem Speer durch den Großstadtdschungel in Wien-Favoriten. Bedroht hat er niemanden, allerdings kam es zu einer Auseinandersetzung mit Zeugen. Der 59-Jährige ging davon, wandte sich an einen Autolenker und sagte diesem, er brauche Hilfe. Als der Fahrer ausstieg, setzte sich der Mann in den Pkw und wollte davonfahren.

[258]

ORF.at News

CHRONIK

Mann attackiert in Tirol Vermieter mit Golfschläger

Online seit heute, 10.33 Uhr

In Innsbruck ermittelt die Polizei wegen einer schweren Körperverletzung. Gestern Abend griff ein Mieter seinen Vermieter in einer Wohnung mit einem Golfschläger an und verletzte ihn dabei schwer.

[259]

nun freut dich das mich juckt es nicht[260] ferner schieße ich aufs Nachbarhaus hinüber und es kommt die Cobra daher[261] und obwohl sie sagen, ich sei Teil einer glücklichen Familie, töte ich diese Familie und lösche sie aus und töte meine Frau und meine beiden Kinder, die unsere beiden Kinder sind, und ersteche sie mit dem Apfelmesser weil ich so Angst habe, dass sie sich scheiden lässt und ich dann nicht mehr geliebt werde und dass darf natürlich nicht sein[262] so ich Liebe und Zuwendung brauche, dann vergewaltige ich eine Frau und zünde sie an[263] und es sagt das Eurostat, dass Österreich das einzige EU-Land ist, in dem mehr Morde an Frauen als an Männern begangen werden[264] dann werd ich verurteilt wegen Vergewaltigung als Ex-Uber-Fahrer bezeichnen sie mich[265] dann sprechen sie mir lebenslang die Freiheit ab weil ich meiner Lebensgefährtin das

14:32

ORF.at News

ORT CHRONIK RELIG

Mann zündete Wohnungstür von Ex-Freundin an

Online seit heute, 13.48 Uhr

Ein 22-Jähriger hat gestern Früh in Wien-Penzing seine Ex-Freundin mit Mord bedroht und eine brennbare Flüssigkeit an ihrer Wohnungstür entzündet. Der Mann habe gefordert, dass er in die Wohnung dürfe, sonst würde er sie anzünden, berichtete die Wiener Polizei.

[260]

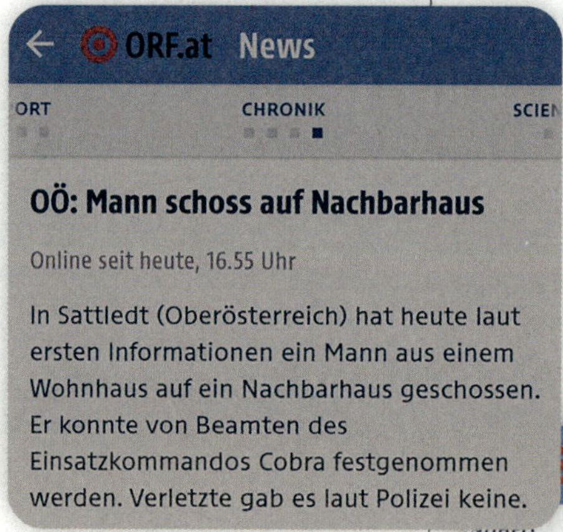

ORF.at News

ORT CHRONIK SCIEN

OÖ: Mann schoss auf Nachbarhaus

Online seit heute, 16.55 Uhr

In Sattledt (Oberösterreich) hat heute laut ersten Informationen ein Mann aus einem Wohnhaus auf ein Nachbarhaus geschossen. Er konnte von Beamten des Einsatzkommandos Cobra festgenommen werden. Verletzte gab es laut Polizei keine.

[261]

Innsbruck (Tirol) zu einer schweren Körperverletzung, als ein Mann seinen Vermieter mit einem Golfschläger angriff. Dieser konnte einen Schlag gegen den Kopf abwehren, wurde jedoch mit einem offenen Unterarmbruch schwer verletzt.

[260] Die Gewalt der Worte, die zu Taten führt, zeigt sich auch bei einem Fall in Penzing (Wien), wo ein 22-Jähriger seine Ex-Freundin zunächst via Handynachrichten beschimpfte und bedrohte, und in weiterer Folge ein Feuer vor ihrer Wohnungstür legte, das sie glücklicherweise mit Handtüchern ersticken konnte.

[261] Keine Verletzten gab es zum Glück, als ein 59-jähriger

ORF.at News

CHRONIK KULT

Dreifachmord: „Waren glückliche Familie“

Online seit heute, 16.13 Uhr

In Wiener Neustadt hat heute der Prozess nach einer Bluttat in Kottingbrunn (Niederösterreich) begonnen. Ein 31-Jähriger soll seine 29-jährige Ehefrau und seine beiden Kinder getötet haben. „Wir waren eine glückliche Familie“, sagte der Angeklagte vor Gericht.

[262]

[263]

CHRONIK

Frau vergewaltigt und angezündet: 13 Jahre Haft

Ein 60-Jähriger ist am Wiener Landesgericht für Stafsachen zu 13 Jahren Haft verurteilt worden. Er wird auch in eine Anstalt für geistig abnorme Rechtsbrecher eingewiesen. Er soll in München eine Frau vergewaltigt und angezündet haben.

Online seit heute, 13.36 Uhr Teilen

Der Vorfall trug sich im November 2016 am Münchner Hauptbahnhof zu. Laut Anklage hatte der Mann eine Frau vergewaltigt und sie mit Flammen aus einem Deospray misshandelt. Neben der Haftstrafe wurde der 25-fach Vorbestrafte in eine Anstalt für geistig abnorme Rechtsbrecher eingewiesen. Das Urteil ist rechtskräftig. Dabei hatte der Angeklagte vor einem Schöffensenat die Tat zunächst bestrit

Leben abgesprochen hab[266] während ich einen jungen Buben in einem Park niederschlage und

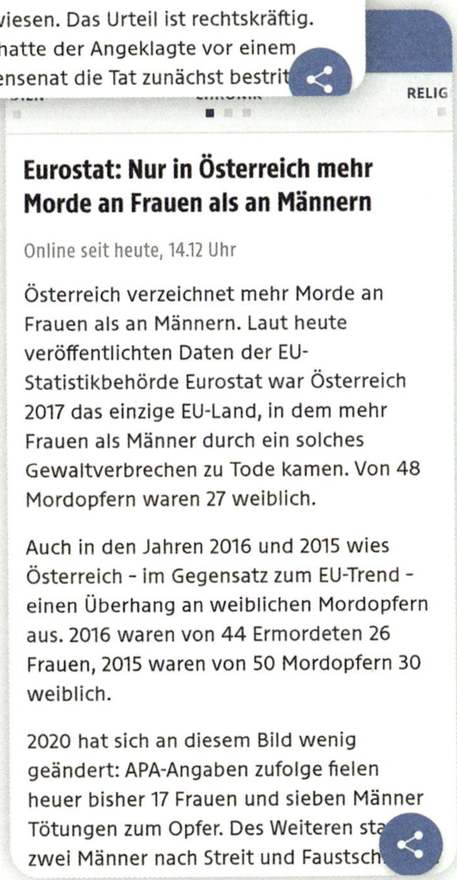

RELIG

Eurostat: Nur in Österreich mehr Morde an Frauen als an Männern

Online seit heute, 14.12 Uhr

Österreich verzeichnet mehr Morde an Frauen als an Männern. Laut heute veröffentlichten Daten der EU-Statistikbehörde Eurostat war Österreich 2017 das einzige EU-Land, in dem mehr Frauen als Männer durch ein solches Gewaltverbrechen zu Tode kamen. Von 48 Mordopfern waren 27 weiblich.

Auch in den Jahren 2016 und 2015 wies Österreich - im Gegensatz zum EU-Trend - einen Überhang an weiblichen Mordopfern aus. 2016 waren von 44 Ermordeten 26 Frauen, 2015 waren von 50 Mordopfern 30 weiblich.

2020 hat sich an diesem Bild wenig geändert: APA-Angaben zufolge fielen heuer bisher 17 Frauen und sieben Männer Tötungen zum Opfer. Des Weiteren sta zwei Männer nach Streit und Faustsch

[264]

Mann in Sattledt (Bezirk Wels-Land) aus unklaren Gründen mehrfach aus seinem Haus auf ein Nachbarhaus schoss.

[262] In einem Bericht über einen Prozess in Wiener Neustadt (Niederösterreich), bei dem sich ein Mann dafür verantworten musste, seine Frau sowie die gemeinsamen zwei Kinder ermordet zu haben, wird auf orf.at ein weiteres Mal den Gefühlen sowie der Perspektive des Täters ausführlich Raum gegeben. Nicht nur ist davon zu lesen, dass die angedrohte Scheidung seitens der Frau „Auslöser für die Tat" gewesen sei, sondern der Mann außerdem versucht habe, sich zu ändern, der Versuch jedoch nichts an der Entscheidung der Frau geändert hätte. Weil er sich die Trennung nicht vorstellen konnte und „aus Angst, seine Familie zu verlieren und nicht mehr geliebt zu werden", hatte er die Frau sowie die Tochter erstochen und in weiterer Folge den Sohn erstickt. Während dem Leid der Ermordeten sowie der Angehörigen abseits ihrer Beschreibungen der Ehe im Zuge des Gerichtsprozesses kein Raum gegeben wird, verschafft orf.at dem mehrfachen Mörder für die Erklärung und Legitimation seiner Taten Raum und trägt dadurch, wie bereits mehrfach beschrieben, zur Normalisierung ebendieser bei.

[263] Wie Männer Notlagen von Frauen auszunutzen verstehen, zeigt sich bei einem 60-Jährigen, der einer Frau einen Schlafplatz versprochen, sie aber stattdessen vergewaltigt und mit Flammen aus einem angezündeten Sprühdeodorant misshandelt hatte.

[264] Auswertungen der EU-Statistikbehörde schaffen es auf die orf.at-Startpage, und zwar mit der Meldung,

ausraube[267] und meine Töchter missbrauche ich und einweisen tun sie mich als Folge[268] was man nicht tun darf das ist drohen und ich drohe der Justizministerin mit dem Tod und Festnehmen ist die Folge (269) so lebenslang wird mir jetzt die

19:29

ORF.at News

NDHEIT CHRONIK RELIG

Vergewaltigung: Ex-Uber-Fahrer muss in Haft

Online seit heute, 17.22 Uhr

Wegen Vergewaltigung ist ein 33-jähriger ehemaliger Uber-Fahrer zu einer unbedingten Haftstrafe von drei Jahren verurteilt worden. Der Angeklagte bekannte sich nicht schuldig, akzeptierte am Ende aber überraschend das nun rechtskräftige Urteil.

[265]

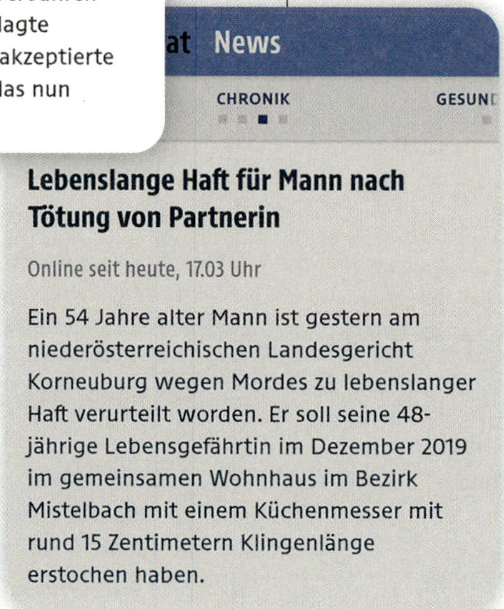
at News

CHRONIK GESUND

Lebenslange Haft für Mann nach Tötung von Partnerin

Online seit heute, 17.03 Uhr

Ein 54 Jahre alter Mann ist gestern am niederösterreichischen Landesgericht Korneuburg wegen Mordes zu lebenslanger Haft verurteilt worden. Er soll seine 48-jährige Lebensgefährtin im Dezember 2019 im gemeinsamen Wohnhaus im Bezirk Mistelbach mit einem Küchenmesser mit rund 15 Zentimetern Klingenlänge erstochen haben.

[266]

ORF.at News

SCHAFT CHRONIK SCIEN

Bub in Wiener Park niedergeschlagen und beraubt

Online seit heute, 12.42 Uhr

Ein 14-jähriger Bub ist gestern im Fridtjof-Nansen-Park in Wien-Liesing niedergeschlagen und beraubt worden. Der Bursche wollte gerade aus einem Wasserspender trinken, als er plötzlich attackiert wurde. Die Polizei fahndet nach drei Jugendlichen im Alter von 13 bis 15 Jahren.

[267]

dass Österreich mehr Morde an Frauen verzeichnet als an Männern, womit das Land auch 2020 – im Gegensatz zum EU-Trend – den ungewöhnlichen Überhang an weiblichen Mordopfern fortsetzte. In diesem Jahr waren bislang 17 Frauen und sieben Männer ermordet worden.

[265] Selbst die Fahrt mit einem Taxi garantiert Frauen nicht immer einen sicheren Nachhauseweg. Dies zeigt der Fall eines Uber-Fahrers in Wien, der eine Fahrgästin vergewaltigt hatte und sich deswegen vor Gericht verantworten musste.

[266] In Korneuburg (Niederösterreich) wurde ein 54-Jähriger, der Ende 2019 seine Lebensgefährtin mit einem Küchenmesser ermordet hatte, zu lebenslanger Haft verurteilt. Weil sie einen Neuen hatte und Eifersucht als vermeintliches Motiv ausgemacht wurde, ist – wie so oft – nicht nur vor Gericht von einem „Streit“ und einer „Beziehungstat“ die Rede, auch orf.at reproduziert die verharmlosenden Erklärungsmuster in der Berichterstattung.

[267] Ein 14-Jähriger wurde von drei Jugendlichen in Liesing (Wien) angegriffen und ausgeraubt.

[268] Für jahrelangen sexuellen Missbrauch seiner beiden Töchter wurde ein 44-Jähriger zu zwölf Jahren Haft verurteilt. Er hatte sich in einschlägigen Internet-Foren nicht nur mit den

[268]

ORF.at News

SCHAFT CHRONIK RELIG

Töchter missbraucht: Haft und Einweisung

Online seit heute, 18.53 Uhr

Über mehrere Jahre hinweg soll ein 44-jähriger Familienvater seine beiden Töchter missbraucht haben. Er wurde heute Abend in Wien zu zwölf Jahren Haft verurteilt. Außerdem soll er in eine Anstalt für geistig abnorme Rechtsbrecher eingewiesen werden. Das Urteil ist bereits rechtskräftig.

Freiheit abgesprochen, da ich ja kurz davor meine glückliche Familie abgestochen hab mit dem Apfelmesser[270] nun man darf die Freundin nicht einfach herannehmen wie einen Einrichtungsgegenstand und mit ihr machen, wie es dir beliebt, das darf man nicht und ich tue es dennoch und vergewaltige sie und ich gehe dafür 20 Jahre in meine Haft[271] und eine Haftcreme auf ihren Dritten hat diese alte Frau sicher auch nehme ich sie von hinten her und nehm

LETZTE MELDUNG AUSLA

Festnahme nach Drohungen gegen Zadic

Online seit heute, 19.49 Uhr

Nach Todesdrohungen gegen Justizministerin Alma Zadic (Grüne) und andere Regierungsvertreter ist ein 68-Jähriger festgenommen und heute in die Justizanstalt Wien-Josefstadt eingeliefert worden. Wie Gerichtssprecherin Christina Salzborn mitteilte, verfügte ein Journalrichter des Landesgerichts für Strafsachen gemäß Paragraf 429 Strafprozeßordnung (StPO) die vorläufige Anhaltung des Mannes.

Dem 68-Jährigen ist laut einem von der Justiz eingeholten Gutachten eine höhergradige geistig-seelische Abnormität eigen. Peter Hofmann - einer der renommiertesten psychiatrischen Sachverständigen des Landes - stuft ihn als zurechnungsunfähig und damit als nicht schuldfähig ein.

[269]

Übergriffen gerühmt, sondern zudem Fotos der Töchter veröffentlicht und sie anderen Männern zum Missbrauch angeboten.

[269] Ein 68-Jähriger wurde in Wien festgenommen, weil er die Justizministerin Alma Zadić (Grüne) und andere Regierungsvertreter*innen mit dem Tod bedroht hatte.

[270] Jener Mann, der seine Frau und seine beiden Kinder ermordet hatte (siehe Fußnote 262), wurde wegen dreifachen Mordes zu lebenslanger Haft verurteilt. Im Gegensatz zum letzten verharmlosenden Bericht über die Tat auf orf.at, nahm dieser Beitrag auf das psychiatrische Gutachten Bezug, das dem Täter nicht nur „eine kombinierte Persönlichkeitsstörung mit ausgeprägten narzisstischen

ORF.at News

SCHAFT CHRONIK IT

Ehefrau und Kinder in NÖ getötet: Lebenslange Haft

Online seit heute, 17.45 Uhr

Ein 32-Jähriger ist heute in Wiener Neustadt wegen dreifachen Mordes nicht rechtskräftig zu lebenslanger Haft verurteilt worden. Außerdem wurde der Täter in eine Anstalt für geistig abnorme Rechtsbrecher eingewiesen. Er soll im Oktober 2019 in Kottingbrunn (Niederösterreich) zunächst seine Ehefrau und dann seine beiden Kinder getötet haben.

[270]

sie in den

Schwitzkasten und sie wird ohnmächtig und ich entwende daraufhin alles was an ihr dran ist und was sie mit sich führe[272] ich eine Machete auch des Öfteren und wenns zu einer Schlägerei kommt zufällig und es kommt ja sehr oft zufällig zu einer Schlägerei da ziehe ich das auch heran und das ist auch nicht unbedingt abwegig nicht wahr[273] jetzt haben sie die Anklageschrift gegen mich fertig da steht drin dass man nicht 50 Mal auf seine Freundin einstechen und sie damit lebensgefährlich verletzen darf oh nein oh nein sowas darf man nicht tun Fisch[274] und Vater mit beiden ist es oft nicht leicht und ich ersteche den Vater den meinen und gehe dann in die Anstalt[275] und meine vielen Schüler missbrauche ich und es sind in

und dissozialen Anteilen“ diagnostizierte, sondern auch „hegemoniale Männlichkeit“ als Problem erwähnte.

[271] Jener Mann, der im Oktober 2019 seine 26-jährige Freundin vergewaltigt, verprügelt und sie mit schweren Verletzungen wie multiplen Knochenbrüchen, einer Schädelprellung und Einblutungen am Ohr auf der Straße abgelegt hatte, wurde zu 20 Jahren Haft verurteilt.

[272] In Favoriten (Wien) raubte ein Unbekannter einer 80-jährigen Frau Bargeld sowie eine Halskette, indem er sie in den Schwitzkasten nahm und sie infolgedessen ohnmächtig wurde.

[273] Im Zuge einer weiteren Massenschlägerei, die in Favoriten (Wien) stattfand, wurden mindestens zwei junge Männer leicht verletzt sowie ein Messer und eine Machete unter einem Auto gefunden.

ORF.at News

SCHAFT CHRONIK IT

Freundin vergewaltigt: 20 Jahre Haft

Online seit heute, 15.01 Uhr

Am Wiener Straflandesgericht ist heute ein 25-jähriger Mann zu 20 Jahren Haft verurteilt worden. Er hatte im Vorjahr seine 26-jährige Freundin in einer Wohngemeinschaft vergewaltigt und dann schwer verletzt auf die Straße gezerrt. Er soll auch in eine Anstalt eingewies[en] werden.

[271]

CHRONIK

Räuber nimmt 80-Jährige in Schwitzkasten

Ein Krimineller ist am Freitagvormittag in Wien-Favoriten brutal vorgegangen: Der Unbekannte packte eine 80-jährige Frau von hinten und nahm sie ihn den Schwitzkasten. Die Seniorin wurde kurz ohnmächtig. Der Räuber entwendete ihr unter anderem Kette und Bargeld.

Online seit heute, 10.15 Uhr Teilen

Der Überfall geschah gegen 10.45 Uhr am Braheplatz. Als die Pensionistin wieder zu sich kam, fehlten ihr zwei Halsketten, die Uhr sowie ihr Einkaufswagen samt Geldbörse.

[272]

CHRONIK

Schlägerei mit Machete: Zwei Verletzte

Zwei Gruppen Jugendlicher dürften sich in der Nacht auf Sonntag in Wien-Favoriten zu einer Prügelei verabredet haben. Bei der Auseinandersetzung kamen Messer und Machete zum Einsatz, zwei junge Männer wurden leicht verletzt.

Online seit heute, 10.53 Uhr Teilen

Zeugen hatten am Notruf von Schüssen im Bereich der Favoritenstraße berichtet, was einen Großeinsatz der Exekutive zur Folge hatte. Die Beamten erwischten von den Raufern noch zwei Syrer sowie drei Iraker, die bei ihrem Fluchtversuch ein Messer und eine Machete unter ein Auto geworfen hatten.

[273]

SCHAFT CHRONIK GESUN

50 Stiche gegen Ex-Freundin: Anklage fertig

Online seit heute, 15.33 Uhr

Die Anklage gegen einen 17-Jährigen, der Ende Februar in Wien seine 16-jährige Ex-Freundin durch 50 Messerstiche lebensgefährlich verletzt haben soll, ist fertig. Der Jugendliche muss sich Mitte Oktober wegen versuchten Mordes verantworten.

[274]

Vater in NÖ erstochen: 58-Jähriger in Anstalt eingewiesen

Online seit heute, 13.10 Uhr

Am Landesgericht St. Pölten ist heute ein 58-Jähriger in eine Anstalt für geistig abnorme Rechtsbrecher eingewiesen worden. Der Mann soll am 7. April seinen 85-jährigen Vater in der niederösterreichischen Landeshauptstadt mit einem Schraubenzieher erstochen haben. Der Betroffene war nach Ansicht des Geschworenengerichts unzurechnungsfähig, die Entscheidung ist rechtskräftig.

[275]

ihrer Zahl genau 48 [276] und ich muss schon sagen dass mich diese Coronavorschriften und der Maskenwahn ziemlich aufregen und das tut es auch andere Frauen und Männer und wir tun uns zusammen im Zug und attackieren einen Typen, der uns darauf aufmerksam macht [277] es auch nichts aus, ob der Bub jung oder

at News

CHRONIK RELIG

Tirol: Lehrer soll 48 Schüler missbraucht haben

Online seit heute, 11.42 Uhr

Einem Lehrer aus dem Bezirk Schwaz (Tirol) wird der Missbrauch von 48 Schülern vorgeworfen. Er soll Dutzende Videos von sexuellen Handlungen angefertigt haben. Seit 2009 liste die Anklage 48 Opfer auf. Viele der missbrauchten Buben seien erst 13 Jahre alt gewesen, so die Staatsanwaltschaft laut „Tiroler Tageszeitung" (Donnerstag-Ausgabe).

[276]

[274] Im Zuge der Anklageerhebung wegen versuchten Mordes gegen jenen 17-Jährigen, der Ende Februar in Floridsdorf (Wien) seine 16-jährige Ex-Freundin mit 50 Messerstichen lebensgefährlich verletzt hatte (siehe Fußnote 55), werden auch der Tathergang sowie die verursachten Verletzungen detailliert beschrieben – und dadurch die Brutalität der Tat in vollem Maß sichtbar. Der Täter hatte der jungen Frau 15 Mal ins Gesicht gestochen, einmal davon in den Augapfel, so dass sie auf dem betroffenen Auge erblindete und 18 Mal in den Schädel, wodurch er eine „Defektheit der Schädelbasis" verursachte. Bereits zwei Wochen vor der Tat hatte er sie schon einmal so stark verprügelt, dass sie drei Tage im Krankenhaus behandelt werden musste.

[275] Ein Mann, der seinen Vater mit einem Schraubenzieher erstochen hatte (siehe Fußnote 106), verteidigte sich vor Gericht damit, dass er während der Tat halluziniert habe.

[276] Im Bezirk Schwaz (Tirol) hat ein 39-jähriger Lehrer seit 2009 mindestens 48 Schüler sexuell missbraucht, indem er Kameras in Taschenrechnern, Ladegeräten oder in einem Rauchmelder auf einer der Toiletten versteckte und Videos von

K CHRONIK

Streit und Attacke in Zug wegen Masken

Am späten Mittwochabend hat ein 48-jähriger St. Veiter zwei Frauen, die im Zug keinen Mund-Nasen-Schutz getragen und auch Informationskleber abgerissen haben, angesprochen. Zwei Männer mischten sich ein, sie attackierten den 48-Jährigen und verletzten ihn mit Faustschlägen.

Online seit heute, 7.53 Uhr

Gegen 22.00 Uhr fuhr der Mann mit dem Zug von Villach nach St. Veit/Glan. Im Zug hielten sich auch zwei unbekannte Frauen auf, die entgegen den CoV-Bestimmungen keine Schutzmaske trugen und sich laut und auffällig verhielten. Als die beiden Frauen begannen, im Zug angebrachte CoV-Informationspickerln zu entfernen, sprach der St. Veiter die Frauen an, um weitere Beschädigungen zu verhindern.

[277]

alt ist der halt schon jung mit seinen 19 Jahren und ich steche den zamm im Park und steche ihn nieder und mache mich auf und davon[278] ist es noch keine Neuigkeit, dass ich mich an Frauen vergehe ich mich jetzt an zwei meiner Patientinnen und verletzte sie vaginal und mache das sexuell[279] und es ist so, dass ich meinen Vater erwürgt habe und ich habe es eh bereits erzählt hier und

19-Jähriger in Park niedergestochen

Ein 19-Jähriger ist gestern Abend im Hyblerpark in Simmering mit mehreren Stichen im Oberkörper schwer verletzt worden. Der Täter ist unbekannt. Die Hintergründe der Messerattacke liegen im Dunkeln.

Online seit heute, 9.21 Uhr Teilen

Der 19-Jährige wurde von Passanten gefunden und noch an Ort und Stelle medizinisch behandelt. Nach der Erstversorgung wurde der jungen Mann in ein Krankenhaus eingeliefert. Aufgrund der starken Alkoholisierung konnten zwei Zeugen bisher „keine nützlichen Angaben" zum Täter machen, heißt es in einer Polizeiaussendung Samstagvormittag.

[278]

[279]

← ORF.at News

SCHAFT CHRONIK GESUN

Vorwürfe der sexuellen Übergriffe durch Arzt in Wien

Online seit heute, 16.34 Uhr

Zwei Patientinnen werfen einem Orthopäden und Osteopathen unabhängig voneinander einen sexuellen Übergriff und vaginale Verletzungen vor. Die Staatsanwaltschaft stellte das Verfahren mittlerweile ein. Die Ärztekammer prüft den Fall aber ebenfalls.

den teilweise erst 13 Jahre alten Burschen anfertigte. Darüber hinaus ließ er Schüler in seine Wohnung kommen, wo er sie mit Alkohol gefügig machte oder ihnen mit Nachteilen in der Schule drohte. Er wurde wegen Vergewaltigung, geschlechtlicher Nötigung, wiederholtem sexuellen Missbrauch wehrloser Personen, schwerem sexuellen Missbrauch in 15 Fällen, pornografischer Darstellung Minderjähriger, Missbrauch des Autoritätsverhältnisses und Verstoß gegen das Datenschutzgesetz angeklagt.

[277] Nachdem ein Mann zwei Frauen wegen ihres fehlenden Mund-Nasen-Schutzes in einem Zug ansprach, wurde er von zwei Männern attackiert, die ihn mit Faustschlägen sowie Kratz- und Schürfwunden verletzten.

[278] In Simmering (Wien) wurde ein 19-Jähriger von einem unbekannten Täter mit mehreren Messerstichen schwer verletzt.

[279] Dass sexueller Missbrauch nicht immer durch bestehende Gesetzgebungen adäquat erfasst und von Gerichten anerkannt wird, mussten zwei Frauen

es wurde das gesagt und nun machen sie mir den Prozess der beginnt jetzt [280] gestehe ich einiges bereits schon bevor sich Opfer oder Zeugen melden und dass ich versucht habe, eine Frau in einem Park zu vergewaltigen das sage ich dem Kiwara nicht Hawa-ra [281] jetzt hau ich einen E-Scooter auf die U-Bahngleise hin [282] finden sie die Leiche meiner Frau im Keller die hab ich mit einer Leine erstickt was bedeutet Freiheit für mich ist weg [283] was ist

ORF.at News

CHAFT CHRONIK KULT

Sohn soll Vater getötet haben: Mordprozess beginnt

Online seit heute, 8.29 Uhr

Ein 42-Jähriger soll am heurigen Faschingdienstag seinen 78-jährigen Vater erwürgt haben. Der Angeklagte muss sich deshalb heute wegen Mordes am Landesgericht Steyr (Oberösterreich) verantworten.

[280]

KULT

Vergewaltigung gestanden, Opfer nicht auffindbar

Online seit heute, 8.25 Uhr

Ein 52-jähriger Tscheche hält daran fest, Anfang September in Linz eine Vergewaltigung versucht zu haben. Bisher haben sich aber weder Zeugen noch ein Opfer bei der Polizei gemeldet. Der Mann bleibt in Untersuchungshaft.

[281]

CHRONIK

E-Scooter auf U-Bahn-Gleis geworfen: Festnahme

Die Polizei hat einen Mann festgenommen, der am Montagabend bei der U-Bahn-Station Pilgramgasse einen E-Scooter auf die Gleise geworfen haben soll. Bereits am 10. September kam es zu einem ähnlichen Vorfall.

Online seit heute, 10.56 Uhr Teilen

Die Polizei wurde am Montag gegen 22.00 Uhr alarmiert. Eine Zeugin hatte den 23-Jährigen beobachtet, wie er den E-Scooter nahe der U-Bahn-Station Pilgramgasse vor einer fahrenden U-Bahn-Garnitur auf d… Gleise warf. Der Fahrer der U-Bahn mu…

[282]

erfahren, an denen ein Orthopäde/Osteopath einen sexuellen Übergriff beging, von dem sie auch vaginale Verletzungen davontrugen. Obwohl der Arzt mit mehreren Fingern vaginal in sie eingedrungen war, wurde ein entsprechendes Verfahren von der Staatsanwaltschaft mit dem Verweis auf die in Österreich anerkannte Therapieform ‚Vaginal-Touché' eingestellt. Zudem sei ein Vorsatz, „sich durch die Vornahme einer geschlechtlichen Handlung zu erregen/befriedigen", nicht nachweisbar gewesen, „eben so wenig, dass der Beschuldigte dafür seine Autoritätsstellung ausgenutzt hat."

[280] Am Landesgericht Steyr (Oberösterreich) wurde ein 43-Jähriger zu 18 Jahren Haft verurteilt, weil er seinen Vater erwürgt und dem gerichtsmedizinischen Gutachten zufolge dabei „massive, erhebliche Gewalt" angewendet hatte. Als Auslöser für den Mord wird auf orf.at ein Streit über die Pflege der dementen Mutter genannt sowie der Wunsch nach einem „wertschätzenden Umgang von seinem narzisstischen Vater", der jedoch nur „Autos geliebt" habe.

[281] Einen Täter, aber kein Opfer gab es in Linz (Oberösterreich), wo ein 52-Jähriger eine versuchte Vergewaltigung gestand, sich aber keine Betroffene bei der Polizei gemeldet hatte.

(Sexualisierte) Gewalt zur Anzeige

[283]

ORF.at News

ORT · CHRONIK · KULT

Leiche in Tiroler Keller: Zwölf Jahre Haft für Ehemann

Online seit gestern, 19.35 Uhr

Ein 55-jähriger Mann ist gestern am Landesgericht Innsbruck nicht rechtskräftig zu zwölf Jahren Haft verurteilt worden. Er soll seine 52-jährige Frau unter anderem wegen Geldproblemen mit einer Hundeleine erdrosselt haben. Der Mann hatte sich vor dem Geschworenengericht schuldig bekannt.

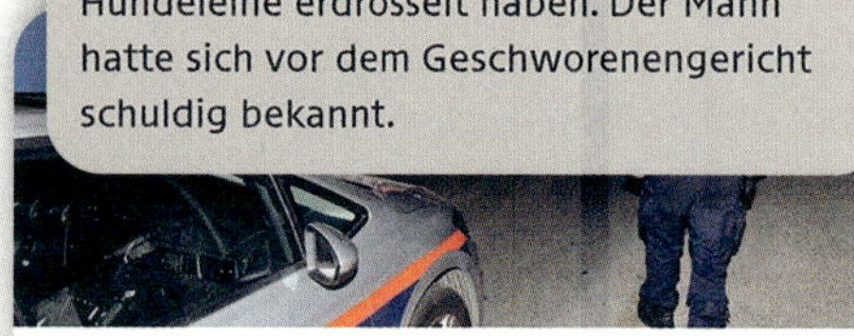

CHRONIK

Bluttat: Frau mit Messer getötet

In den frühen Morgenstunden ist es am Mittwoch in einem Einfamilienhaus im Bezirk Bruck an der Leitha zu einer Bluttat gekommen. Wie die Polizei bestätigt, wurde dabei eine Frau mit einem Messer schwer verletzt. Sie starb kurze Zeit später im Spital.

Online seit heute, 10.35 Uhr · Teilen

Die 55-jährige Frau musste mit schweren Verletzungen in ein Spital nach Wien gebracht werden. Am Vormittag bestätigte die Polizei, dass die Frau im Krankenhaus ihren Verletzungen erlegen ist. Der Tat verdächtigt, wird der 56-jährige Ehemann.

Wie die Polizei mitteilte, dürfte sich der Mann selbst Verletzungen zugefügt haben. Auch er wird in einem Krankenhaus versorgt. Der genaue Tathergang ist noch unklar, die Ermittlungen laufen und liegen

[284]

ORF.at News

ORT · CHRONIK · IT

Cobra-Einsatz nach Morddrohung in Behörde

Online seit heute, 11.29 Uhr

[285] An der Bezirkshauptmannschaft Bruck-Mürzzuschlag hat ein Anruf gestern für einen Einsatz der Sondereinheit Cobra gesorgt. Ein Mann drohte, eine Mitarbeiterin zu töten.

Mehr dazu in **steiermark.ORF.at**

das nur dass ich immer so viele Abstech-absichten meiner Frau gegenüber habe was ich dann auch tue und ich töte sie und ich verletze auch mich nun ich töte sie [284] und die Cobra kommt weil ich einer Mitarbeite-rin drohe, sie umzu-bringen [285] und dass ich ein Hotel anzünde und dass

zu bringen, ist für viele Betroffene mit zahlreichen Hürden verbunden, sei es die Angst, dass den jeweiligen Vorfällen kein Glauben geschenkt wird oder diese heruntergespielt und verharmlost werden, (Re-)Traumatisierungen, die dadurch entstehen, das Erlebte immer wieder erzählen zu müssen oder schlechte Erfahrungen mit und mangelndes Vertrauen in Polizei und/oder Justiz.

[282] Als Vandalismus umschreibt die Kriminologie eine vorsätzliche Handlung, die auf die Zerstörung oder Beschädigung von Dingen abzielt. So lässt sich wohl auch die Tat eines Mannes am besten fassen, der in Wien einen E-Scooter auf die Gleise einer U-Bahn geworfen hat. Schon wenige Tage zuvor war es zu einem ähnlichen Vorfall gekommen.

[283] Zwölf Jahre Haft lautete der Urteilsspruch für einen 55-Jährigen, der am Landesgericht Innsbruck für den fünften Femizid im Jahr 2020 schuldig gesprochen wurde, weil er Mitte Februar seine 52-jährige Frau mit einer Hundeleine erdrosselt hatte (siehe Fußnote 32). Wie in der Berichterstattung auf orf.at üblich, war es u.a. wegen Geldproblemen zu einem „Streit" gekommen. Den Gefühlen und Ausführungen des Täters, in denen er die Ehe als zerrüttet und das Opfer als manipulativ, kontroll- und eifersüchtig sowie naiv in Bezug auf die finanziellen Sorgen darstellte, wird vor Gericht umfassend Raum gegeben. Untermalt wird die Verharmlosung der Tat zudem durch den Verweis auf einen Psychiater, der den Femizid als „Befreiungsschlag" für den Mörder wertete, da sich dieser „in einer emotionalen Einbahn befunden" habe und sich

es ein Mordversuch war, da kommen sie mir tatsächlich drauf [286] hab ich immer Lust auf so Mädchen und Frauen wie sie herumlaufen immer bei diesem Bahnhof am Land da treib ich mich herum und tu sie belästigen und lasse nicht ab von diesen meinen Herumlaufenden solch Frauen und Mädchen [287] wie so auch in den Städten laufen sie auf und ab und die kann man belästigen so wie ich vor meinem Bierlokal läuft da einiges unschuldig des Weges und das kann

ORF.at News

RT CHRONIK IT

Brand in Linzer Hotel war Mordversuch

Online seit heute, 17.35 Uhr

Eine Fehde unter Schwerverbrechern aus Lettland steht laut Polizei hinter dem Brandanschlag auf ein Hotelzimmer in Linz. Zwei Polizisten hatten wie berichtet dem Opfer das Leben gerettet. Nun konnten die zwei mutmaßlichen Täter gefasst werden.

[286]

ORF.at News

ORT CHRONIK IT

Übergriffe auf Mädchen: Mann in NÖ festgenommen

Online seit heute, 16.14 Uhr

In der Nähe des Bahnhofs in Gänserndorf sowie in Leopoldsdorf im Marchfelde (Niederösterreich) ist es seit 13. September zu mehreren Übergriffen auf Mädchen und junge Frauen gekommen. Heute nahm die Polizei einen Tatverdächtigen fest.

[287]

„Entfremdung und die Aggressivität" zunehmend in der Beziehung aufgeschaukelt hätten. Abgesehen von der Herstellung von Empathie mit dem Täter, die die Darstellung der Ermordeten mit sich bringt, zielt diese weiters darauf ab, der Frau einen Teil der Schuld aufgrund ihres schrecklichen Charakters und dem Leid, das sie dem Mann zugefügt hatte, zuzuweisen. Aber immerhin: Ein ‚Effektdelikt' sei der Femizid nicht gewesen.

[284] Als „Bluttat" (anstatt Femizid, wie es korrekterweise lauten sollte) wird auf orf.at ein weiterer Mord an einer Frau durch ihren Ehemann beschrieben, der sie mit einem Messer so schwer verletzt hatte, dass sie kurz darauf in einem Krankenhaus verstarb. Wenngleich der Tathergang zu diesem Zeitpunkt unklar war, lässt die bisherige Berichterstattung vermuten, dass es zu einem „Streit" gekommen oder ein „Streit eskaliert" sei.

[285] In Mürzzuschlag (Steiermark) drohte ein Mann einer Mitarbeiterin der Bezirkshauptmannschaft damit, dass er alle umbringen wolle.

[286] Von einem „Streit unter Schwerverbrechern" berichtet orf.at in gewohnt österreichisch-rassistischer Manier dann, wenn es sich bei den Tätern um Menschen mit einem anderen Reisepass als dem Österreichischen handelt. Bei der Tat, über die auf der Startpage berichtet wird, handelt es sich um einen Brandanschlag auf ein Hotelzimmer in Linz (Oberösterreich), bei dem ein 49-Jähriger mit Verbrennungen zweiten und dritten Grades verletzt wurde.

[287] Gleich mehrere sexualisierte Übergriffe am selben Tag wurden in Gänserndorf (Niederösterreich) sowie Leopoldsdorf auf sechs Mädchen und

man verbal und manches Mal auch zusätzlich als Verstärkung sozusagen mit einem Elektroschocker tun [288] und meine Frau nämlich die meine denn das ist meine Frau und sie braucht sich echt nicht mit einem anderen zu treffen denn dann würg ich sie und nehme eine Holzlatte zur Hand und ich vergesse mich und die Frau stirbt durch meine Hand und durch meinen starken Arm und meinen ausgestreckten Arm den will niemand herausfordern ja das sage ich dir [289] ich kann mich einfach als Masseur ausgeben und als Physiotherapeut und kann in den einschlägigen Lokalen durchkneten und

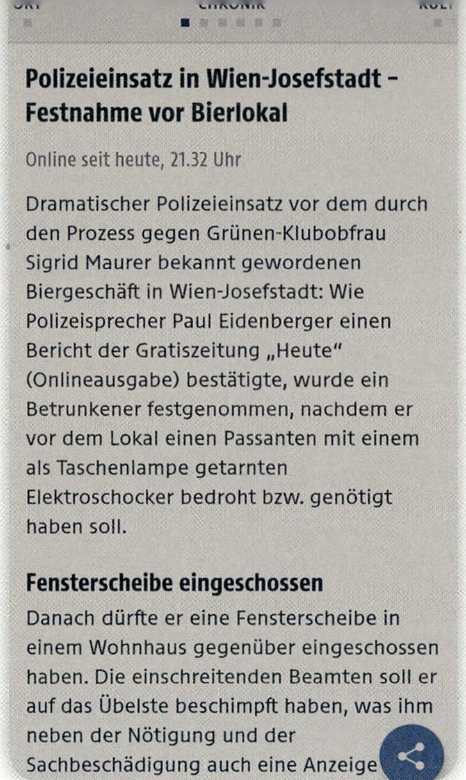

Polizeieinsatz in Wien-Josefstadt – Festnahme vor Bierlokal

Online seit heute, 21.32 Uhr

Dramatischer Polizeieinsatz vor dem durch den Prozess gegen Grünen-Klubobfrau Sigrid Maurer bekannt gewordenen Biergeschäft in Wien-Josefstadt: Wie Polizeisprecher Paul Eidenberger einen Bericht der Gratiszeitung „Heute" (Onlineausgabe) bestätigte, wurde ein Betrunkener festgenommen, nachdem er vor dem Lokal einen Passanten mit einem als Taschenlampe getarnten Elektroschocker bedroht bzw. genötigt haben soll.

Fensterscheibe eingeschossen

Danach dürfte er eine Fensterscheibe in einem Wohnhaus gegenüber eingeschossen haben. Die einschreitenden Beamten soll er auf das Übelste beschimpft haben, was ihm neben der Nötigung und der Sachbeschädigung auch eine Anzeige

[288]

ORF.at News

ORT CHRONIK KULT

Frau erdrosselt: Mordprozess in Wien wird fortgesetzt

Online seit heute, 8.26 Uhr

Am Wiener Straflandesgericht wird heute ein Mordprozess fortgesetzt. Ein 32-jähriger Mann soll im September des Vorjahres seine gleichaltrige Frau mit einer Holzlatte erdrosselt haben. Das Motiv dürfte „rasende Eifersucht" gewesen sein.

[289]

Frauen im Alter von 15 bis 38 Jahren verübt, und die Betroffenen u.a. sexuell belästigt, indem der Täter sie im Intimbereich berührte. Die Erwähnung, dass sich manche Betroffene etwa durch lautes Schreien zur Wehr setzten, ist nicht deswegen wichtig, weil dadurch – so oftmals die zutiefst problematische und verquere Logik – ein Anteil der Opfer am Übergriff ausgeschlossen werden kann, sondern vor allem, um aufzuzeigen, dass Mädchen und Frauen nicht alles hinnehmen sollen und müssen, was ihnen durch Männer angetan wird, und dadurch auch andere zu stärken. Dennoch gibt es zahlreiche Gründe dafür, warum es nicht allen Betroffenen möglich ist, dies zu tun – bei keinem davon liegt jedoch die Verantwortung bei den Opfern, sondern immer und ausnahmslos bei jenen, die sexualisierte Gewalt ausüben.

[288] Das Lokal des sogenannten ‚Bierwirts', der nicht nur die Grünen-Klubobfrau Sigrid Maurer sexuell belästigt, sondern der 2021 auch seine Ex-Partnerin ermorden wird, kommt auch 2020 nicht aus den Medien. Vor dem Lokal fand ein Polizeieinsatz statt, nachdem ein Betrunkener einen Passanten mit einem als Taschenlampe getarnten Elektroschocker bedroht hatte.

[289] Zu 20 Jahren Haft wurde am Wiener Landesgericht ein 32-Jähriger für einen Femizid verurteilt, bei dem er im Vorjahr seiner Ehefrau mit einer Holzlatte aus einem Lattenrost zuerst auf den

CHRONIK

Falscher Physiotherapeut massierte in Lokalen

Ein 36-Jähriger hat als falscher Physiotherapeut über eineinhalb Jahre in Gasthäusern Gäste betrogen. Die Ermittler suchen nun allfällige weitere Opfer.

Online seit heute, 14.14 Uhr Teilen

Laut Polizeisprecherin Barbara Gass massierte er seine Opfer – oft sehr schmerzhaft – und bandagierte sie. Dann bot er ihnen weitere Behandlungen an, teilweise in Fünfer- und Zehnerblocks, für die er abkassierte. Am 9. September erwischte ihn die Polizei. Gass zufolge behauptete der deutsche Staatsbürger, aus Tirol zu sein und als Physiotherapeut auch schon für den österreichischen Skiverband (ÖSV) gearbeitet zu haben.

[290]

herum-
massieren
was das
Zeug hält
und dann
sagen die
Leut, dass
ich ja kein
echter
Physiothera-
peut bin
kein
wirklicher
und wahrer
ja wer
bestimmt denn das, wer
ein echter ist und wer
ein falscher ja seid ihr
alle deppert jetzt oder
was soll denn sowas 290
meine Tochter ist
erwachsen aber ich
bedrohe und schlage sie
wie einen Hund 291 so ein
Hund trägt auch keine
Maske und wenn mir
das jemand anschaffen
will dann hau ich den

SCIEN

Erwachsene Tochter geschlagen und bedroht

Online seit heute, 17.13 Uhr

Ein 67-jähriger Pensionist aus Spittal in Kärnten hat gestern Nachmittag seine 39-jährige Tochter, die zu Besuch war, im Zuge eines Streits geschlagen, gewürgt und an den Haaren über den Boden gezogen. Er wurde festgenommen, und es wurden einige Waffen beschlagnahmt.

[291]

CHRONIK

Maskenverweigerer verprügelten Fahrgast

Ein 33-Jähriger ist in der U3-Station Stephansplatz von zwei Männern niedergeschlagen und gegen den Kopf getreten worden, nachdem er sie auf die Pflicht zum Mund-Nasen-Schutz hingewiesen hatte. Die Fahndung nach den Tätern läuft.

Online seit heute, 11.45 Uhr Teilen

Jetzt wurden Bilder aus Überwachungskameras veröffentlicht. Der Angriff datiert bereits vom 1. August, heißt es in einer Aussendung der Wiener Polizei am Dienstag. Das Opfer soll die beiden Männer – einer trug Vollbart und eine Schirmkappe, der andere kurze Hosen und hatte eine Glatze – kurz vor Mitternacht wegen der fehlende Schutzmasken

Kopf schlug und sie dann erstickte, indem er ihr die Latte gegen den Hals drückte. Wenngleich auch dieser Beitrag auf orf.at von einem Streit spricht, der der Tat vorausgegangen war, bekommt immerhin die Perspektive einer Freundin des Opfers Raum, die den Mörder als kontroll- und eifersüchtig beschrieb. Er durchsuchte nicht nur regelmäßig ihr Handy, sondern untersagte ihr, abends allein auszugehen. Diese Ausführungen sind nicht nur deshalb von Relevanz, weil sie Empathie mit dem Täter verunmöglichen, sondern vor allem auch, weil sie deutlich machen, dass Femiziden in der Regel eine (lange) Geschichte anderer Formen männlicher Gewaltausübung vorangeht, die sich beispielsweise durch Besitzdenken und Kontrollwahn artikulieren.

[290] Ein falscher Physiotherapeut bot in Gasthäusern nicht nur Behandlungen, sondern auch Lebensmittel wie Speck und Würste an, für die die Gäste zwar zahlten, aber nie die Waren bekamen.

[291] Manche Männer werden nie zu alt, um ihren Kindern Gewalt anzutun, wie der Fall eines 67-Jährigen zeigt, der in Spittal/Drau seine 39-jährige Tochter würgte, schlug und an den Haaren über den Boden zog. Im Zuge

[292]

nieder und trete auf ihn drauf [292] wie
damals am Karfreitag passiert ja so
einiges und an diesem erschlage ich
meine Frau mit unserem Schuhlöffel
und das nennen sie dann Totschlag
weil ich sie totgeschlagen hab heißt
es Totschlag [293] wie viele da den Tod
erleiden so ich mit ihnen etwas mache
und wie
viele
Namen
es gibt
für das,
was ich
mache
heißt
jetzt
plötz-
lich
Home-
Invasion
was für
ein Wort hör dir
das an das
nennen diese
Journalisten-
kanaillien
tatsächlich
Home-Invasion
eine Daheim-
invasion eine
Heimeinnahme
und das Heim
dieses alten
Typen haben wir
eingenommen
und der ist dann
an einem

ORF.at News

ORT CHRONIK GESUNI

Haftstrafe: Mann erschlug Frau mit Schuhlöffel

Online seit heute, 15.52 Uhr

Ein 67-jähriger Mann wurde heute in St. Gallen in Vorarlberg wegen Totschlags zu sechseinhalb Jahren Haft verurteilt. Der Mann soll seine Frau am Karfreitag vergangenen Jahres mit einem Schuhlöffel erschlagen haben. Das Urteil ist nicht rechtskräftig.

[293]

seiner Verhaftung wurden außerdem mehrere Waffen sichergestellt, die er allerdings legal besaß. Wie nahezu immer war der Tat ein ‚Streit' vorausgegangen.

[292] In Wien wurde ein 33-Jähriger von zwei Corona-Maßnahmen-Gegnern brutal durch Schläge und Tritte im Kopfbereich verletzt, nachdem er sie auf die Pflicht zum Tragen eines Mund-Nasen-Schutzes hingewiesen hatte.

[293] Ein weiterer Femizid aus dem Vorjahr wurde in St. Gallen (Schweiz) vor Gericht verhandelt. Ein 67-Jähriger hatte 2019 mit einem 56 Zentimeter langen Schuhlöffel aus Metall ca. 20–30 Mal auf seine Frau eingeschlagen und sie damit so schwer verletzt, dass sie starb. Der begleitende Bericht zum Prozess zeichnet abermals ein Bild, das den Femizid nicht nur verharmlost, sondern einmal mehr Empathie mit dem Täter generiert. Seine Darstellung als „stets ruhig" und auf Besserung seiner Frau hoffend konterkariert jene der Ermordeten, die nicht nur impulsiv gewesen sei, sondern „ihren Mann immer häufiger und immer übler beschimpft" haben soll – bis er „nach einer erneuten Schimpftirade seiner Frau total die Kontrolle" verlor. Auch in Anbetracht dieses Falles sollte klar sein, dass selbst regelmäßige Schimpftiraden kein Grund sein können, einen anderen Menschen zu ermorden.

[294] In Wien kam es wegen einer Home-Invasion, bei der zwei Männer 2017 einen 77-Jährigen

CHRONIK

Zweimal 4,5 Jahre Haft für Home Invasion

Wegen einer Home Invasion sind heute zwei Männer in Wien vor Gericht gestanden. Sie überfielen 2017 in Favoriten einen 77-Jährigen, der danach einen Herzinfarkt erlitt. Die Angeklagten wurden nicht rechtskräftig zu je viereinhalb Jahren Haft verurteilt.

Online seit heute, 13.57 Uhr Teilen

Der Überfall ereignete sich am 25. Oktober 2017. Die Männer drangen über eine Balkontür in die Wohnung ein. Sie schlugen dem Pensionisten auf den Kopf, fesselten und knebelten ihn und wickelten ihn schließlich in einen Teppich. Erst vor einem halben Jahr wurden zumindest zwei der drei Männer in Haft genommen. In der

[294]

Herzinfarkt verendet ja was für ein Verbrechen ist Home-Invasion da kann ich nur den Kopf schütteln wenn ich das lese das ist doch wahrlich zum Totschütteln des Kopfes[294] über meinen Kopf schieße ich mit meiner Schussbereitschaft in die weite Luft hinaus und hinauf da und die Kugeln müssen natürlich auch wieder herunterkommen wie sie das tun in der Anlage ihrer Natur und dann treffen diese Kugeln diese lustig herabfallenden Kugeln eine Frau und die zeigt das an[295] sich anzeigen tu ich mich selbst weil ich ja die Maske nicht tragen wollt das geb ich jetzt zu denn das macht ja keinen Sinn da die haben ja eh mein

> ← ORF.at News
>
> ORT CHRONIK IT
>
> **Schuss in die Luft: Frau von Kugeln getroffen**
>
> Online seit gestern, 17.10 Uhr
>
> Ein 78-jähriger Jäger aus dem Bezirk Gänserndorf (Niederösterreich) hat gestern eine Alarmfahndung der Polizei ausgelöst. Der Mann hatte mit einer Schrotflinte in die Luft geschossen, eine 37-jährige Frau wurde von einigen herabfallenden Kugeln getroffen.

[295]

> ← ORF.at News
>
> ORT CHRONIK MEDI
>
> **Mann in Vorarlberg schießt sich selbst in Finger**
>
> Online seit heute, 19.27 Uhr
>
> Im Zuge eines Streits zweier Männer gestern in Vorarlberg hat sich einer von beiden unabsichtlich in den Finger geschossen. Mit derselben Waffe bedrohte anschließend eine dritte Person die heranrückenden Polizisten.

[297]

überfielen, ihn auf den Kopf schlugen, ihn fesselten und knebelten und in einen Teppich einwickelten, zu einem Gerichtsprozess. Der Mann hatte im Zuge des Überfalls einen Herzinfarkt erlitten.

[295] Dass viele Männer Waffen besitzen und die meisten offensichtlich nicht mit ihnen umgehen können, zeigt ein 78-jähriger Jäger, der im Bezirk Gänserndorf (Niederösterreich) eine 37-jährige Frau verletzte, weil er mit einer Schrotflinte in die Luft geschossen hatte und sie von den herabfallenden Kugeln getroffen wurde.

> CHRONIK
>
> **Nach Attacke: Maskenverweigerer stellt sich**
>
> **Nach der Attacke auf einen 33-Jährigen in der U3-Station am Wiener Stephansplatz hat sich einer der beiden Verdächtigen, nach denen mit Lichtbildern gefahndet worden war, gestellt. Nach seinem Komplizen wird weiter gefahndet.**

[296]

[296] Im Nachgang des Angriffs auf einen 33-Jährigen, der zwei Männer auf die Maskenpflicht in der U-Bahn hingewiesen hatte (siehe Fußnote 292), stellte sich einer der beiden Täter freiwillig.

[297] ‚Manchmal trifft es die Richtigen', könnte im Fall eines Mannes gedacht werden, der sich in Dornbirn (Vorarlberg) selbst in einen Finger schoss. Zuvor

Foto Schas [296] dann schieße ich mir selbst in den Finger [297] nun gestern wie damals als auch jetzt ist Arbeit keine selbstverständliche Sache und man muss sich um diese reißen des Öfteren und die Konkurrenz mit Benzin zu übergießen und sie anzuzünden steigert meine Chancen um ein Zigfaches aber das Anzünden gelingt mir dann leider nicht und nur Benzin ist halt eigentlich nichts und jetzt sind meine eigenen Arbeitschancen leider ziemlich im Keller mit so einer Anzeige was für ein Kreis vom Teufel her [298] fahre ich das Aas da mit meinem Auto an was

CHRONIK

Streit um Arbeit: Mann mit Benzin übergossen

Ein 32-jähriger Mann hat in der Nacht auf Samstag in Wien-Wieden einen Mitarbeiter mit Benzin übergossen und versucht, ihn anzuzünden. Laut Polizei gab es davor einen Streit um die Arbeitsleistung des Mitarbeiters.

Online seit heute, 12.40 Uhr — Teilen

Der Streit war laut Polizei kurz vor 3.30 Uhr in Büroräumlichkeiten am Wiedner Gürtel eskaliert. Nachdem der 28-jährige Mitarbeiter vom Co-Geschäftsführer des Unternehmens mit Benzin übergossen worden war, kam es zu einem Gerangel.

Das Opfer konnte mit Hilfe eines ebenfalls anwesenden 20-Jährigen den 32-jährigen Syrer davon abhalten, das Feuerzeug zu

[298]

ORF.at News

SCHAFT — CHRONIK — RELIG

Mann wurde angefahren: Schwere Rauferei

Online seit heute, 11.46 Uhr

In Salzburg-Schallmoos war gestern die Besatzung mehrerer Polizeistreifen notwendig, um die Hintergründe einer Rauferei zu klären. Ein 32-jähriger serbischer Staatsbürger soll zuvor einen 36 Jahre alten Landsmann absichtlich mit dem Auto angefahren haben.

[299]

ORF.at News

SCHAFT — CHRONIK — RELIG

Brutaler Fahrzeugraub auf Fernpass in Tirol

Online seit heute, 7.40 Uhr

In der Nacht auf heute ist auf der Fernpassstraße in Tirol ein stark blutender 52-Jähriger von einem anderen Fahrzeuglenker aufgefunden worden. Der Mann gab gegenüber der Polizei an, dass ihn zwei Männer angehalten, geschlagen und sein Auto geraubt hätten.

[300]

hatte er allerdings einen anderen Mann mit der Waffe bedroht, ein dritter Mann wiederum bedrohte mit derselben Waffe die Polizei, nachdem diese eingetroffen war.

[298] Die problematischen Auswüchse des kapitalistischen Arbeitswahns verdeutlichen sich am Beispiel eines 32-Jährigen, der in Wieden (Wien) einen Mitarbeiter mit Benzin übergoss und ihn anschließend anzünden wollte. Dem Bericht zufolge war die „Arbeitsleistung des Mitarbeiters“ Ausgang für die Tat gewesen.

[299] Dass Schläge, Gewalt und Autos oft nahe beieinander liegen, veranschaulicht der Fall eines 32-Jährigen in Salzburg, der im Zuge einer Schlägerei einen anderen Mann absichtlich mit dem Auto anfuhr.

[300] In Tirol wurde ein stark blutender 52-Jähriger von einem Autofahrer gefunden,

nachfolgend in einer Schlägerei mündet, wie man sie angeblich lange schon nicht mehr gesehen hat und zig Einsatztruppen braucht [299] wobei ich schon sagen muss, dass ein Auto notwendig ist und des manches Mal aus eines Händen gerissen werden muss mit Nachdruck und Blut sicher auch [300] wie spät ist es eigentlich schon Oktober eh schon eine Weile okay meine Faust fährt in dessen Gesicht jetzt egal was die Jahresuhr ansagt [301] die Menschheit dass man keine Steine auf die Autobahn werfen darf und jetzt machen sie mir meine Hölle heiß und einen Prozess [302] gibt es ja oft und heute erschlage ich meine Frau mit einem Hammer und suizidiere mich danach selbst über den Jordan und das wird ein bedenklicher Todesfall genannt von den Behörden, die sie das bewerten, was es ist und was

← ORF.at News

SCHAFT CHRONIK RELIG

19-Jähriger verletzt Jugendlichen schwer

Online seit heute, 17.27 Uhr

Ein 19 Jahre alter Klagenfurter hat heute Früh einen 16-Jährigen bei einem Streit in der Klagenfurter Innenstadt ins Gesicht geschlagen. Der Jugendliche erlitt schwere Verletzungen. Der mutmaßliche Täter wurde ausgeforscht.

[301]

CHRONIK

Frau in Favoriten mit Hammer erschlagen

Die Polizei hat gestern Abend zwei Leichen in einer Wohnung in der Per-Albin-Hansson-Siedlung gefunden. Laut ersten Ermittlungen tötete ein 33-jähriger Mann eine 30-jährige Frau mit einem Hammer. Anschließend soll der Täter laut Polizei Suizid begangen haben.

[303]

nachdem zwei Männer ihn angehalten, geschlagen und sein Auto geraubt hatten.

[301] In Folge einer körperlichen Auseinandersetzung in Klagenfurt (Kärnten) erlitt ein 16-Jähriger schwere Verletzungen durch Faustschläge ins Gesicht. Abermals war der Tat ein Streit vorausgegangen.

[302] Zwischen Gefährdung, Sinnlosigkeit und Unterbeweisstellung von Männlichkeit bewegen sich zahlreiche von Männern verübte Taten, wie jene zweier junger Männer, die auf der Südautobahn (A2) Steine auf Autos warfen. Abseits davon, dass sie sich „gegenseitig aufgeschaukelt" hatten, konnten die beiden, die sich wegen vorsätzlicher Gemeingefährdung,

News

ORT CHRONIK SCIEN

Steine auf Autobahn geworfen: Prozess in Klagenfurt

Online seit heute, 13.16 Uhr

Wegen vorsätzlicher Gemeingefährdung, Gefährdung der körperlichen Sicherheit und schwerer Sachbeschädigung müssen sich heute zwei junge Männer am Landesgericht Klagenfurt verantworten. Die beiden sollen im Winter an der Südautobahn (A2) immer wieder Steine auf vorbeifahrende Autos geworfen haben.

[302]

nicht[303] wird mir zu viel und die Verhältnisse, sie sind nicht so, wie ich sie zum Leben brauche und die Zeit und die Umstände nehmen mir alles und ich kann vieles wirklich nicht mehr verstehen und verkraften und ich hasse dieses Corona und ich verweigere die Maske und schlage den Schaffner dafür[304] und dagegen ist meiner Gruppe ziemlich klar was zu ziehen und es ist das

← ORF.at News

NDHEIT CHRONIK IT

Maskenverweigerer schlug Schaffner: 14 Monate Haft

Online seit heute, 12.09 Uhr

Ein 36-jähriger Wiener ist heute zu einer bedingten Freiheitsstrafe von 14 Monaten verurteilt worden. Er verprügelte im Juli einen Schaffner in einem Schnellbahnzug, nachdem dieser ihn auf seinen fehlenden Mund-Nasen-Schutz aufmerksam gemacht hatte.

[304]

Schwert und wir nehmen es dem Überfalle gefällig her[305] da geh her da Rausch und gib mir etwas und dann raste ich aus und verletze drei Kiwara nicht Hawara[306] hey mich macht so einiges echt ziemlich sauer und ich halte das nicht mehr

CHRONIK

Bande überfiel 17-Jährigen mit Schwert

Ein 17-Jähriger ist im August in einem Park in Floridsdorf von einer achtköpfigen, mit einem Schwert und Messern bewaffneten Gruppe überfallen worden. Nach den Tätern wird gefahndet.

Online seit heute, 13.33 Uhr Teilen

Der Jugendliche sei nach einem Schlag zu Boden gegangen, worauf die ganze Bande den Liegenden mit Tritten malträtierte, berichtete die Polizei am Dienstag. Die Sofortfahndung nach einem Überfall am Nachmittag des 21. Augusts im Floridsdorfer Wasserpark, einer öffentlichen Anlage an der Alten Donau, blieb damals ohne Erfolg.

[305]

Gefährdung der körperlichen Sicherheit und schwerer Sachbeschädigung vor dem Landesgericht Klagenfurt (Kärnten) verantworten mussten, keinen Grund für die Tat nennen.

[303] In Wien beging ein Mann einen weiteren Femizid. Der 33-Jährige tötete zuerst eine 30-jährige Frau durch wuchtige Schläge mit einem Hammer gegen den Kopf sowie den Oberkörper und beging anschließend Selbstmord. Der Täter war zuvor bereits wegen anderer Gewaltdelikte aufgefallen und wenngleich diese nicht im sogenannten häuslichen Bereich stattfanden, zeigt das Beispiel, dass die Bereitschaft zur Gewaltanwendung von Männern nur äußerst selten vor Frauen Halt macht. Warum die Behörden den Femizid als „bedenklichen Todesfall" einstuften und diese Verharmlosung auf orf.at reproduziert wird, kann nur mit der gewohnten Weigerung erklärt werden, die extreme Zuspitzung patriarchaler Gewalt als das zu benennen, was sie ist: ein Femizid.

[304] Eine Freiheitsstrafe von 14 Monaten fasste ein 36-Jähriger aus, der im Juli einen Zugbegleiter zuerst bedrohte und ihn dann verprügelte, weil dieser ihn auf das verpflichtende Tragen eines Mund-Nasen-Schutzes hingewiesen hatte.

[305] In Floridsdorf (Wien) wurde ein 17-Jähriger von acht Männern, die mit

← ORF.at News

ORT CHRONIK IT

Betrunkener rastete aus: Drei Polizisten verletzt

Online seit heute, 11.18 Uhr

In Hitzendorf in der Steiermark ist gestern Abend ein betrunkener 29-Jähriger ausgerastet. Als die Polizei ihn festnehmen wollte, verletzte er drei Beamte.

[306]

← ORF.at News

ORT CHRONIK SCIEN

OÖ: Verärgerter Bürger legte Kanalsystem lahm

Online seit heute, 18.13 Uhr

Ein Gerichtsverfahren gegen einen 53-Jährigen, der aus Ärger über seine Gemeinde im Bezirk Rohrbach (Oberösterreich) deren Kanalsystem lahmgelegt hatte, ist heute im Landesgericht Linz mit einer Diversion vorläufig eingestellt worden. Die Anklage hatte auf schwere Sachbeschädigung gelautet.

[307]

aus, wie die Gemeinde mit mir umgeht und ich hau denen die Einwegwindeln zigfach ins System rein des Kanales, dass da alles übergeht und das taugt ihnen wiederum nicht[307] wie ich meine Frau ersteche, ziemlich oft steche ich auf diese ein, obwohl die Kinder anwesend sind und das sehen sie müssen das mitansehen wie ich fünfzig Mal auf ihre Mutter einsteche sie abschlachte und vor ihren Augen hinrichte und nicht ablasse noch aufhöre und steche und steche im Angesicht der Nachkommen der Abkömmlinge ihr Muttertier zerlege wie ein Schwein dass das Blut spritzt und jetzt nehmen die Leute mir die Freiheit für immer nämlich für mein Leben lang als Ausgleich[308] bedrohe ich

CHRONIK

Mutter vor Kindern erstochen: Lebenslange Haft

Ein 62-jähriger Mann ist am Freitag wegen Mordes zu lebenslanger Haft verurteilt worden. Das Urteil ist rechtskräftig. Der Mann hat im November des Vorjahres seine 50-jährige Frau erstochen. Vier der fünf Kinder des Paares waren bei der Tat anwesend.

[308]

Messern sowie einem Schwert bewaffnet waren, überfallen und geschlagen.

[306] Ein betrunkener 29-Jähriger hatte in Hitzendorf (Graz Umgebung) zuerst seiner Ex-Lebensgefährtin damit gedroht, sie umzubringen, ihr Auto beschädigt und im Zuge seiner Festnahme drei Polizist*innen verletzt. Wie zu erwarten, berichtet orf.at von einem „heftigen Streit", der der Tat voraus gegangen war.

[307] In Linz (Oberösterreich) endete ein Gerichtsverfahren wegen schwerer Sachbeschädigung, bei dem ein 53-Jähriger angeklagt gewesen war, das Kanalsystem seines Wohnorts lahmgelegt zu haben, mit einer Diversion.

[308] Zu einem Schuldspruch wegen eines im Vorjahr verübten Femizids kam es in Wien. Ein 62-Jähriger wurde zu lebenslanger Haft verurteilt, weil er in Anwesenheit seiner Kinder mit einem Küchenmesser 26 Mal auf seine 50-jährige Frau eingestochen hatte, sodass diese an den schweren Verletzungen im Hals- und Bauchbereich starb. Bereits in der Vergangenheit war der Täter wegen Übergriffen auf die Frau und die Kinder verurteilt worden. Dennoch übernahm er im Prozess keine Verantwortung und behauptete – und diesen Ausführungen wird auf orf.at

ORF.at News

ORT CHRONIK IT

Frau mit Tod bedroht: Mann in Steiermark verhaftet

Online seit heute, 10.48 Uhr

Über Facebook soll ein 22-Jähriger in Judenburg im Bezirk Murtal (Steiermark) seine ehemalige Lebensgefährtin mit dem Tod bedroht haben. Die Frau erstattete Anzeige. Der Mann wurde festgenommen.

meine Ex
mit dem
Tod denn
sie ist
nicht
mehr

F.at News

CHRONIK SCIEN

14-Jähriger in Linz bedroht und geschlagen

Online seit heute, 8.09 Uhr

Rund um den Linzer Hauptbahnhof nimmt die Kriminalität offenbar wieder zu. Laut Polizei wurde ein 14-Jähriger dieses Wochenende auf einem Bahnsteig von einem Jugendlichen mit einem Messer bedroht und von einem anderen geschlagen.

[309]

meine Freundin
was soll das
überhaupt
heißen[309] und
wenn der erst
vierzehn ist
dann ist mir das
nur recht und
bedrohe den und
gehe ihm nach

[310]

und der Linzer Bahnhof ist halt ein hartes Pflaster, mein Schatz, das ist mir doch egal, ob der nicht anders kann und natürlich auf den Bahnhof kommen muss, damit er dorthin kommt, wo er hin muss mit seinen vierzehn Jahren und ich halte ihm das Messer hin und will seine Schuhe erdrohen und beim

ORF.at News

ORT CHRONIK SCIEN

Wegen MNS ermahnt: Lokalgast randalierte

Online seit heute, 14.10 Uhr

Bei der Routinekontrolle eines Lokals in Gratkorn (Steiermark) ist gestern ein Polizist verletzt worden. Ein 32-jähriger Lokalgast war darauf hingewiesen worden, seinen Mund-Nasen-Schutz (MNS) korrekt zu tragen - daraufhin schlug er um sich.

[311]

abermals Platz verschafft –, dass die Frau vor der Tat auf ihn losgegangen sei und ihn beschimpft und geschlagen habe. Seinem Verteidiger erklärte er sogar, dass „nicht er, sondern Gott die Tat begangen hatte". Der Täter veranschaulicht dadurch, wie Männer sich abwechselnd auf die vermeintlich natürliche oder gottgewollte Ordnung berufen, um männliche Vorherrschaft aufrechtzuerhalten und Taten wie diese zu legitimieren.

[309] Zunehmend finden (verbale) Gewalttaten im Internet, insbesondere auf Social Media-Kanälen statt (siehe Fußnote 139), wie auch im Fall eines 22-Jährigen in Judenburg (Murtal), der seine Ex-Freundin auf Facebook mit dem Tod bedrohte. Im Zuge der Festnahme wurde eine Schreckschusspistole bei dem Täter gefunden.

[310] Am Linzer Hauptbahnhof wurde ein 14-Jähriger von zwei weiteren Jugendlichen geschlagen und mit einem Messer bedroht.

[311] In Gratkorn (Steiermark) reagierte ein Lokalgast auf einen Hinweis zur korrekten Anwendungsweise des Mund-Nasen-Schutzes im Zuge einer Routinekontrolle mit Gewalt und verletzte dabei einen Polizisten.

[312] Als mangelndes männliches Einsichtsvermögen kann beispielhaft die Aktion eines stark alkoholisierten LKW-Fahrers interpretiert werden, der über eine längere Strecke auf der

nächsten Mal schlage ich ihm ins Gesicht und die Faust die meine kann schon was und ich mache das, so oft ich kann und mache dem den Bahnhof zur Hölle[310] okay Maske will ich nicht tragen und ich hau in der Hütte herum wenn sie mich zu was zwingen wollen dann zwinge ich sie auch zu was[311] die richtige Seite zu befahren ist naja in meiner Fetten checke ich das nicht mehr und mein Gefährt ist halt ein LKW und auf der Tangente ist das schon eine Angelegenheit für viele Tote die es aber nicht gibt diesmal Gottseidank das war ja keine Absicht[312] ein Kiwara kein Hawara zu sein und da hau ich dem eine Watsche runter dass es scheppert dass du glaubst das Christkindl ist ein Raubvogel[313] spricht mir meine Haftjahre

ORF.at News
ORT CHRONIK SCIEN

Betrunkener Lkw-Geisterfahrer auf Tangente

Online seit heute, 13.32 Uhr

Ein stark alkoholisierter Lkw-Fahrer ist in der Nacht auf heute mit seinem Sattelschlepper kilometerweit auf der Wiener Südosttangente (A23) als Geisterfahrer unterwegs gewesen. In der Hansonkurve konnte er gestoppt werden.

[312]

nicht aus nein das macht ein Gericht und es sind der Jahre zehn die ich erhalte ohne Freiheit da ich auf meine Freundin nun es war meine Ex fünfzig Mal eingestochen hab ich das bereits

Südosttangente (A23) als Geisterfahrer unterwegs gewesen war. Obgleich – wie in diesem Fall – zahlreiche entgegenkommende Autos als Indiz erkannt werden hätten können, selbst falsch zu liegen/fahren und einen Fehler gemacht zu haben, landen bei weitem nicht alle Männer bei der entsprechenden Erkenntnis. Im Gegenteil weigern sich viele, die eigene Beteiligung/Verantwortung einzugestehen und halten daran fest, Fehlverhalten bei allen anderen, nur nicht bei sich selbst zu suchen.

[313] Übergriffe und Gewalthandlungen durch die Polizei sind oftmals schwer zu belegen. Dass die Dokumentation entsprechender Amtshandlungen durch Handykameras etc. ein wichtiger Beweis sein kann, veranschaulicht der Fall eines Betrunkenen, der in Wien Polizist*innen beschimpft hat und daraufhin von einem Beamten ins Gesicht geschlagen wurde. Da die Tat von einem Zeugen mittels eines Handyvideos festgehalten wurde, konnte der Vorfall nicht so einfach unter den Tisch gekehrt werden. Initiativen wie „Go Film the Police“ rufen dazu auf, die Polizei bei ihren Einsätzen zu filmen, um die Beweislage

ORF.at News
ORT CHRONIK GESUND

Wiener Polizist soll Ohrfeige verpasst haben

Online seit heute, 11.47 Uhr

Ein Angetrunkener soll am Wochenende Polizisten beim Schottentor in der Wiener Innenstadt beschimpft und bei der folgenden Amtshandlung eine Ohrfeige kassiert haben. Das legt offenbar ein von einem Zeugen angefertigtes Handyvideo nahe.

[313]

erzählt ja das hab ich [314] und ich hab einen jugendlichen Freund und wir zwei die wir jugendlich sind, werden verurteilt, da wir das völlig betrunkene Mädchen, das dreizehnjährige, missbraucht [315] dann beginnt mein Verfahren das Verfahren

ORF.at News

ORT CHRONIK KULT

50 Stiche auf Ex-Freundin: Zehn Jahre Haft

Online seit heute, 13.55 Uhr

Wegen versuchten Mordes an seiner Ex-Freundin ist ein 17-Jähriger heute am Wiener Landesgericht zu zehn Jahren Haft verurteilt worden. Zusätzlich wurde er in eine Anstalt für geistig abnorme Rechtsbrecher eingewiesen. Er hatte am 27. Februar der 16 Jahre alten Schülerin 50 Messerstiche versetzt. Das Überleben des

[314]

ORF.at News

ORT CHRONIK KULT

Zwei Jugendliche wegen Missbrauchs in Kärnten verurteilt

Online seit heute, 13.57 Uhr

Zwei Jugendliche sind heute am Landesgericht Klagenfurt wegen sexuellen Missbrauchs einer völlig betrunkenen 13-Jährigen verurteilt worden. Lange leugneten sie den Missbrauch, von einvernehmlichem Sex war die Rede. Erst im letzten Moment gaben beide Angeklagten die Tat zu.

[315]

beginnt in der Sache so ich damals in der Pizzeria das Messer zigfach in den Körper meines Gegenübers einzuführen gedachte und der daran verstarb [316] dann werden knapp vier Jahre Haft über mich gesprochen also über mich gelegt also über mich

ORF.at News

ORT CHRONIK GESUND

Geschäftspartner erstochen: Prozessstart

Online seit heute, 8.42 Uhr

Am Landesgericht Wiener Neustadt (Niederösterreich) startet heute der Prozess nach einer tödlichen Messerattacke in einer Pizzeria in Pitten. Ein 31-jähriger Angeklagter soll im Jänner seinen Geschäftspartner erstochen haben.

[316]

bei Polizeiübergriffen zu verbessern. Menschen, die diesem Ruf Folge leisten, stehen jedoch selbst immer wieder im Fokus von Repression, beispielsweise wenn Beamt*innen versuchen, filmenden Zeug*innen – zu Unrecht – das Handy abzunehmen. Verharmlosend wirkt zudem die Berichterstattung auf orf.at, da davon geschrieben wird, dass der Mann „bei der folgenden Amtshandlung eine Ohrfeige kassiert“ habe, wodurch nahegelegt wird, dass er die Rechnung für sein Fehlverhalten präsentiert bekam.

[314] Am Wiener Landesgericht für Strafsachen wurde jener 17-Jährige, der versucht hatte, seine Ex-Freundin mit 50 Messerstichen zu ermorden, zu zehn Jahren Haft verurteilt (siehe Fußnote 55 und 274). Der Tat war schon eine längere Gewaltgeschichte vorangegangen, und so hatte der Täter bereits 2018 damit begonnen, seine damalige Freundin zu schlagen, zum Beispiel, weil er die Auffassung vertrat, sie habe mit einem „zu freizügigen Kleid“ die Wohnung verlassen.

[315] Am Landesgericht Klagenfurt (Kärnten) wurden zwei Jugendliche wegen

ORF.at News

ORT CHRONIK SCIEN

Mehrere Jahre Haft für Überfall auf Taxilenkerin

Online seit heute, 14.13 Uhr

In Leoben in der Steiermark ist heute ein junger Obersteirer vor Gericht gestanden, der im August einen bewaffneten Überfall auf eine Taxilenkerin verübt hatte. Der 20-Jährige war voll geständig – er muss für mehrere Jahre ins Gefängnis. Das Urteil ist rechtskräftig.

[317]

ORF.at News

INLAND LIVE

Hitler-Bilder in der Wohnung: Steirer verurteilt

Online seit heute, 13.47 Uhr

Ein gerahmtes Hitler-Bild in der Küche, eines im Schlafzimmer: Dafür wurde heute ein Weststeirer in Graz wegen Wiederbetätigung verurteilt.

gestülpet so ich
wiederum über
eine Taxilenkerin
über sie drüber
den Raub getan
sie über und über
fallen und fallen
getan[317] Mann
Mann Mann
dann finden die
meine schönen
Hitler-Bilder und

[318]

verurteilen mich schon wieder ich werd ja nur mehr verurteilt[318] dann nehmen sie mir der Jahre dreizehn von meinem Leben weil ich ein Serienvergewaltiger bin also vergewaltige ich in Serie und
tue das seriell und
wie normal und
hintereinander und
nicht gleichzeitig
also parallel aber
das hast du dir
vermutlich eh
gedacht dass man

ORF.at News

ORT CHRONIK SCIEN

13 Jahre Haft für Serienvergewaltiger

Online seit heute, 14.06 Uhr

Ein 30 Jahre alter Mann ist heute am Landesgericht Klagenfurt wegen neunfacher Vergewaltigung zu 13 Jahren Haft verurteilt worden. Zu Beginn des Prozesses gestand der Mann die Vergewaltigungsserie in der Nähe einer Großdiskothek in Klagenfurt.

[319]

sexuellen Missbrauchs einer betrunkenen 13-Jährigen verurteilt. Die beiden Täter hatten die Tat anfangs geleugnet und behauptet, die sexuellen Handlungen seien einvernehmlich geschehen. Auch dieses Beispiel zeigt, dass Männer nicht selten schwache und vulnerable Momente von Frauen für ihre Zwecke ausnutzen und dabei bewusst in Kauf nehmen, Grenzen zu verletzen und ihren Opfern Gewalt anzutun.

[316] Jener Mann, der in einer Pizzeria in Pitten (Bezirk Neunkirchen) seinen Geschäftspartner mit 13 Messerstichen getötet hat, wurde am Landesgericht Wiener Neustadt wegen Mordes zu 20 Jahren Haft verurteilt (siehe Fußnote 4).

[317] Zu einer mehrjährigen Gefängnisstrafe wurde in Leoben (Steiermark) auch ein 20-Jähriger verurteilt, der im August eine Taxifahrerin mit einer Waffe überfallen hatte.

[318] Nachdem im Zuge einer Verhandlung wegen Körperverletzung auch die politische Gesinnung des Täters Thema geworden war, wurde die Wohnung des Mannes durchsucht und dabei u.a. zwei gerahmte Hitler-Bilder gefunden. In einem darauffolgenden Gerichtsprozess – diesmal wegen Wiederbetätigung nach dem Verbotsgesetz – behauptete er, „kein Nazi“ zu sein und lediglich Objekte wie Hitler-Münzen zu „sammeln“. Seine

das Vergewaltigen nur in Serie tun kann und nicht parallel sonst wäre ich ja ein Parallelvergewaltiger und das gibt es nicht[319] okay ich muss meine Mutter würgen und treten muss ich sie auch[320] und ich nehme mein Messer heran und wir sitzen im Auto und meine Freundin nein es ist meine Ex-Freundin wird von mir erstochen und ich verletze sie schwer sie stirbt nicht[321] ist das Maskentragen meine Sache und drum muss ich am Boden hinfixiert werden von den Wiener Linien-Leuten und manche stellen sich die Frage, ob sie das getan haben, weil meine Hautfarbe nicht jene ist, wie sie hier in Österreich die

← ORF.at News

NDHEIT CHRONIK KULT

22-Jähriger würgte und trat Mutter

Online seit heute, 8.55 Uhr

Gestern Nachmittag ist es zwischen einem 22-Jährigen und seiner 44-jährigen Mutter in Spittal (Kärnten) zu einem Streit gekommen. Im Zuge dessen würgte der Sohn seine Mutter und trat nach ihr. Auch gegen die Polizei war er aggressiv, er wurde festgenommen und sitzt in Haft.

[320]

Mann stach im Auto auf Ex-Freundin ein

Es hätte angeblich eine „Aussprache“ werden sollen: Ein 41-Jähriger hat am Samstagnachmittag seine Ex-Freundin (29) im Auto mit einem Messer attackiert und schwer verletzt.

Online seit heute, 10.56 Uhr Teilen

Die beiden hatten sich in der Murlingengasse in Meidling zu einem Gespräch getroffen. Die Unterredung, die in einen Streit gipfelte, fand in einem Auto statt. Wie die Polizei berichtete, stach der Rumäne mit einem Messer mehrmals auf seine frühere Lebensgefährtin ein. Diese wurde schwer, aber zumindest nicht lebensgefährlich verletzt.

[321]

Ex-Partnerin hingegen führte aus, dass der Angeklagte in „Hitler eine Vater-Figur“ gesehen hatte und betrauerte, zur falschen Zeit geboren zu sein. Er wurde zu 15 Monaten bedingter Haft und einer Geldstrafe von 1200 Euro verurteilt und erhielt die Weisung, an einer Begleitung durch das ehemalige KZ Mauthausen teilnehmen zu müssen.

[319] Jener Mann, der in der Nähe einer Großdiskothek in Klagenfurt (Kärnten) neun Frauen vergewaltigt hatte, wurde am Landesgericht Klagenfurt zu 13 Jahren Haft verurteilt (siehe Fußnote 171).

[320] Eine 44-Jährige wurde in Spittal (Kärnten) von ihrem Sohn bedroht, gewürgt und mehrfach getreten. Laut orf.at war der Tat – wie auch nicht anders zu erwarten – ein ‚Streit‘ vorausgegangen.

[321] Ein 41-Jähriger griff in Wien seine Ex-Freundin mit einem Messer an und verletzte sie dabei schwer. Laut orf.at hatten sich die beiden für eine ‚Aussprache‘ in einem Auto getroffen, die jedoch – wie nicht anders zu erwarten – „in einem Streit gipfelte“.

[322] Die Wichtigkeit

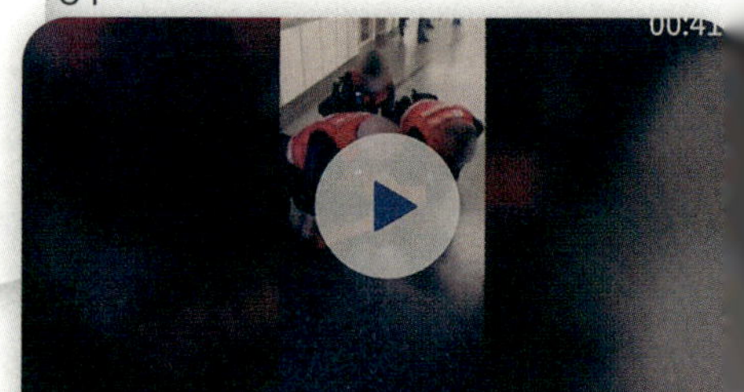

CHRONIK

Mann ohne Maske am Boden fixiert

Für Aufregung haben am Sonntag mehrere Handyvideos gesorgt, die zeigen, wie ein Mann von Securitys der Wiener Linien am Boden fixiert wird. Der Mann soll sich geweigert haben, einen Mund-Nasen-Schutz zu tragen. Auch Rassismus-Vorwürfe wurden laut.

[322]

überwiegende Hautfarbe ist und ich stelle mir die Frage auch und Videos wurden gemacht und es gibt Leute, die sich einschalten 322 und wieder aktivieren muss ich mein Messer und meine Freundin damit verletzen und auf sie einstechen 323 dann bekomme

← ORF.at News

ORT CHRONIK GESUND

17-Jährige in Linz mit Messer attackiert

Online seit heute, 10.45 Uhr

Eine 17-Jährige ist gestern mit schweren Messerverletzungen in ein Linzer Spital gebracht worden. Nachdem man anfangs davon ausgegangen war, dass sich die Frau selbst verletzt hatte, wurde später ihr Freund als Tatverdächtiger festgenommen.

[323]

von Handyvideos für die Dokumentation von Amtshandlungen verdeutlichte sich auch in Hinblick auf Securities der Wiener Linien, die einen Mann am Boden fixierten, weil dieser sich geweigert hatte, einen Mund-Nasen-Schutz zu tragen. So wünschenswert die Einhaltung der Covid-19-Sicherheitsmaßnahmen, insbesondere auch für vulnerable Personengruppen, gerade im öffentlichen Verkehr sein mag, legitimiert sie keine Gewalthandlungen dieser Art. Da es sich bei dem Täter nicht um einen Angehörigen der Dominanzgesellschaft handelte, wurde die Tat in der öffentlichen Debatte als rassistisch eingestuft. Dass Rassismus in der medialen Berichterstattung benannt wird, stellt eher eine Ausnahme dar, da sich Medien eher an der Reproduktion rassistischer Denkmuster und Stereotype beteiligen.

[323] Ein 20-Jähriger fügte seiner Freundin nicht nur so schwere Messerverletzungen zu, dass sie in ein Krankenhaus in Linz (Oberösterreich) gebracht werden musste, sondern zwang sie durch Einschüchterung zur Falschaussage, sie habe sich die Verletzungen selbst zugefügt. Erst nach ihrer Verarztung im Krankenhaus erzählte die 17-Jährige, durch ihren Freund verletzt worden zu sein.

[324] Ein 26-Jähriger, der Nachrichten mit Hakenkreuzen und Bilder mit Pin-Up-Girls in Naziuniformen verschickt hatte, wurde am Landesgericht

← ORF.at News

LAND INLAND COV AUS

Bedingte Haft für Versand von Nazi-Karten

Online seit heute, 11.46 Uhr

Ein 26-jähriger Kärntner ist heute am Landesgericht Klagenfurt wegen NS-Wiederbetätigung zu 18 Monaten bedingter Haft verurteilt worden. Er verschickte Grußbotschaften mit Hakenkreuzen und Bilder mit Pin-ups in Nazi-Uniformen.

[324]

← ORF.at News

ORT CHRONIK SCIEN

Sprengstoff und Waffen im Keller gelagert

Online seit heute, 17.06 Uhr

In einem Tresor im Keller eines Wohnhauses in Klagenfurt sind bei einer Begehung Sprengstoff und verbotene Waffen gefunden worden. Der mittlerweile verstorbene Besitzer hatte beruflich mit Sprengstoff zu tun. Der explosive Fund wurde fachgerecht sichergestellt.

[325]

ich wieder eine Strafe aufgebrummt weil ich ein paar Nazi-Bildchen verschickt habe das ist doch lächerlich [324] und dass es mir nicht gestattet ist, Waffen und Sprengstoff bei mir zuhause, in meinem Keller, auf meinem Grund und Boden zu lagern, wie ich es will, ist schon die größte Frechheit auf Gottes Erden, wer hat sich denn das ausgedacht, dass sowas strafbar ist überhaupt, wo kommen wir denn da hin, wenn ich nicht einmal mehr das darf, sie nur zu lagern [325], nun gut, auch die Kiwara nicht Hawara, brauchen eigene Kiwara-Ärzte nicht Hawara-Ärzte und als ein solcher hau ich derer Frau eine in die Goschen hin, dass sie schaut und schenke der ein, dass sie weiß, wer ich bin, nämlich ein Arzt von Kapazitäten Kiwara ka Hawara heast und aus dass es tuscht und kracht [326] in der Folge steche ich auf

ORF.at News

ORT CHRONIK SCIEN

Polizeiarzt soll Frau verprügelt haben

Online seit heute, 8.49 Uhr

Ein Polizeiarzt der Landespolizeidirektion Burgenland soll laut „Kronen Zeitung" im Bezirk Baden mehrfach auf eine Frau eingeschlagen haben. Der Mann soll betrunken gewesen sein.

Mehr dazu in **burgenland.ORF.at**

[326]

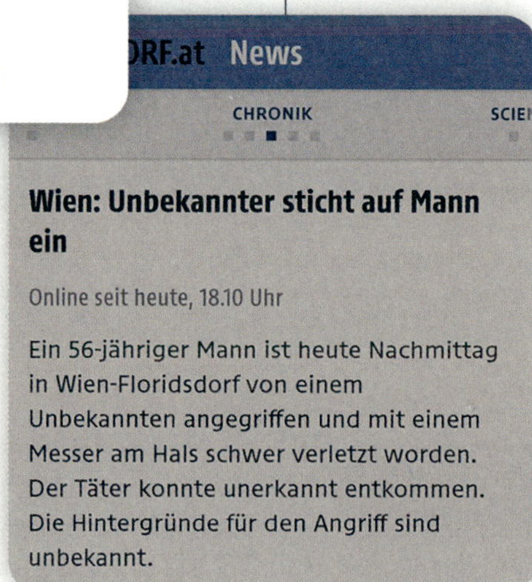
RF.at News

CHRONIK SCIEN

Wien: Unbekannter sticht auf Mann ein

Online seit heute, 18.10 Uhr

Ein 56-jähriger Mann ist heute Nachmittag in Wien-Floridsdorf von einem Unbekannten angegriffen und mit einem Messer am Hals schwer verletzt worden. Der Täter konnte unerkannt entkommen. Die Hintergründe für den Angriff sind unbekannt.

[327]

Klagenfurt (Kärnten) wegen NS-Wiederbetätigung zu 18 Monaten bedingter Haft verurteilt. Dabei sagte er aus, dass er mit NS-Gedankengut „eigentlich gar nichts zu tun" habe und nun wisse, dass die Verbreitung entsprechender Bilder in Österreich verboten sei. Sogar den Besuch einer KZ-Gedenkstätte schlug er als Maßnahme selbst vor. So erfreulich sich diese ‚Bekehrung' auch liest, wäre in der Berichterstattung eine genauere Hinterfragung des plötzlichen Wandels (vor allem in Hinblick auf seine Nachhaltigkeit) wünschenswert.

[325] Mehrere Kilo Sprengmittel und verbotene Waffen wurden im Zuge einer gerichtskommissionellen Hausbegehung gefunden, die den Nachlass eines verstorbenen 90-Jährigen dokumentieren sollte.

[326] Im Bezirk Baden (Niederösterreich) schlug ein betrunkener Polizeiarzt mehrfach auf eine Frau ein.

[327] In Floridsdorf (Wien) wurde ein 56-Jähriger von einem Unbekannten angegriffen und mit einem Messer am Hals schwer verletzt. orf.at berichtet zwar davon, dass die Hintergründe für den Angriff

News

CHRONIK SP

Elf Jahre Haft nach Schuss auf Ehefrau

Online seit heute, 18.59 Uhr

Am Landesgericht St. Pölten wurde heute ein 61-jähriger Mann zu elf Jahren Haft verurteilt. Er soll seiner Ehefrau im März in Maria Taferl in den Bauch geschossen haben.

Mehr dazu in **noe.ORF.at**

[328]

einen Typen ein, der mir da dreinrennt[327] und dann gehe ich elf Jahre in Häfen weil ich meine Frau hingeschossen hab[328] ich einen Schraubenzieher oder hab ich einen Schraubenzieher

← ORF.at News

SCHAFT CHRONIK SPO

Mann stach mit Schraubenzieher auf Polizist: Verurteilt

Online seit heute, 20.11 Uhr

Zu 20 Monaten unbedingter Haft ist heute am Wiener Landesgericht ein 52-jähriger Mann verurteilt worden, nachdem er im August einem Polizeibeamten einen Schraubenzieher in die Brust gestoßen hatte. Dank Schutzweste kam der Beamte

[329]

nicht das ist die Frage hier aber keinesfalls denn es gibt hier keine Fragen vielmehr Taten und auf so einen Kiwara nicht Hawara kann ich mit meinem Schraubenzieher hinstechen ja sicher[329] hey gibts denn das dass so ein elfjähriges Mädchen da sich anmaßt, uns auszurauben und wir verfolgen sie und durchsuchen sie denn uns ist das egal, wie alt der Dieb das muss dir auch egal sein in diesem Beruf da darfst du nur deinen harten Weg gehen und nicht links und rechts schauen und dich nur ja nicht beeinflussen lassen oder von sowas billigem wie einer Moral ablenken wo kämen wir denn da hin[330]

← ORF.at News

ORT CHRONIK PANOR

Ladendetektive verfolgten und durchsuchten Elfjährige

Online seit heute, 13.01 Uhr

Weit über das Ziel hinausgeschossen haben offenbar zwei Ladendetektive in Linz. Die beiden hatten ein elfjähriges Mädchen verfolgt und durchsucht, weil sie einen Diebstahl vermutet hatten. Nachdem die Männer nichts fanden, ließen sie das weinende Kind zurück, so die Mutter des Mädchens.

[330]

unbekannt seien, ist sich aber sicher, dass es „zu einem Streit zwischen den beiden Männern gekommen" war.

[328] Ein 61-Jähriger wurde am Landesgericht St. Pölten zu elf Jahren Haft verurteilt, weil er seiner Ehefrau mit einem legal besessenen Gewehr in den Bauch geschossen hatte (siehe Fußnote 94). Auch dieser Bericht auf orf.at kommt nicht ohne den Verweis aus, dass „ein Streit zwischen den beiden Eheleuten vorangegangen" sei.

[329] Am Wiener Landesgericht wurde ein 52-Jähriger zu 20 Monaten unbedingter Haft verurteilt, weil er einem Polizisten einen Schraubenzieher in die Brust gerammt hatte.

[330] Dass Männer ihren Job häufig zu ernst nehmen und die Verhältnismäßigkeit ihres Vorgehens unzureichend abwägen, verdeutlichten zwei Ladendetektive in Linz (Oberösterreich), die ein elfjähriges Mädchen verfolgten, des Diebstahls beschuldigten und sie ohne die Anwesenheit der Eltern durchsuchten. Als die beiden Männer jedoch kein Diebesgut finden konnten, ließen sie das weinende Mädchen einfach zurück.

und wieder müssen ein paar Wildenten draufzahlen und wir jungen Buben wir quälen die ein bisschen und wer sich da aufregt, dem kann ich nur sagen, dass man die Enten im nächsten Chinarestaurant sofort auf den Tisch bestellen kann und die wurden auch ihr Leben lang nur gequält und da sagt niemand was von diesen ganzen blinden Affen [331] bin ich auch betrunken und froh und ich verursache einige Unfälle [332] und die Cobra kommt, weil ich mit meinem Nachbarn streite und mein verängstigter Sohn die Cobra ruft ja mein vierzehnjähriger Sohn weiß die Nummer der Cobra und hat die Cobra angerufen und sie also herbeigerufen [333] und so jung bin ich erneut in meinem Sein und meinem Mut und meiner Wut breche ich dem

ORF.at News

CHRONIK

Jugendliche quälten Wildenten in Oberösterreich

Online seit gestern, 17.38 Uhr

Ein Fall von Tierquälerei ist jetzt im Bezirk Vöcklabruck in Oberösterreich ans Licht gekommen: Drei Burschen im Alter zwischen 15 und 18 Jahren sollen etwa zehn hilflose Wildenten im Bereich des Mondsees über mehrere Monate hinweg gequält und anschließend getötet haben.

[331]

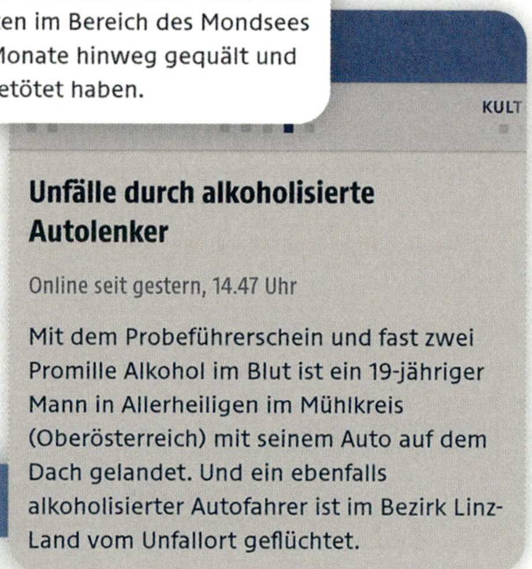

KULT

Unfälle durch alkoholisierte Autolenker

Online seit gestern, 14.47 Uhr

Mit dem Probeführerschein und fast zwei Promille Alkohol im Blut ist ein 19-jähriger Mann in Allerheiligen im Mühlkreis (Oberösterreich) mit seinem Auto auf dem Dach gelandet. Und ein ebenfalls alkoholisierter Autofahrer ist im Bezirk Linz-Land vom Unfallort geflüchtet.

[332]

ORF.at News

CHRONIK

Angst um Vater: Cobra-Einsatz in Kärnten

Online seit heute, 9.47 Uhr

Ein 14-jähriger Bub hat gestern Abend den Notruf gewählt, weil ein Nachbar seinen Vater bedrohte. Da der 60-jährige Nachbar laut Schilderungen des Kindes eine Waffe hatte, wurde die Polizeisondereinheit Cobra alarmiert.

[333]

[331] Im Bezirk Vöcklabruck (Oberösterreich) wurde ein weiterer Fall von Tierquälerei bekannt. Drei Burschen hatten Wildenten zuerst gefüttert, dann aber getreten und gegen eine Wand geschleudert, sodass diese starben, und die Tierkadaver im Anschluss entweder mit Steinen beschwert im Mondsee versenkt oder in einem Waldstück entsorgt.

[332] Männliche Selbstüberschätzung in Kombination mit Alkohol und Autos zeigte sich erneut im Mühlkreis (Bezirk Perg), wo ein 19-Jähriger mit Probeführerschein und fast zwei Promille Alkohol im Blut einen Unfall verursachte, bei dem er mit seinem Auto auf dem Dach landete.

[333] In Kärnten alarmierte ein 14-Jähriger die Polizei, weil ein Nachbar seinen Vater bedroht hatte. Die Waffe, die der Bursche gesehen haben will, wurde allerdings nicht gefunden.

Kiwara kein Hawara diese seine Nase [334] wie du bin auch ich jetzt ziemlich betrunken aber nicht von Text sondern von Alkohol sieht mich nicht von vorne oder hinten dieser Wagen mit seinen lustigen Lichtern gefällt mir sehr und ich nehme den an mich und fahre im Rettungswagen hehe [335] zu schlagen und prügeln und vergewaltigen dieses Date und geh dafür fünf Jahre weg aus dieser Gesellschaft [336] gut ich kann auch anders aus der

ORF.at News

ORT CHRONIK IT

18-Jähriger brach einem Polizisten die Nase

Online seit heute, 14.45 Uhr

Ein 18-Jähriger hat gestern Abend einem Polizisten in Wien-Hernals das Nasenbein gebrochen. Die Beamten waren in den Innenhof eines Gemeindebaus unweit der Sandleitengasse gerufen worden, weil mehrere Bewohner unter Alkoholeinfluss stritten.

[334]

ORF.at News

ORT CHRONIK KULT

Betrunkener Patient kaperte Rettungsauto

Online seit heute, 18.16 Uhr

Ein 22-Jähriger hat nach seiner ambulanten Behandlung im Landesklinikum Neunkirchen (Niederösterreich) einen Rettungswagen vom Parkplatz gekapert. Der Mann war mit 1,58 Promille unterwegs, der von ihm verursachte Sachschaden beträgt circa 6.000 Euro.

[335]

RF.at News

CHRONIK GESUNI

Frau verprügelt und vergewaltigt: Haft

Online seit heute, 15.46 Uhr

Am Wiener Landesgericht ist heute ein 28-jähriger Wiener zu fünf Jahren Haft verurteilt worden. Er hat eine 25-Jährige, die er im vergangenen Juli über eine Dating-App kennengelernt hat, geschlagen und vergewaltigt. Das Urteil ist bereits rechtskräftig.

[336]

[334] Der ganze Gemeindebau hasst die Polizei – zumindest scheint es so in der Sandleitengasse (Wien), wo diese bei einer Streiterei unter Alkoholeinfluss einschreiten wollte, dabei jedoch beschimpft, gekratzt, geschlagen und getreten wurde. Zudem brach ein 18-Jähriger einem Polizisten das Nasenbein.

[335] Nachdem ein stark alkoholisierter 22-Jähriger im Landesklinikum Neunkirchen (Niederösterreich) behandelt worden war, gelang es ihm, einen Rettungswagen zu kapern und einen Sachschaden von rund 6.000 Euro zu verursachen.

[336] Dass notorische Gewalttäter ihr wahres Gesicht nicht immer gleich zeigen, musste eine 25-Jährige auf schmerzliche Art und Weise erfahren. Nachdem sie beim Täter eingezogen war, begann er, sie zu schlagen, zu kontrollieren, zu bestrafen und einzusperren – und dabei war sie nicht die erste Partnerin, der er Gewalt angetan hatte. Am Wiener Landesgericht wurde er daher wegen Vergewaltigung, Freiheitsentzug, Körperverletzung und Nötigung

ORF.at News

ORT CHRONIK SCIEN

Immer noch Hinweise zu Doppelmord in Stiwoll

Online seit heute, 8.49 Uhr

Drei Jahre nach den tödlichen Schüssen im steirischen Stiwoll gehen bei der Polizei immer noch Hinweise zum Verbleib des mutmaßlichen Täters ein. Bisher gingen aber alle ins Leere, eine neuerliche Suche in einem Stollen blieb erfolglos.

Am 29. Oktober 2017 hatte ein damals 66-Jähriger mehrere Schüsse mit einem Gewehr auf Nachbarn abgegeben. Dabei tötete er eine Frau und einen Mann, eine weitere Frau wurde durch Schüsse schwer verletzt.

Gesell-
schaft
wegge-
hen denn
dass sie
mich
weg-
sperren
sondern
ganz
einfach
untertau-
chen und

[337]

echt verschwin-
den und auch
wenn da immer
wieder Hinwei-
se auf meinen
Verbleib
auftauchen, so
finden sie mich
nicht[337] in der
[338]
Nachbarswoh-
nung sitzt eine Frau und der
drohe und drehe ich den Tod
rein mit meinen Worten und
verleihe diesen Nachdruck
mit einer kleinen Waffe[338]
und die Justiz klärt auf, was
ich da damals mit dem
Schaffner gemacht hab[339]
und es ist jetzt endlich
November der Monat
beginnt mit dem heiligsten
Tag im Jahr meinem
Lieblingsfeiertag nämlich

[339]

News

ORT CHRONIK RELIG

Frau in Innsbruck mit Mord bedroht

Online seit heute, 9.30 Uhr

Ein 50-jähriger Mann hat gestern in einer Wohnung in Innsbruck eine Frau mit Mord bedroht. Beim Einschreiten der Polizei attackierte der Mann die Beamten und verletzte sie.

ORF.at News

ORT CHRONIK RELIG

Attacke auf Zugsbegleiter geklärt

Online seit heute, 11.20 Uhr

Die Attacke auf einen 34-jährigen Zugsbegleiter auf der Westbahnstrecke in Niederösterreich vom August ist geklärt. Ein 16-Jähriger aus dem Bezirk Kirchdorf (Oberösterreich) wurde Polizeiangaben von heute zufolge unter anderem anhand von Videomaterial ausgeforscht.

zu einer fünfjährigen Freiheitsstrafe verurteilt. Die Vergewaltigung bestritt er mit der Argumentation, dass sie ihn in Wahrheit beim Onanieren gestört habe. Zumindest der vorsitzende Richter fand zur Abwechslung einmal die richtigen Worte, indem er dem Angeklagten zu verstehen gab: „Sie haben ein Mega-Mega-Mega-Problem mit Frauen." Die hinter den Taten stehenden Motive ließen sich auch als Misogynie und gewalttätige Männlichkeit fassen, aber „Mega-Mega-Mega" stellt immerhin einen Anfang dar, diese frauen- und menschenverachtenden Einstellungsmuster zu benennen.

[337] Zu „Austria's most wanted persons" zählt Friedrich F., der 2017 nach einem jahrelangen Rechtsstreit auf seine Nachbar*innen geschossen und dabei eine Frau und einen Mann getötet hatte. Eine weitere Frau wurde schwer verletzt. Obgleich große polizeiliche Suchaktionen vorgenommen wurden, fehlt von ihm jede Spur.

[338] Ein weiterer Fall eines Mannes, der einer Frau mit einer Waffe mit dem Umbringen drohte,

Allerheiligen, wo man der Toten gedenkt, von denen ich ja so einige produziere und dieser schöne Tag steht ganz im Zeichen einer Massenschlägerei wo sich die Massen schlägern und zwei gehen verletzt da raus [340] aus dem Dienst gehören so einige dieser Kiwara nicht Hawara wo so ein besonders gescheiter und besonders fähiger und besonders von Mitgefühl und Weitsicht bestimmter Kiwara nicht Hawara wie ich bin und da fixieren wir einen Klimademonstranten mit seinem Schädel am Boden unter dem Bus direkt darunter damit der sich ein bisschen in die Hose scheißt und alle anderen auch wie die das sehen abgeschreckt werden denn so macht man das oder weißt du das leicht nicht dass man genau so mit Demonstranten verfährt und ihnen das Fahren über ihren Kopf androht und vorstellbar macht damit sie wissen, wo sie her sind und was mit ihnen passiert, wenn sie zu viel von der Welt und ein Zuviel von

← ORF.at News

ORT | CHRONIK | RELIG

Zwei Verletzte nach Massenschlägerei in Wien

Online seit heute, 14.10 Uhr

Bei einer Massenschlägerei am Wiener Reumannplatz sind gestern in den frühen Morgenstunden zwei Männer verletzt worden. Es gab laut Polizei rund 15 Beteiligte. Offenbar waren auch mehrere Messer im Spiel.

[340]

ereignete sich in Innsbruck (Tirol). Der 50-jährige Bekannte der Frau griff zudem auch Polizisten an und verletzte diese teilweise.

[339] Aufgrund von Videomaterial wurde ein 16-Jähriger ausfindig gemacht, der einen 34-jährigen Zugbegleiter auf der Westbahnstrecke ins Gesicht und gegen den Hals geschlagen hatte.

[340] In Favoriten (Wien) fand erneut eine Massenschlägerei mit rund 15 Beteiligten statt, bei der zwei Männer – teilweise mit Messern – verletzt wurden.

[341] Im Nachgang der brutalen Verhaftung eines Aktivisten, der sich im Vorjahr an einer Demo beteiligt hatte, die auf die Klimakrise aufmerksam machen wollte, wurde über Polizeigewalt und die mangelnden Konsequenzen selbiger diskutiert. Der Verhaftete war nicht nur am Boden fixiert, sondern sein Kopf unter ein Polizeiauto gelegt worden. Bislang bekam der Fahrer allerdings nur eine Geldbuße, sodass er sich – wie auch alle

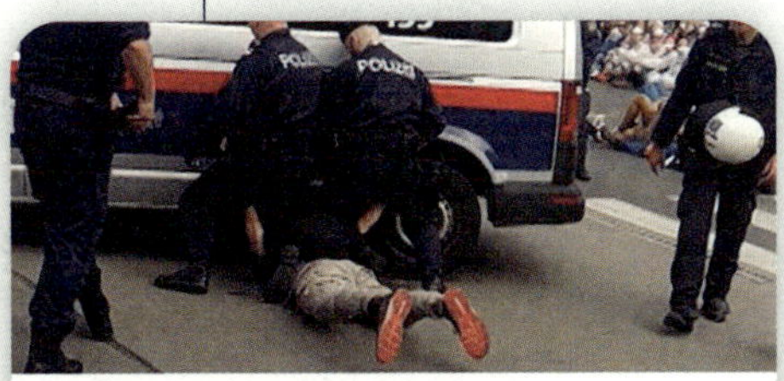

Ein Aktivist ist bei der Festnahme fast von einem Polizeibus überrollt worden

Höhe der Geldbuße nicht genannt

Jener Vorhabensbericht, der den Fahrer des Busses betrifft, ist nun wieder zurück bei der Staatsanwaltschaft. Gegen den Polizisten wurde wegen Gefährdung der körperlichen Sicherheit ermittelt. „Gegen den Beamten wird diversionell vorgegangen. Dabei wird ihm eine Geldbuße angeboten", sagte Bussek.

Der Staatsanwalt habe sich für eine Diversion entschieden, da die „gesetzlichen Voraussetzungen" dafür erfüllt gewesen seien. Wie hoch die Geldbuße ist, wollte die Sprecherin nicht sagen, da man von dieser Rückschlüsse auf das Einkommen des

[341]

CHRONIK

Frau durch Kopfschuss getötet

Am Sonntagnachmittag ist in Wien-Penzing eine leblose Frau in ihrer Wohnung von Angehörigen aufgefunden worden. Die 29-Jährige hatte eine Schussverletzung im Kopfbereich. Die Polizei geht von einem Gewaltverbrechen aus.

Online seit heute, 11.20 Uhr — Teilen

Die Ermittler konnten am Tatort keine Schusswaffe auffinden. Im Zuge von Erhebungen stellten die Beamten allerdings fest, dass der Bruder des Ex-Lebensgefährten der Frau rechtmäßig zwei Schusswaffen besitzt. Sofort begaben sich die Ermittler zu der Wohnung des 51-jährigen Tatverdächtigen nach Wien-Neubau und fanden diesen ebenfalls leblos vor.

Freiheit verlangen[341] und dann schieße ich meiner Ex-Freundin in den Schädel

[342]

und daraufhin schieße ich mich selbst aus der Welt[342] und dann bin ich ganz radikal und vergesse alle Kategorien in meinem Hirn und feuere willkürlich darauf los einfach in die Menschheit hinein und ich hab viel Munition und ich hab einen langen Atem und der dauert dann nur neune Minuten aber ich erwische dabei tödlich vier und verletze Unzählige im Körper und im Geist und ins Vertrauen und in Wien und ich nehme ihnen das damit aber sie geben sich das Vertrauen wieder zurück und schreien mir Schleich dich, du Oaschloch zu und flugs bin ich auch schon erschossen mich zu schleichen werde also aus der Welt

[343]

CHRONIK

Terroranschlag: Zwei Tote und 15 Verletzte

In der Innenstadt hat es am Montagabend einen Terroranschlag an sechs Tatorten gegeben. Ein Passant wurde getötet, es gibt mindestens 15 Verletzte. Ein Attentäter wurde von der Polizei erschossen. Die Menschen sollen daheim bleiben, so lautet der Appell der Behörden.

anderen am Einsatz beteiligten Beamten – weiterhin „normal im Dienst" befindet.

[342] Ein weiterer Femizid fand in Penzing (Wien) statt, bei dem eine 29-Jährige vom Halbbruder ihres Ex-Freundes durch einen Schuss in den Kopf getötet wurde. Danach beging der Täter Suizid.

[343] Als besonders gefährliche Manifestation männlicher Gewalt kann der Terroranschlag eingestuft werden, bei dem ein dschihadistischer Attentäter in Wien vier Personen – darunter zwei Frauen – erschoss und mindestens 22 weitere verletzte. Im Dschihadismus kommt Männern dabei die Rolle des starken, wehrhaften, gewalttätigen und unbesiegbaren Kämpfers zu, der nicht nur die Ungläubigen vernichten oder zumindest bestrafen soll, sondern auch den „Ur-Islam" in einer neuzeitlich entstandenen, fanatisierten salafistischen Lesart durchzusetzen. Die dschihadistische Ideologie des Täters strebt folglich die Etablierung einer gesellschaftlichen Ordnung an, die auf einer allumfassenden

hin-
aus-
ge-
schli-

19-Jähriger nach Attacke auf Ordensfrau verhaftet

Online seit heute, 11.07 Uhr

Nach der Attacke auf eine Ordensfrau in Graz Samstagnachmittag hat die Polizei nun einen 19-Jährigen als mutmaßlichen Täter ausgeforscht. Er soll der 76-Jährigen in einem Bus einen Schlag gegen das Ohr versetzt haben.

[344]

chen[343] und hau lieber der Nonne eine Fotze runter und tu das richtig fest im Bus,

Prozess gegen oststeirischen Arzt – Strafe erhöht

Online seit heute, 17.35 Uhr

Das Grazer Oberlandesgericht hat heute im Fall eines oststeirischen Arztes die Geldstrafe von 1.920 auf 7.200 Euro erhöht, die bedingte Haftstrafe blieb gleich. Dem Oststeirer wurde vorgeworfen, seine vier Kinder jahrelang gequält zu haben.

[345]

Grazer beschimpfte Passanten und griff Polizisten an

Online seit heute, 17.32 Uhr

Ein 58-jähriger Grazer hat gestern in einem Bus randaliert und Passagiere beschimpft. Dann ging er auf einschreitende Polizisten los und verletzte drei von ihnen.

[346]

wenn die mich beschimpft, weil ich keine Maske oben hab[344] ich meine Kinder jahrelang gequält, ja das hab ich, und jetzt erhöhen sie mir dafür die Strafe[345] dann beschimpfe ich wahllos

Urteil gegen Waffensammler in Linz

Online seit heute, 13.46 Uhr

Weil er mehr als 30 Jahre lang Unmengen von Waffen und Kriegsmaterial in seinem Keller gehortet haben soll, ist ein 66-Jähriger heute im Landesgericht Linz zu acht Monaten bedingter Haft und 960 Euro Geldstrafe verurteilt worden.

[347]

Geschlechtertrennung, Verbannung von Frauen aus dem öffentlichen Raum und ihrer Unterwerfung durch männliche Dominanz basiert und dadurch massive Einflüsse auf die Genderbeziehungen hat.

[344] In Graz schlug ein 19-Jähriger einer Ordensfrau in einem Bus gegen das Ohr bzw. ihr Hörgerät. Beides blieb unbeschädigt.

[345] Wie der erste Prozess gegen einen Arzt, der seine vier Kinder vernachlässigt und gequält hatte, mit einem Freispruch enden konnte, ist nur mit dem Sexismus des Richters zu erklären, der von einem „verspäteten Rosenkrieg" zwischen dem Angeklagten und seiner Ex-Frau ausging. An Kriegen, so die Logik, seien ja zumeist beide Konfliktparteien schuld. Auch beim Vorwurf der Instrumentalisierung von Kindern, um sich an dem Ex-Partner zu rächen, handelt es sich um ein altbekanntes antifeministisches Stereotyp, das Männer dazu nutzen, die von ihnen verübte Gewalt zu verharmlosen bzw. Kritik an ihrem Verhalten abzuwehren. Der Mann hatte den Kindern verdorbenes Essen vorgesetzt und diese mit regelmäßigen Selbstmorddrohungen und

ORF.at News

WAHL INLAND COV IN

Einweisung, aber nicht wegen Zadic-Todesdrohung

Online seit heute, 16.08 Uhr

Am Landesgericht für Strafsachen ist heute ein 68-Jähriger in eine Anstalt für geistig abnorme Rechtsbrecher eingewiesen worden. Allerdings nicht wegen einer Todesdrohung gegen Justizministerin Alma Zadic (Grüne), sondern - nicht rechtskräftig - wegen Verhetzung.

[348]

Leute auf der Straße und geh auf Kiwara nicht Hawara los[346] ja

sie geben mir das Urteil her und sagen an was ich nicht darf wegen meiner Waffen die ich habe[347] eingewiesen werde ich außerdem, aber nicht weil ich der Justizminis-terin den

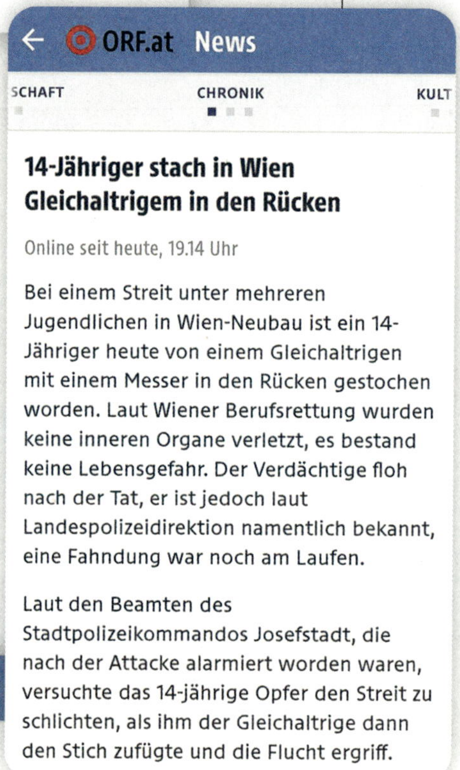

ORF.at News

SCHAFT CHRONIK KULT

14-Jähriger stach in Wien Gleichaltrigem in den Rücken

Online seit heute, 19.14 Uhr

Bei einem Streit unter mehreren Jugendlichen in Wien-Neubau ist ein 14-Jähriger heute von einem Gleichaltrigen mit einem Messer in den Rücken gestochen worden. Laut Wiener Berufsrettung wurden keine inneren Organe verletzt, es bestand keine Lebensgefahr. Der Verdächtige floh nach der Tat, er ist jedoch laut Landespolizeidirektion namentlich bekannt, eine Fahndung war noch am Laufen.

Laut den Beamten des Stadtpolizeikommandos Josefstadt, die nach der Attacke alarmiert worden waren, versuchte das 14-jährige Opfer den Streit zu schlichten, als ihm der Gleichaltrige dann den Stich zufügte und die Flucht ergriff.

ORF.at News

NÖ CHRONIK

Spaziergänger erschoss Dalmatiner

Ein 55-jähriger Mann soll in Pöchlarn (Bezirk Melk) einen Dalmatiner erschossen haben. Der Hund soll zuvor auf den Mischling des Mannes losgegangen sein. Auch im Bezirk Baden gab es einen Vorfall: Ein Spaziergänger wehrte einen Hund mit einem tödlichen Messerstich ab.

Online seit heute, 11.06 Uhr

Der 55-Jährige in Pöchlarn war nach Angaben der Landespolizeidirektion am Dienstag gegen 16.15 Uhr mit seiner Frau und deren Hund, einem Labradormischling, auf einem Feldweg spazieren. Zur selben Zeit fuhren eine 67-Jährige und eine 84-Jährige mit ihrem Auto auf dem Feldw dieselbe Richtung. Deren Hund, ein

[349]

Tod gedroht, sondern wegen was anderem[348] und einem anderen

[350]

Selbstverletzungen einer hohen psychischen Belastung ausgesetzt. Einer Nichtigkeitsbeschwerde wurde u.a. wegen nicht ausführlich gewürdigter Beweise stattgegeben, und so kam es erneut zu einem Prozess am Grazer Oberlandesgericht, bei dem die Betroffenen nicht nur Gehör für ihre Erfahrungen fanden, sondern ihnen auch Glauben geschenkt wurde.

[346] Beinahe als Alltagsgeschichte könnte ein Vorfall in Graz eingeordnet werden, bei dem ein 58-Jähriger zuerst in einem Bus randaliert und andere Fahrgäste beschimpft hatte sowie im Anschluss auf einschreitende Polizist∗innen losgegangen war und drei von ihnen verletzte.

[347] Wo Waffen sind, ist meist Gewalt anzutreffen, und wo es Gewalt gibt, wird diese meist: von Männern verübt und Frauen angetan. Insofern mag es nicht verwundern, dass ein 66-Jähriger am Landesgericht Linz (Oberösterreich) zu acht Monaten bedingter Haft und rund 1.000 Euro Geldstrafe verurteilt wurde, weil er in seinem Keller an die 170 Waffen, von denen er ca. 50 nicht legal besessen hatte, sowie rund eine Million Stück Munition gehortet hatte. Gefunden wurden die Waffen, weil er seiner Ex-Affäre gedroht hatte, sie „zu vernichten“, und sie ihn daraufhin angezeigt hatte. Der Täter schien jedoch einmal mehr von den männlichen Sympathien im Gerichtssaal sowie

steche ich in den Rücken rein und der ist wie ich auch vierzehn Jahre alt [349] so gehe ich dahin und das nennt man Spazieren und ich erschieße den Hund es ist ein Dalmatiner aber das tut nichts zur Sache denn es ist ein Hund [350]

ORF.at News
CHRONIK GESUNI

**rsuchter Mord an Schwester im
rgenland**

ine seit heute, 12.21 Uhr

Halbturn (Burgenland) hat ein Mann ne Schwester mit dem Stiel eines rschlaghammers zusammengeschlagen d die Frau schwer verletzt. Die atsanwaltschaft Eisenstadt bestätigte Donnerstag einen entsprechenden richt der „Kronen Zeitung". Der Mann zt in Untersuchungshaft - die atsanwaltschaft wirft dem schuldigten versuchten Mord vor.

[351]

ws
ONIK KULT

Mehrere Mülltonnen in Salzburg angezündet

Online seit heute, 8.24 Uhr

In der Salzburger Elisabethvorstadt sollen zwei junge Männer in der Nacht zwei Brände gelegt haben. Die beiden Verdächtigen im Alter von 17 und 19 Jahren sollen bei einer Kirche und bei einer Volksschule mehrere große Mülltonnen angezündet haben.

wie meine Schwester die versuche ich zu töten mit einem

[352]

Vorschlaghammer aber es gelingt mir nicht [351] ich

11:01
ORF.at News
NCE CHRONIK KULT

Polizeiarzt soll Frau verprügelt haben

Online seit heute, 10.42 Uhr

Ein burgenländischer Polizeiarzt soll in einer Bar im Bezirk Baden (Niederösterreich) eine Frau verprügelt haben. Bereits im Oktober soll er der 32-Jährigen in dem Lokal nahe gekommen sein und sie geschlagen haben, als sie ihn dazu aufforderte, Abstand zu halten.

Mehr dazu in burgenland.ORF.at

[353]

vom gesellschaftlich tief verankerten Sexismus zu profitieren. Er wurde vom Verdacht, seine Ex-Freundin gefährlich bedroht zu haben, freigesprochen, weil er ausführte, dass es sich um einen „Racheakt, der ihr auch perfekt geglückt ist", gehandelt habe. Eine Problematisierung dieser Erzählung scheint orf.at nicht für notwendig zu erachten, ebenso wenig die Erwähnung der politischen Gesinnung des Täters, die ja durchaus bei einem Waffenfund dieser Größe eine entscheidende Rolle für die Gefahreneinschätzung spielt.

[348] Jener Mann, der Morddrohungen gegen die Justizministerin Zadić verfasst hatte, wurde in Wien wegen Verhetzung verurteilt. Er hatte eine Website mit rassistischen Inhalten betrieben, auf der er von einer „Auslöschung der Bundesregierung" fantasierte, „Belohnungen" für das Töten bzw. Foltern von muslimischen Menschen in Aussicht stellte oder die Wiedererrichtung des Kaiserreichs, Todesurteile, Hinrichtungen und Straflager prophezeite. Vor Gericht verteidigte er sich damit, dass er als „Nichtjurist" nicht wisse, was er sagen und schreiben dürfe, weil es so viele „Minenfelder" gebe, „da kann man eigentlich nur mehr die ganze Website zusperren." In Anbetracht der Inhalte sicher kein Fehler, diese Homepage aus dem Netz zu nehmen!

[349] Ein 14-Jähriger wurde in Neubau (Wien) im Zuge eines Streits unter Jugendlichen von einem Gleichaltrigen mit einem Messer in den Rücken gestochen und dabei glücklicherweise nicht lebensbedrohlich verletzt.

DIEN CHRONIK IT

14-Jähriger bedrohte Lehrerin

Online seit heute, 11.00 Uhr

Ein 14-jähriger Schüler hat gestern während des Unterrichts eine Lehrerin in einer Schule in Pasching in Oberösterreich mit einer Schreckschusspistole bedroht. Der Jugendliche zielte in Richtung der Lehrerin und repetierte die Waffe.

[354]

stecke

PANOR

Mann würgte Frau in Klagenfurt

Online seit heute, 9.49 Uhr

In Klagenfurt ist gestern Abend ein Streit zwischen einer Frau und einem Mann eskaliert. Der Mann würgte die Frau, sie flüchtete über ein Fenster aus der Wohnung und wurde verletzt. Gegen den Mann wurde ein Betretungsverbot ausgesprochen.

[355]

CHRONIK

Sittenwächter-Bande: Anführer in U-Haft

Ein 20-jähriger Tschetschene ist laut Innenministerium Kopf einer Sittenwächter-Bande. Der Mann ist im August bei Ausschreitungen in Wien-Favoriten festgenommen worden und seitdem in U-Haft.

Online seit heute, 17.02 Uhr Teilen

Der 20-Jährige ist im August wegen Widerstands gegen die Staatsgewalt und schwerer Körperverletzung festgenommen worden. Er wurde bereits 2018 wegen der Bildung einer kriminellen Organisation und terroristischer Vereinigung zu 24 Monaten Gefängnis verurteilt und wurde nach acht

Mülltonnen in
Brand [352] bin
ich schon
wieder ein
Arzt von
Kapazitäten
Kiwara nicht
Hawara und
schlag eine
Frau sichtlich
taugt das
unserem
Berufsstand
leicht [353] bin ich
schon noch
mit meinem
Alter und habe
es leicht oder
auch nicht das
wissen wir
nicht nur dass ich meine Lehrerin
[356] bedrohen kann, wenn ich das will [354] und
ich würge eine Frau [355] und meine Bande

[350] Mangelnde Fähigkeiten, mit Konflikten anders als mit Drohungen und Gewalt umzugehen, besaß ein Hundebesitzer, der in Pöchlarn (Bezirk Melk) einen Dalmatiner erschoss, weil er auf den Hund des Täters losgegangen war.

[351] Mit einem 80 Zentimeter langen Vorschlaghammerstiel schlug ein Mann mehrfach auf seine Schwester in Halbturn (Bezirk Neusiedl am See) ein und verletzte sie dabei im Kopf- und Oberkörperbereich. Dass das Motiv über die Dauer der Untersuchungshaft wegen versuchten Mordes entscheiden sollte, wirft große Fragen auf – zum Beispiel, welcher Grund eine solche Tat rechtfertigen kann?

[352] Zwei Jugendliche im Alter von 17 und 19 Jahren zündeten in Salzburg große Mülltonnen in der Nähe einer Kirche sowie einer Volksschule an. Durch die ausgelösten Brände wurde u.a. die Bibel-Ausstellung in der Elisabethkirche – vermutlich eher zufällig als bewusst intendiert – beschädigt.

[353] Jener Polizeiarzt, der in einer Bar im Bezirk Baden (Niederösterreich) eine Frau verprügelte (siehe Fußnote 326), war nicht das erste Mal gewalttätig und übergriffig gewesen. Zu einem anderen Vorfall war es schon im Oktober gekommen, bei dem der Täter dieselbe Frau geschlagen und ihre Begleiterin umgestoßen hatte, nachdem sie ihn dazu aufforderte, Abstand zu halten. In klassischer Opfer-Täter-Umkehr behauptete er hingegen, die Frauen hätten ihn angegriffen, woraufhin er die Selbstbeherrschung verloren habe. Das bekannte Einmal, das kein Keinmal bleibt, sondern ziemlich schnell zum Mehrmal wird!

[354] Männlicher Übermut (u.a. gegen Frauen in Autoritätspositionen)

ORF.at News

IT CHRONIK SPO

Mann bei Streit in Grazer Mehrparteienhaus erstochen

Online seit heute, 20.02 Uhr

Bei einem Streit zwischen zwei Bekannten in einem Grazer Mehrparteienhaus ist heute Abend ein 43-Jähriger mit einem Messer erstochen worden. Der Mann erlag im Krankenhaus seinen Verletzungen.

[357]

CHRONIK

Bewaffneter Überfall: Erste konkrete Spur

In Haslau-Maria Ellend (Bezirk Bruck an der Leitha) ist es am Dienstagabend zu einem bewaffneten Überfall auf einen Supermarkt gekommen. Eine Frau wurde bedroht, Bargeld erbeutet. Die Polizei konnte zwei Verdächtige anhalten und Teile der Beute sicherstellen.

[358]

bewacht die Sitten in diesem Land und das genau[356] dann streiten wir und ich steche den Typen ab[357] dann raub ich den Supermarkt und alles darin was da

entwickelt sich in manchen Fällen schon sehr früh. So beispielsweise bei einem 14-jährigen Schüler in Pasching (Bezirk Linz-Land), der seine Lehrerin im Unterricht mit einer Schreckschusspistole bedrohte, indem er auf sie zielte und die Waffe repetierte.

[355] Was wäre das für ein Tag auf orf.at, ohne einen Bericht über einen „Streit zwischen einer Frau und einem Mann", der „eskaliert" sei? In Klagenfurt (Kärnten) hatte ein 42-jähriger Mann seine 27-jährige Lebensgefährtin gewürgt und eine Tür eingetreten, um sie am Verlassen der Wohnung zu hindern. Sie konnte über ein Fenster fliehen. Obgleich ein Waffenverbot für den Täter besteht, wurden bei ihm eine Gaspistole, ein Springmesser und ein Schlagring gefunden.

[356] Unter dem Vorwand, die vermeintlichen ‚Sitten ihrer Kultur' verteidigen zu wollen, wurden in Wien elf Täter ausgeforscht, die Mädchen und Frauen bedroht und geschlagen hatten, weil sie sich nicht ihren sittlichen Vorstellungen entsprechend gekleidet hatten oder verhielten. Zudem verprügelten sie mehrere nicht-tschetschenische Jugendliche, weil diese Kontakt zu Tschetscheninnen hatten. Den Ermittlungsergebnissen des Innenministeriums zufolge fungierte ein 20-Jähriger, der bereits 2018 wegen der Bildung einer kriminellen Organisation und terroristischen Vereinigung zu 24 Monaten Gefängnis verurteilt worden war, als ‚Kopf' der ‚Sittenwächter-Bande'. Unter dem Usernamen Heinrich Himmler, dem Gestapo-Chef der Nazis, betrieb er beispielsweise Messenger-Gruppen, in denen Mädchen und Frauen für vermeintlich unsittliches Verhalten denunziert wurden.

[359]

Mord an 16-Jähriger – lebenslange Haft

Online seit heute, 18.07 Uhr

In Graz ist heute ein 43-jähriger Weststeirer nicht rechtskräftig zu lebenslanger Haft wegen Mordes an einer 16-Jährigen verurteilt worden. Er selbst behauptete bis zuletzt, dem Mädchen beim Suizid geholfen zu haben.

darin ist aus [358] jetzt geben sie mir lebenslang für Mord [359]

[360] und es ist wirklich schon kalt draußen am 11.11. und ich kassiere der Jahre zwölf an Freiheitsentzug und auch eine kleine Einweisung für den Missbrauch an meinen Töchtern [360] und für Sandlerquälen gibt es eine Geldstrafe für mich Kiwara nicht Hawara [361] ich schieße auf Passanten mit

ORF.at News

ORT CHRONIK RELIG

Töchter missbraucht: Zwölf Jahre Haft für Vater

Online seit heute, 16.18 Uhr

Am Wiener Landesgericht ist heute ein 49-jähriger Mann zu zwölf Jahren Haft verurteilt worden. Er soll seine Tochter seit ihrem 13. Lebensjahr regelmäßig missbraucht haben. Als er sich auch an ihrer jüngeren Schwester verging, filmte sie die Tat mit.

ORF.at News

ORT CHRONIK RELIG

Obdachlosen gequält: Geldbuße für Polizist

Online seit heute, 18.37 Uhr

Ein Wiener Polizist hat sich heute am Landesgericht verantworten müssen, weil er am 26. März einem Obdachlosen grundlos Pfefferspray ins Gesicht gerieben hatte. Der Beamte entging einer Verurteilung, das Verfahren wurde diversionell mit einer Geldbuße erledigt.

[361]

Hinter der Verteidigung dieser Sitten verbirgt sich jedoch nichts anderes als rassistisches Denken (es soll keine ‚Misch-Ehen' geben) sowie eine männliche Überlegenheitsideologie, die Frauen in eine untergeordnete Rolle ohne jedes Recht und Möglichkeit auf Selbstbestimmung verweist. Dass dabei gerade die Männlichkeitsentwürfe und Kontroll-, Denunziations- und Gewaltfantasien gegen alle, die nicht ihren Werten und Vorstellungen entsprechen, jenen des autochthonen Rechtsextremen stark ähneln, zeigt sich u.a. in der Wahl des Decknamens, den der Täter in den Chats verwendete.

[357] In Graz (Steiermark) wurde ein 43-Jähriger von einem 56-jährigen Bekannten mit einem Messer angegriffen und dabei so schwer verletzt, dass er an den Folgen starb. Der Tat war ein Streit vorangegangen.

[358] Im Zuge eines bewaffneten Überfalls auf einen Supermarkt in Haslau-Maria Ellend (Bezirk Bruck an der Leitha) wurde eine Frau bedroht und Bargeld gestohlen.

[359] In Graz (Steiermark) wurde ein 43-Jähriger wegen eines Femizids an einer 16-Jährigen zu lebenslanger Haft verurteilt. Der Täter hatte das Mädchen gefesselt und erstickt, aber dennoch bis zum Schluss behauptet, das Mädchen auf ihr Verlangen hin getötet zu haben.

[360] Bei einem Prozess wegen sexuellen Missbrauchs wurde am Wiener Landesgericht ein 49-jähriger Mann zu zwölf Jahren Haft verurteilt, weil er eine seiner Töchter seit ihrem 13. Lebensjahr regelmäßig missbraucht hatte. Nachdem er begonnen hatte, auch ihre jüngere Schwester zu missbrauchen, filmte sie ihn dabei, und dadurch konnten sie die

CHRONIK

26-Jähriger zielte mit Softgun auf Passanten

Ein 26-Jähriger soll in Traun (Bezirk Linz-Land) mehrere Passanten mit einer Softgun anvisiert sowie im Fall eines Mannes sogar aus nächster Nähe auf dessen Kopf gezielt und zweimal den Abzug betätigt haben. Nach zehn Minuten machte eine Polizeistreife dem Treiben ein Ende.

[362]

ORF.at News

CHRONIK GESUNI

issbrauch erfunden: Ex-SOS-inderdorf-Zögling verurteilt

nline seit heute, 12.34 Uhr

n ehemaliger Zögling des SOS-inderdorfes Moosburg in Kärnten ist heute Klagenfurt wegen falscher eweisaussage und Verleumdung nicht ıchtskräftig verurteilt worden. Er eschuldigte den ehemaligen Leiter des issbrauchs. Für diesen hatten die orwürfe schwere Folgen.

[363]

meiner Softgun leider geil spielt in meinem Hirn in deinem leicht nicht oder was[362] ist eine Geschichte die erfinde ich und sie kommen mir drauf und ich werde gestraft dafür denn du darfst keine Geschichten erfinden oh no[363] in so jungen Jahren sind wir gerade noch schulpflichtig und sind wir zu

ORF.at News

ORT CHRONIK GESUNI

270.000 Euro Schaden: Zwei 15-Jährige ausgeforscht

Online seit heute, 16.38 Uhr

Die Brandstiftung an der Mittelschule Höchst (Vorarlberg) im August sowie eine Reihe an Einbruchdiebstählen in Höchst und Fußach sind laut Polizei aufgeklärt. Zwei 15-Jährige wurden ausgeforscht – auf ihr Konto sollen zudem rund 20 Sachbeschädigungen gehen. Insgesamt

[364]

Taten beweisen. Zuvor hatte sich das Opfer nicht getraut, sich zu äußern, weil sie vermutet hatte, dass ihr niemand Glauben schenken würde.

Nach wie vor ist die Dunkelziffer sexueller Missbrauchsfälle auch deswegen so hoch, weil den Opfern eine Mitschuld an den Übergriffen, Hysterie oder Überempfindlichkeit sowie falsche Anschuldigungen unterstellt werden oder ihnen schlichtweg nicht geglaubt wird. Indem zusätzlich wenige Täter persönliche Sanktionen oder strafrechtliche Konsequenzen befürchten müssen, bleiben patriarchale sexuelle Ausbeutungsverhältnisse erhalten, die es Frauen erschweren, ihre Erfahrungen zu thematisieren.

[361] Jener Polizist aus Wien, der einem Obdachlosen grundlos Pfefferspray ins Gesicht gerieben hatte (siehe Fußnote 153), wurde nicht verurteilt, sondern erhielt lediglich eine Geldstrafe. Auch die Suspendierung vom Dienst erfolgte nur vorübergehend. Diese Entscheidungen der Behörden und der Justiz verdeutlichen, dass Obdachlosenfeindlichkeit System hat.

[362] In Traun (Bezirk Linz-Land) spazierte ein 26-Jähriger mit einer Softgun durchs Stadtgebiet und erschreckte dabei mehrere Passant∗innen, indem er sie, teilweise aus nächster Nähe, anvisierte und zwei Mal schoss.

[363] Wegen falscher Beweisaussage und Verleumdung seines Sachwalters wurde ein 29-Jähriger am Landesgericht Klagenfurt (Kärnten) verurteilt. Er hatte den ehemaligen Leiter des SOS-Kinderdorfes Moosburg, wo er untergebracht gewesen war, beschuldigt, ihn geschlagen und sexuell missbraucht zu haben.

zweit und sind wir überdrüssig der Schule die sie ist unsere die wo sie uns schulen oder was denkst du darüber und die Ärsche forschen uns echt aus[364] ist es mit mir und

ORF.at News

ORT · CHRONIK · SCIEN

Vier Jahre Haft nach Messerattacken in NÖ

Online seit heute, 17.57 Uhr

In Wiener Neustadt (Niederösterreich) wurde heute ein 19-Jähriger wegen absichtlicher schwerer Körperverletzung zu vier Jahren Haft verurteilt. Der Mann wurde für mehrere nächtliche Messerattacken im Mai in Baden verantwortlich gemacht. Der Schuldspruch ist nicht rechtskräftig.

[365]

ich gehe in Haft für mein Herum-gesteche und meinen Angriff der einige verletzt[365] haben sie mich, ja mich haben sie verletzt und hat mich dieser Zahnarzt der unfähige minderbemittelte Scheißarzt und gibt mir meinen Zahn nicht zurück verlange ich ihn und das kann doch nicht so schwer sein für so einen Zahndoktor dass mir der meinen geliebten und so notwendigen Zahn zurückgibt jetzt sofort und ich randaliere so in dieser Praxis von dem und es bringt mir den Zahn dennoch nicht zurück verdammt[366] seien sie alle die sie festlegen was Recht und was Unrecht

[364] Zwei 15-Jährige haben in Höchst (Vorarlberg) nicht nur einen Brand an der Mittelschule gelegt, sondern auch an die 20 Sachbeschädigungen begangen und dabei einen Schaden von rund 270 000 Euro verursacht.

[365] Ein 19-Jähriger wurde in Wiener Neustadt (Niederösterreich) wegen absichtlicher schwerer Körperverletzung zu vier Jahren Haft verurteilt. Er hatte, stark alkoholisiert und unter Tabletteneinfluss, mehrere Personen in Baden mit einem dolchartigen Ringmesser (fünf Zentimeter lange Klinge) angegriffen und dabei an den Händen, im Gesicht sowie am Rücken verletzt. Da der Täter zuerst einen Mann attackierte, der sich mit dem Freund des Angeklagten unterhalten hatte, steht Eifersucht als mögliches Tatmotiv im Raum.

[366] Männliches Besitzdenken der besonderen Art veranschaulichte der Fall eines 28-Jährigen, der in einer Zahnarztpraxis im Bezirk Vöcklabruck (Oberösterreich) randaliert hatte, weil er einen gezogenen Zahn wiederhaben wollte.

.at News

CHRONIK · GESUN

Wollte gezogenen Zahn zurück: Patient festgenommen

Online seit heute, 8.08 Uhr

Weil er einen gezogenen Zahn wiederhaben wollte, hat ein Patient in einer Zahnarztpraxis im Bezirk Vöcklabruck zweimal so sehr randaliert, dass er festgenommen wurde. Die Polizei hat den Vorfall gestern publik gemacht.

[366]

[367]

CHRONIK

31-Jähriger beging 141 Straftaten

Ein 31-Jähriger hat in Niederösterreich insgesamt 141 Straftaten begangen. Spezialisiert war der Mann auf Diebstähle unversperrten Fahrzeugen, die er 61 Mal durchführte. Die Polizei konnte ihn festnehmen, der Schaden beträgt etwa 12. Euro.

Online seit heute, 10.33 Uhr · Teile

Kriminell aktiv war der 31-jährige rumänische Staatsbürger von Novembe 2019 bis Juli. Tatorte lagen im Raum Pöchlarn (Bezirk Melk), aber etwa auch Tulln und Deutsch-Wagram (Bezirk Gänserndorf). Mitgehen ließ er unter anderem Bargeld, Brillen, Schmuck sow Dokumente. Die Handschellen klickten f

denn das haben doch wir alle zusammen zu bestimmen nicht wahr und dann ist es auch unmöglich, dass jemand in meinem Alter auf hundertundeinunddreißig Straftaten kommt in Summe und die Summe der Schäden dennoch bloß der tausend zwölf beträgt ja gibt es denn sowas überhaupt das ist doch eine Frage, wer die Straftaten als solche festlegt in den Hirnen und auf den Blättern und somit in der Wirklichkeit und die Frage nach Moral und Wahrhaftigkeit kommt hier nicht das erste Mal auf Schatzi ja ich bin mir sehr sicher dass ich die Welt auch verstehe wie du und dass ich sie nicht verstehe und auch nicht wie du wer versteht denn die Welt gleich das tuen nie zwei auf gleiche Art und hier ist der Spalt nein nenne es Abgrund schon ziemlich groß und breit und tief da zwischen uns oder zwischen mir und dem Rest auf Erden[367] sind so softe Waffen sie werden Softair-Waffen genannt von der Journaillienwelt ja auch zu nutzen und sie stehen im Raum und können auch die Kiwara nicht Hawara alarmieren ja freilich[368] raub ich auch eine Bank aus

CHRONIK

Softair-Waffe löste Polizeieinsatz aus

Weil sie in ein leer stehendes, aber überwachtes Gebäude eingedrungen waren, haben zwei Männer in Villach einen Großeinsatz der Polizei ausgelöst. Überwachungsaufnahmen zeigten, dass einer der Eindringlinge eine Faustfeuerwaffe bei sich trug. Dabei handelte es sich jedoch um eine Schreckschusspistole.

CHRONIK

Banküberfall in Saalfelden

Im Ortszentrum von Saalfelden ist am Nachmittag die Filiale der BAWAG-PSK überfallen worden. Ein bewaffneter Mann konnte unerkannt flüchten.

Online seit heute, 16.24 Uhr (Update: 17.09 Uhr) Teilen

Ein bislang unbekannter Täter betrat um 15.00 Uhr in Saalfelden die Filiale der BAWAK-PSK. Der bewaffnete Mann

[369]

[367] Eine beeindruckend lange Liste von Straftaten gehen auf einen 31-Jährigen zurück, der neben den 61 Diebstählen aus unversperrten Fahrzeugen, 46 unberechtigten

[368]

Bankomatbehebungen, 23 Urkundenunterdrückungen, einem schweren Betrug und einer Sachbeschädigung auch einen Verstoß gegen das Waffengesetz beging. Der entstandene Schaden umfasst an die 12.000 Euro.

[368] In Villach (Kärnten) sind zwei Männer in ein leerstehendes Gebäude eingedrungen. Da das Haus überwacht wurde und auf den Überwachungskameras eine Waffe zu sehen war, reagierte die

eine Bawag-Psk dass es das überhaupt noch gibt oder fragst du dich das nicht auch gerade jetzt in diesem Moment[369] da hau ich einfach ab und das würdest du auch tun nicht wahr wenn du die Möglichkeit hättest denn so ein Freiheitsentzug fühlt sich so an wie du dir das gar nicht vorstellen kannst fein Liebchen gute Nacht kann ich da nur sagen das ist[370] so genau wie eine Genauigkeit du sprichst ja auch deine Gedanken aus und ich tue gleiches und spreche meinen Gedanken des Todes hin zu dieser Frau es ist meine Exfrau wohlgemerkt[371] bin ich betrunken vielmehr fett vielmehr blunzenfett vielmehr komplett zu vielmehr so im Öl dass ich eine elfjährige Schülerin am Zebrastreifen anfahre sie niederfahre sie zammfahre[372] in meiner Fettness bin ich des Öfteren schon wieder und mach Radau und mach Randale in meinem Haus in dem ich wohne und alle müssen da mit mir durchgehen denn ich will dass mich alle bemerken und mit mir mitgehen und mitfühlen so wie auch das Kleinkind das will in seinen Emotionen müssen alle mit denn sonst versteht man ja nicht worum es bei mir geht und wie es da drinnen aussieht in mir ist es sehr dunkel und sehr hell und es ist leise und so laut, dass es überhaupt nur mehr der Ton vor dem

← ORF.at News

ORT CHRONIK SCIEN

Häftling nach Spitalsbesuch in St. Pölten geflüchtet

Online seit heute, 12.52 Uhr

Ein Häftling ist gestern nach einer ambulanten Behandlung im Universitätsklinikum St. Pölten geflüchtet. Der 27-Jährige hatte sich von den Wachebeamten losgerissen. Drei mutmaßliche Fluchthelfer wurden in Taxis festgenommen. Von dem Häftling fehlt jede Spur.

[370]

SCIEN

Verdacht: Mann bedrohte Ex-Frau mit dem Tod

Online seit heute, 10.57 Uhr

Ein 35-Jähriger steht unter Verdacht, gestern Nachmittag im Grazer Bezirk Liebenau seine 27-jährige Ex-Frau, deren Freund und deren Mutter mit dem Umbringen bedroht zu haben. Der Verdächtige wurde laut Polizei festgenommen.

Polizei mit einem Großeinsatz, bei dem sich jedoch herausstellte, dass es sich ‚nur' um eine Schreckschusspistole gehandelt hatte.

[369] Einem bewaffneten Mann, der in Saalfelden (Salzburg) eine Bankfiliale ausgeraubt hatte, gelang die Flucht.

[371]

[370] Eine Art Gefängnisausbruch gelang einem 27-Jährigen im Zuge einer ambulanten Behandlung im Universitätsklinikum St. Pölten (Niederösterreich), wo er sich von den Wachebeamten losriss und fliehen konnte. Während seine drei mutmaßlichen Helfer*innen gefasst wurden, fehlte von ihm jede Spur.

[371] Beinahe keine Woche vergeht in Österreich ohne Morddrohungen, die Männer gegenüber ihnen nahestehenden Personen

← ORF.at News

ORT CHRONIK

Alkoholisierter fuhr Schülerin nieder

Online seit heute, 11.24 Uhr

Ein alkoholisierter Autofahrer hat gestern Elsbethen (Salzburg) ein elfjähriges Mädchen auf einem Zebrastreifen angefahren. Der Mann hatte 2,32 Promille Alkohol im Blut.

[372]

ORF.at News

ORT CHRONIK IT

Betrunkener Steirer randalierte in Wohnhaus

Online seit heute, 17.48 Uhr

Ein 42-jähriger, alkoholisierter Steirer ist gestern Abend in seiner Wohnung im Bezirk Weiz ausgerastet. Er randalierte zuerst bei sich, dann belästigte er laut Polizei mehrere Nachbarn. Der amtsbekannte Mann wurde in die Justizanstalt Graz-Jakomini eingeliefert.

[373]

Tinnitus ist so laut dass dir die Ohren abfallen tun wenn du das hörst mein Bärli du hast ja keine Ahnung von Hören und von Lautstärken schon gar nicht und überhaupt nicht einmal im Entferntesten von sowas wie dem solchen und solches kam noch nicht in dein Hirn noch in deine Ohren noch in die Nähe von Ohren oder Hirn von dir[373] und von mir wie es scheint ja auch nicht bin ich auch ein Politiker höchsten Ranges und höchsten Ansehens und eine Birne wie sie tatsächlich nicht mehr leuchtet noch [374] vielleicht überhaupt noch nie geleuchtet ja so kann auch eine nicht-leuchtende Birne wie ich, bei der selbst der Erlöser den Lichtschalter nicht mehr findet, einfach die Sprache und das Denken nicht beherrschen wie auch jeder andre in diesem Land ohne Stand den gibt es ja nicht und gab es auch nie in meiner Partei schon überhaupt nicht

News

INLAND COV AUS

SPÖ über Khol-„Entgleisung" empört

Online seit heute, 14.58 Uhr

Die SPÖ hat sich heute über eine verbale „Entgleisung" des ehemaligen Nationalratspräsidenten Andreas Khol (ÖVP) empört. Khol hatte zuvor in einem Interview mit Oe24.tv zur CoV-Krise gemeint: „Also als Erstes: Die Pamela Rendi-Wagner hat danach gerufen, ihr eine aufzulegen." SPÖ-Bundesgeschäftsführer Christian Deutsch sah eine „unsägliche Wortwahl" und forderte eine Entschuldigung.

SPÖ-Frauenvorsitzende Gabriele Heinisch-Hosek zeigte sich „entsetzt". Die ÖVP dürfe nicht über eine derartig „schlimme Entgleisung" hinwegsehen. Heinisch-Hosek bezeichnete die Aussage als „verbale Gewalt" und forderte eine Entschuldigung und eine Stellungnahme von Bundeskanzler Sebastian Kurz (ÖVP).

aussprechen. In Graz (Steiermark) drohte ein 35-Jähriger seiner 27-jährigen Ex-Frau, ihrem Freund und ihrer Mutter damit, sie umzubringen.

[372] Dass sich Männer mit der Kombination aus männlichem Übermut und Selbstüberschätzung durch Alkohol und Autos nicht nur selbst gefährden, sondern auch andere, ist bereits bekannt, zeigt aber der Fall in Elsbethen (Flachgau), wo ein Autofahrer mit 2,32 Promille ein elfjähriges Mädchen auf einem Zebrastreifen niederfuhr, einmal mehr.

[373] Alkohol war auch im Spiel im Fall eines 42-Jährigen, der zunächst in seiner Wohnung im Bezirk Weiz (Steiermark) randalierte, dann seine Nachbar*innen belästigte und im Zuge seiner Festnahme auf Polizist*innen losging.

[374] Die Verrohung der Sprache und die stetige Ausweitung der Grenzen des Sagbaren, die vor allem sexistische Gewaltandrohungen beinhaltet, zeigt sich u.a. (an den Aussagen alter weißer

ja wo denkst du hin wir wissen das und stehen dazu keinen Stand zu haben[374] wir viele Sachen gesprengt zusammen ja das haben wir und es macht uns Spaß und wir filmen das auch mit unseren Handys und das bricht unserer Sprengungsgruppe letztlich das Gnack und sie haben uns[375] und ich bin eine richtige Sau ein Schwein und gleichzeitig bin ich der Misthaufen die Drecksgrube die Senkgrube worin ich Sau mich suhle bin ich beides ich bin ein Lehrersschwein und von daher schon zu ewiger Dummheit verdammt und dann bin ich auch noch ein Lehrer, der seine Schüler vergewaltigt, sie nötigt zu sexuellen Handlungen und sexuell missbrauche ich grauslichster Auswurf aller Auswürfe dieses Erdballs ja ich bin es, dein Herbert, und ich bin leider noch nicht fertig, denn wir haben noch immer November und ich bin noch nicht fertig mit mir und ihr mit mir desgleichen nicht[376] sind wir in der Gruppe genau solche Schweine wie auch als singuläres Schwein ja ich sage dir, ich kann mit einem Rad fahren und meine vielen

18:05

ORF.at News

ORT CHRONIK WIRTSC

Haltestelle gesprengt: Täter ausgeforscht

Online seit heute, 13.01 Uhr

Die Polizei hat zwölf Männer im Alter von 19 bis 26 Jahren ausgeforscht, die im Bezirk Mistelbach (Niederösterreich) mit mehreren Sprengungen einen Sachschaden im mittleren fünfstelligen Euro-Bereich verursacht haben sollen. Die Beschuldigten sind geständig.

[375]

WIRTSC

Schüler missbraucht: Haftstrafe für Lehrer

Online seit heute, 18.26 Uhr

Ein 40-jähriger Lehrer einer Neuen Mittelschule ist am Landesgericht Innsbruck unter anderem wegen Vergewaltigung, geschlechtlicher Nötigung und sexuellen Missbrauchs zu acht Jahren und sechs Monaten Haft verurteilt worden. Zudem wird er in eine Anstalt für geistig abnorme Rechtsbrecher eingewiesen.

[376]

ORF.at News

SCHAFT CHRONIK SPO

Mountainbiker rissen Pensionisten zu Boden

Online seit gestern, 23.07 Uhr

Ein 63-jähriger Mann ist am Sonntag auf einem Waldweg in Viktorsberg (Vorarlberg) von drei Mountainbikern attackiert worden. Der Pensionist hatte das Trio auf das geltende Fahrverbot hingewiesen und sich ihnen in den Weg gestellt, worauf ihn diese zu Boden rissen und verletzten.

[377]

Männer) in der Politik. So meinte beispielsweise der ehemalige Nationalratspräsident Andreas Khol (ÖVP) in einem Interview zur Covid-Krise, dass die SPÖ-Vorsitzende Pamela Rendi-Wagner danach gerufen hätte, „ihr eine aufzulegen." Auch wenn sich Kohl inzwischen entschuldigte und beteuerte, dass die Aussage weder sexistisch noch als Verharmlosung von Gewalt gemeint gewesen sei, stellt sich die Frage: Wie denn dann? Schließlich lässt die verbale Entgleisung wenig Interpretationsspielraum.

[375] Zwölf Männer im Alter von 19 bis 26 Jahren sprengten im Bezirk Mistelbach (Niederösterreich) mit Böllern Bushaltestellen, Glascontainer, Telefonzellen, Hochstände und eine

Mountainbikespezis ebenso und wir fahren wie die Schweine dahin und fahren diesen armen alten Mann diesen in seiner wohlverdienten Pension lebenden Pensionisten einfach über den Haufen rücksichtslos und gemein nieder denn so sind sie die Sportler wie wir das sind es sind nur auf sich selbst fixierte Körperausgeburten vor dem Herrn allein Körper und kein Gehirn und kein Denken und Weite darin ja wohin denkst du wir sind da sehr einfach gestrickt denn wie könnten wir auch sonst Sportler sein und Mountainbiker ja Halleluja das ist eine sehr einfach gestrickte Art Mensch in der

CHRONIK

Juwelier getötet: Fahndung nach Tätern

Nach dem tödlichen Juwelierraub Mitte Oktober im dritten Bezirk ist die Polizei mit ihren Ermittlungen jetzt einen Schritt weiter. Fotos aus einer Videoüberwachungskamera zeigen die Tatverdächtigen, zudem ist Kleidung der mutmaßlichen Täter sichergestellt worden.

[378]

Ex-Freundin mit Messer bedroht

Online seit heute, 13.47 Uhr

Ein 28-Jähriger hat gestern Abend in Wien-Brigittenau seine Ex-Lebensgefährtin mit einem Messer bedroht und einem 15-Jährigen, der die Auseinandersetzung schlichten wollte, mit einer Gaspistole in den Rücken geschossen.

[379]

Toilettenkabine und verursachten dabei einen großen Sachschaden.

[376] Jener 40-jährige Lehrer, der zahlreiche Burschen genötigt, missbraucht, bei sexuellen Handlungen heimlich gefilmt und vergewaltigt hatte (siehe Fußnote 276), wurde am Landesgericht Innsbruck u.a. wegen Vergewaltigung, geschlechtlicher Nötigung und sexuellen Missbrauchs zu acht Jahren und sechs Monaten Haft verurteilt.

[377] Drei Mountainbiker, die trotz Fahrverbots auf einem Waldweg in Viktorsberg (Bezirk Feldkirch) unterwegs waren, gingen auf einen 63-Jährigen los, als dieser sie auf das Fahrverbot aufmerksam gemacht und sich ihnen in den Weg gestellt hatte. Die Sportler rissen ihn nieder und verletzten den Mann dabei.

[378] Als Juwelenraub mit Style lassen sich die Ermittlungsergebnisse der Polizei zusammenfassen, die im Zuge der Auswertung der Überwachungsvideos zu dem Ergebnis kamen, dass die Verdächtigen ausschließlich Markenkleidung getragen haben. Ob diese Erkenntnis die Polizei in ihrer Suche danach, wer den Juwelier ermordet hat, tatsächlich einen Schritt weiterbrachte, bleibt fraglich.

[379] Zu Anwendung von Gewalt gegenüber einer Ex-Partnerin kam es in der Brigittenau (Wien), wo ein 28-Jähriger seine ehemalige Lebensgefährtin mit einem Messer bedrohte und einem Jugendlichen, der ihr zu Hilfe kommen wollte, mit einer Gaspistole in den Rücken schoss. Warum es

Anlage der Natur worin wir so gern auf und nieder fahren[377] in unserer Gruppe sind wir erneut zu vielt und rauben den Juwelier aus und töten ihn und jetzt suchen sie uns ja klar was denn sonst[378] geht es mir gut, danke der Nachfrage, nur der Exfreundin nicht, weil ich sie mit meinem Messer bedrohe und drohe ihr, sie abzustechen damit[379] ich das nie mehr tue, sperren sie mich sieben Jahre ein und nie mehr meine Frau vergewaltigen tu in der Ehe denn auch die Ehefrau darf man nicht einfach nehmen wie und wann man will oh nein das darf man nicht und ich muss das lernen und hab jetzt sieben Jahre Zeit, um darüber nachzudenken, was man darf und was nicht[380] du schau einmal um dich und schau, dass ich dich nicht zufällig mit meinem Luftdruckgewehr erwische wie die Ratten wie sie mir immerzu entwischen und ich schieße und treffe dabei zufällig den Fahrer da und dich kann ich auch treffen

[380]

Sieben Jahre Haft für Vergewaltigung von Ehefrau

Online seit heute, 14.41 Uhr

Wegen Vergewaltigung seiner Ehefrau und schwerer Nötigung ist ein 44-jähriger Kärntner heute am Landesgericht Klagenfurt zu sieben Jahren Haft verurteilt worden. Er soll die Frau im Dezember 2019 über Nacht in der Wohnung festgehalten, mit einer Pistole bedroht und missbraucht haben.

[381]

Bei Schuss auf Ratten Lkw-Fahrer verletzt

Online seit heute, 11.56 Uhr

Eine Rattenplage auf einem Firmengelände in Enns (Oberösterreich) wollte ein 31-Jähriger gestern Abend mit seinem Luftdruckgewehr bekämpfen. Ein Abpraller eines Schusses erwischte jedoch einen Lkw-Fahrer und verletzte ihn leicht im Gesicht.

zu dem obligatorischen Streit vor der Tat gekommen war, konnte orf.at nicht eruieren.

[380] Am Landesgericht Klagenfurt (Kärnten) wurde ein 44-Jähriger wegen Vergewaltigung seiner Ehefrau und schwerer Nötigung zu sieben Jahren Haft verurteilt. Nachdem die Frau angekündigt hatte, dass sie sich scheiden lassen wolle, hielt der Mann ihr eine Pistole an die Schläfe, vergewaltigte sie mehrfach und quälte sie die ganze Nacht. Erst als er ihr am nächsten Tag erlaubte, ihre Tochter zur Tagesmutter zu bringen, konnte sie fliehen. Obwohl das Opfer die Aussage zurückzog, wurde der Täter mit der Begründung schuldig gesprochen, dass die anfänglichen Angaben der Frau glaubwürdig gewesen waren und auch die mehrfachen Wegweisungen auf eine erhöhte Gewaltbereitschaft hindeuten würden. Warum orf.at es erneut für nötig hält, davon zu berichten, dass die ‚Situation eskaliert' sei, kann nicht erklärt werden – schließlich macht das Beispiel mehr als deutlich, wer eskaliert ist und einer anderen

ja sicher so versehentlich und ungewollt dass es mir leid tut denn die Dummheit ist ja nicht Absicht oder was glaubst drum pass auf und schau ein bisschen auf dich selber denn ich tue es nicht[381] und bin ich auf Drogen und bin ich in der Folge ein Drogenlenker weil ich etwas lenke und mich die Kiwara nicht Hawara verfolgen und ich dann irgendwann rausspringe und zu Fuß weiterlaufe und dann alles recht spektakulär ausschaut, dann nennen die Journalistenkanalratten das filmreif hehe ich bin in einem Film drin mit meinen Drogen, die sie bei mir sicherstellen diese Sackerl und eigentlich wissen sie gar nicht, was da drin ist, aber sie glauben, dass es Heroin ist und wenn die das glauben dann wird es schon stimmen denn die kennen sich ja aus und es ist ziemlich leiwand das alles wie in einem Film halt denn das ist ja die Realität und das taugt den Ratten aka Journalisten aka Scheißtrotteln und sie erleben das alles mit mir mit und zittern in ihren Schreibhütten und schwitzen auf ihren Schreibtischen mit mit mir wo ich laufe da laufen sie im Journalistenkopf mit und wo ich keuche da keuchen sie mit mir und wo ich die Handbremse geil anziehe und um die Kurve schlittere da schlittern sie geil mit mir mit und fühlen die Gefahr und fühlen den Rausch und fühlen sich ganz und gar sehr nahe zu mir und nennen das dann filmreif denn sie haben ja einen Film dabei im Hirn laufen und ziehen sich diesen Film rein so wie ich mir die Drogen ja das denken sie und senken sich hinein[382] so hinein wie

Person massive Gewalt angetan hat. Vergewaltigung und geschlechtliche Nötigung in der Ehe oder Lebensgemeinschaft sind im Übrigen in Österreich erst seit der Sexualstrafrechtsreform 1989 strafbar.

Erneut zeigt diese Tat, wie gefährlich Trennungssituationen für Frauen sind.

[381] Eine Rattenplage mit einem Luftdruckgewehr zu bekämpfen, mag wohl nicht die allerklügste Idee sein, hielt jedoch einen 31-Jährigen nicht davon ab, in einem etwa 500 Quadratmeter großen Lagerraum aus einer Zeltplane auf die Ratten zu schießen. Ein Geschoss traf dabei den Fahrer eines in der Nähe geparkten Lkw und verletzte ihn im Gesicht.

[382] Als „filmreif" beschreibt orf.at eine Verfolgungsjagd in Favoriten (Wien), bei der ein Mann, der zwar keinen Führerschein besitzt, aber dafür vermutlich unter Drogen stand, versuchte, vor einer Polizeikontrolle zu fliehen. Als die Polizei ihn nach Abgabe von Schüssen schließlich stoppen konnte, fanden die

← ORF.at News

NDHEIT CHRONIK RELIG

Drogenlenker lieferte filmreife Verfolgungsjagd

Online seit heute, 16.25 Uhr

Ein Drogenlenker ist gestern Abend in Wien-Favoriten vor einer Polizeikontrolle geflohen. Er lieferte filmreife Szenen ab, fuhr auf die Gegenfahrbahn und gefährdete auch Passanten. Nach Abgabe von Schüssen konnte der flüchtige Lenker gestoppt werden.

[382]

[383]

18-Jährige in Zugstoilette vergewaltigt

Online seit heute, 9.00 Uhr

Auf einer Zugsfahrt nach Wiener Neustadt (Niederösterreich) ist eine 18-Jährige auf der Toilette vergewaltigt worden. Die junge Frau erstattete Anzeige, berichtete die Polizei heute. Ein 30-jähriger Verdächtiger wurde festgenommen.

ich dieses junge Mädchen in die Zug-Toilette reindränge und die dann vergewaltige und es wird nach mir gesucht und gefahndet nach mir[383] und bin ein rassistischer Kofferkopf so ein harassing Häusl ein Scheißhäusl ein vollgeschissenes Plumpsklo wo man reinscheißen

← ORF.at News
DIEN CHRONIK KULT

Rassistische Beleidigung: Opfer nach Prozess weiter attackiert

Online seit heute, 14.58 Uhr

Ein 56-jähriger Pensionist ist im Oktober in Kärnten wegen rassistischer Beleidigung der 22-jährigen Chantal Bamgbala vor Gericht gestanden und hat eine Diversion bekommen. Die junge Frau war bereit, sich zu einer Mediation mit ihm zu tr[…] er erschien nicht. Er beschimpft […] weiterhin.

[384]

nicht einmal mehr will weil es so voller Scheiße ist von oben bis unten zugeschissen dass der Sau graust beim Arsch bei sowas und werd dafür verurteilt und rassistiere und harasse dennoch gleich wieder und mache es wieder und lerne und lerne nicht und nichts ja wie denn auch denn wie kann denn ein Scheißhäusl etwas lernen wie kann denn ein Plumpsklo gescheiter werden ja das frage ich dich und du weißt es natürlich nicht[384] beabsichtigt

← ORF.at News
SCHAFT CHRONIK IT

Salzburger erschossen: Schuss soll sich gelöst haben

Online seit heute, 12.10 Uhr

Nach dem Tod eines Salzburgers vor rund zwei Wochen in Klagenfurt hat nun der 37-jährige Verdächtige, der in Untersuchungshaft sitzt, Angaben zum Hergang gemacht. Er sagte gegenüber den Ermittlern, dass sich ein Schuss irrtümlich aus einem Kleinkalibergewehr gelöst und den 39-Jährigen getroffen habe.

[385]

Beamt*innen neben gefälschten Ausweisen und gestohlenen Kennzeichen auch mehrere – vermutlich mit Heroin befüllte – Päckchen.

[383] Ein 30-Jähriger vergewaltigte eine 18-Jährige auf einer Zugfahrt nach Wiener Neustadt (Niederösterreich). Wie in Fußnote 74 bereits erwähnt, werden laut Statistik des Österreichischen Innenministeriums jedes Jahr an die 900 Vergewaltigungen zur Anzeige gebracht.

[384] Wenig einsichtig zeigte sich ein 56-jähriger Pensionist, der wegen einer rassistischen Beleidigung einer 22-Jährigen vor Gericht stand. Die Betroffene stimmte einer Mediation zu, zu der der Angeklagte allerdings nicht erschien. Stattdessen beleidigte er die junge Frau erneut. Dass orf.at den vollen Namen der Betroffenen in der Berichterstattung nennt, ist nicht nur ungewöhnlich, sondern vermutlich auch nicht im Sinne des Opferschutzes.

[385] Im Mordfall eines 39-Jährigen, der Anfang November erschossen wurde, gab der 37-jährige Verdächtige an, dass ein Unfall geschehen sei, bei dem sich ein Schuss irrtümlich aus einem Kleinkalibergewehr gelöst habe.

ist das da kann sich ja ein Schuss auch einfach lösen von meiner Puffen und das ist so in dem Fall und es erschießt wen [385] oder was ist eine Frage in diesem Deutsch in der Schule in die gehen wir noch und in unserer freien Zeit wo wir keine Hausübung im Haus machen müssen zu üben mit der Frage in Deutsch nach dem Wer oder Was da zünden wir Mülltonnen an und jetzt erwischen sie uns dabei blöd [386] wie blöd rase ich durch das Salzburg mit meinem Auto und ich bekomme eine Schlagzeile dafür ja eigentlich deswegen, weil ich erst sechzehn bin [387] ich mit meinem Baby unterwegs und werde überfallen nein es ist umgekehrt ich bin mit meinem Messer unterwegs und ich überfalle den Typen der ist mit seinem

CHRONIK

Wieder Müll in Brand: Jugendliche geschnappt

Die lange Serie von Mülltonnen-Bränden in der Stadt Salzburg hat sich in der Nacht auf Sonntag fortgesetzt. Die Polizei hat zwei Jugendliche im Alter von 14 und 15 Jahren als mutmaßliche Brandstifter festgenommen. Ob es noch Komplizen gibt, soll weiter ermittelt werden. Es geht auch um Einbrüche.

[386]

t News

CHRONIK KULT

16-Jähriger mit Auto durch Salzburg gerast

Online seit heute, 12.40 Uhr

In Salzburg hat die Polizei gestern einen 16-jährigen Raser aus dem Verkehr gezogen. Der Bursche war mit dem Auto des Vaters eines gleichaltrigen Freundes auf der Alpenstraße mit 135 km/h statt der dort erlaubten 70 km/h unterwegs.

[387]

ORF.at News

ORT CHRONIK

Mann mit Baby in Oberösterreich überfallen

Online seit heute, 16.01 Uhr

Einen Riesenschreck hat ein 34-jähriger Linzer gestern in Leonding in Oberösterreich erlitten. Der Mann ging mit seiner kleinen Tochter im Kinderwagen spazieren, als er von zwei Unbekannten überfallen wurde.

[388]

[386] In Salzburg wurden zwei Jugendliche im Alter von 14 und 15 Jahren wegen mehrerer Einbrüche und Mülltonnen-Brände festgenommen.

[387] Mit 135 km/h statt der erlaubten 70 war in Salzburg ein 16-Jähriger mit dem Auto des Vaters eines gleichaltrigen Freundes unterwegs, wurde jedoch von der Polizei aufgehalten.

[388] Zwei Unbekannte überfielen in Leonding (Bezirk Linz Land) einen 34-Jährigen, der mit seiner kleinen Tochter spazieren gehen wollte.

[389] Mehr als 20 Verkehrsdelikte beging ein 14-jähriger Autofahrer in Donaustadt (Wien), bis ihn die Polizei nach einer Verfolgungsjagd aufhalten konnte. Im Auto wurde zudem eine verbotene Waffe (Schlagring) sichergestellt.

Kinderwagen darin seine Tochter unterwegs und bedrohe den und das ist schon ungewöhnlich, dass ein Mann mit einem Baby unterwegs ist und dass er dann mit einem Messer bedroht wird ja ist man denn in diesem Land überhaupt nicht mehr sicher egal was man ist und womit man unterwegs ist [388] und da kann ich noch eins draufgeben mit meinen vierzehn Jahren bin ich mit einem Auto unterwegs und hetze damit den Kiwaran nicht Hawaran auf und davon [389] mache ich mich gleich nochmal und das auf der Autobahn und glaube wirklich und echt, dass ich damit durchkomme und dass das geht einfach davon zu fahren und nie mehr zurück zu kommen und damit durch zu kommen [390] ja was man nicht alles machen kann mit diesen neuen Geräten und wir wissen es und wir tun es auch und machen dass Fiktives so sei wie Reales und vielerlei Leut haben ja keine Ahnung, was da alles geht und noch gehen wird in Zukunft starten wir das an denn es ist möglich dies auch anzustarten sich auszuarten in der Arten Geheisch und das meint auch die Künste mit Art da wie eine Hinrichtung das Hingerichtete und groß ist der Schrei auf das und die Nähe zu Terror sagen sie und wie nahe bin ich der ich echt bin und bin ich echt oder nicht ja das frage ich mich

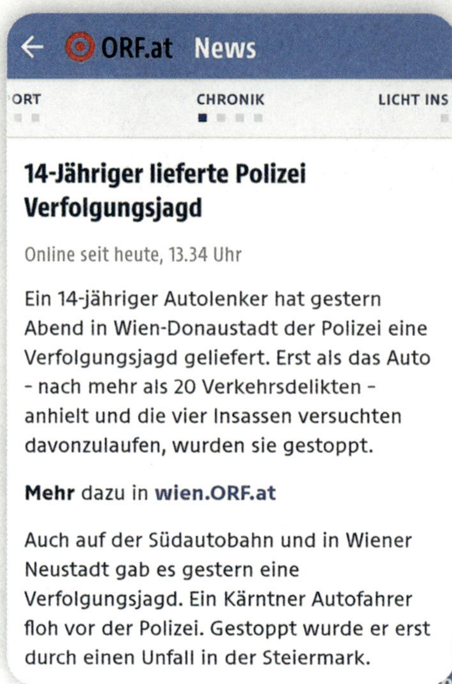

14-Jähriger lieferte Polizei Verfolgungsjagd

Online seit heute, 13.34 Uhr

Ein 14-jähriger Autolenker hat gestern Abend in Wien-Donaustadt der Polizei eine Verfolgungsjagd geliefert. Erst als das Auto - nach mehr als 20 Verkehrsdelikten - anhielt und die vier Insassen versuchten davonzulaufen, wurden sie gestoppt.

Mehr dazu in **wien.ORF.at**

Auch auf der Südautobahn und in Wiener Neustadt gab es gestern eine Verfolgungsjagd. Ein Kärntner Autofahrer floh vor der Polizei. Gestoppt wurde er erst durch einen Unfall in der Steiermark.

[389 & 390]

[390] Erst durch einen Unfall wurde ein Autofahrer gestoppt, der auf der Südautobahn (A2) vor der Polizei flüchten wollte und sich dabei eine Verfolgungsjagd mit den Beamt*innen lieferte. Bei der Kollision mit einem Dienstfahrzeug verletzte er sich selbst.

Anzeige nach gespielter Hinrichtung

Online seit heute, 13.56 Uhr

In Pottendorf in Niederösterreich hat die Polizei ein aufsehenerregendes Handyvideo sichergestellt. Darauf zu sehen ist, wie Jugendliche eine Hinrichtung nachstellen. Das Video dürften die Teenager einen Tag nach dem Terroranschlag in Wien aufgenommen haben.

[391]

[391] Jene Jugendlichen, die in Pottendorf (Bezirk Baden) ein Handyvideo gedreht hatten, in dem sie eine Hinrichtung nachstellten, erklärten gegenüber einer Boulevard-Zeitung, dass es sich um einen Scherz gehandelt habe und derartige Clips in ihrer Kultur „völlig normal" seien. Grund genug für die lokale FPÖ, mit Rassismus zu reagieren und „sofortige Abschiebungen" sowie eine Einrichtung einer Unterkunft „genau für

auch des Öfteren und du vermutlich auch jetzt da du von mir liest und dich fragst, was denn da los ist auf jeden Fall eine Anzeige[391] schreckt uns nicht ab und wir gehen hin an den Mann der ist ohne Obdach gleich zwei Mal

CHRONIK

Obdachloser erneut beraubt und verletzt

Zum zweiten Mal innerhalb von weniger als 24 Stunden ist im Grazer Bezirk Lend am Donnerstag ein Obdachloser beraubt worden. Beim Versuch sich zu wehren wurde ihm eine Stichverletzung zugefügt. Ein Arzt bemerkte den Überfall und leistete Erste Hilfe.

Online seit heute, 7.45 Uhr Teilen

Gegen 21.00 Uhr sprachen zwei Unbekannte den 49-Jährigen in der Annenstraße an und verlangten sein Bargeld. Der Obdachlose weigerte sich, es ihnen zu geben und versuchte zu flüchten. Doch die Täter verfolgten den Mann, hielten ihn fest und begannen damit, ihn zu durchsuchen.

[392]

sind wir an ihm dran und lassen nicht ab und an und wollen ihn ausrauben und drohen ihm und stechen dann auf ihn ein auf den, der nichts hat,

ORF.at News

CHRONIK LIFEST

welierraub: Pink-Panther-Mitglied urteilt

ne seit heute, 12.36 Uhr

er als Mitglied der berüchtigten Pink-ther-Bande an fünf Raubüberfällen auf ner Juweliergeschäfte beteiligt war, hat ein 27-Jähriger heute am Wiener desgericht verantworten müssen. Er te eine fünfjährige Zusatzstrafe aus.

[393]

denn wer hat, dem wird gegeben, wer aber nichts hat, dem wird auch noch das, was er nicht hat, weggerissen, ausgezogen, herausgesogen zu nehmen eben alles Nichts von dem steht ja schon in der Bibel auch drin nicht wahr[392] werd ich verurteilt weil ich bei den rosaroten Panthern bin und ein paar Klunker

[394]

Brand vorgetäuscht: Unbekannter überfiel 83-Jährige

Online seit heute, 17.52 Uhr

Eine 83-Jährige wurde heute Früh in ihrer Wohnung in Saalfelden (Salzburg) von einem Unbekannten überfallen. Der Täter läutete an der Wohnungstür der betagten Frau und täuschte vor, dass es brennen würde. Als die panische Frau die Tür öffnete, drängte sie der bewaffnete Mann in die Wohnung.

solche Fälle von jugendlichen Asylwerbern" zu fordern. In seinem Rundumschlag behauptete FPÖ-Landesrat Gottfried Waldhäusl zudem, dass „spielerische Hinrichtung von heute der Terroranschlag von morgen" sei. Wenngleich außer Frage steht, dass die Jugendlichen sich taktlos verhalten haben und Hinrichtungen kein Thema sind, das sich mit Spaß verbinden lässt – schon gar nicht so kurz nach einem Terroranschlag –, können Abschiebungen keine Lösung sein. Gewalttätige Männlichkeiten stellen überall auf der Welt ein Problem bzw. eine Gefahr für andere Menschen dar, egal mit welcher Ideologie sie verbunden sind und legitimiert werden. Insofern lässt sich auch Terrorismus nicht mit Abschiebungen bekämpfen.

[392] In Graz (Steiermark) wurden weitere Fälle von Obdachlosenfeindlichkeit bekannt, nachdem innerhalb eines Tages ein auf der Straße lebender Mann gleich zwei Mal ausgeraubt worden war. Als er sich gegen den zweiten Überfall wehrte, fügten ihm die unbekannten Täter eine Stichverletzung zu.

[393] Am Wiener Landesgericht musste sich ein Mitglied der sogenannten Pink-Panther-Bande für fünf Überfälle auf Juweliergeschäfte

ORF.at News

LAND · COV INLAND · INLA

Polizei löste Treffen mit FPÖ-Politiker auf

Online seit heute, 17.06 Uhr

Ein Polizeieinsatz in Kaumberg (Bezirk Lilienfeld) hat gestern für Aufregung gesorgt. Zwei Beamte lösten laut Kronen Zeitung ein Treffen von neun Personen in einem Lokal auf, darunter FPÖ-Politiker Christian Hafenecker. Die Anwes[…] wurden angezeigt.

[395]

geraubt
hab [393]
dann
mach ich
es so,
dass die

17:29

ORF.at News

SCHAFT · CHRONIK · KULT

Jugendliche als mutmaßliche Serientäter

Online seit heute, 17.05 Uhr

Drei Jugendliche aus Osttirol sind von der Polizei als mutmaßliche Einbrecher geschnappt worden. Dem Trio werden eine ganze Reihe von Straftaten vorgeworfen. Bei ihren Taten machten die Jugendlichen Beute im Wert eines fünfstelligen Eurobetrages.

glaubt, es brennt
und raub sie
dann aus [394] und
weil ich mein
Messer raushol
im Park da werd
ich also vor der
Menschheit
geradestehen
müssen [395] mit
dem Butter-
messer kann
man auch
einiges erwirken
ja das weiß ich
und versuche es
auch ob im Häfn drin oder nicht [396] so
ein Krampusnigel wie ich der darf sich
schon ein bisschen mehr herausnehmen
als der 0815-Durchschnittsmensch und
das tue ich
auch und so
ein Kiwara
nicht Hawara
ist schneller
weggefegt
mit meinem
Krampusbesen
mit dieser
Rute ja so
schnell kannst
gar nicht
schauen ist da

[396]

11:45

ORF.at News

SCHAFT · CHRONIK · KULT

Krampus ging auf Polizisten los

Online seit heute, 11.29 Uhr

Ein Krampus muss wegen Widerstands gegen die Staatsgewalt mit einer Anzeige rechnen. Der 19-Jährige war gestern Abend in Längenfeld im Ötztal in Tirol mit der Rute auf Polizeibeamte losgegangen, ehe er flüchtete. Als ihn die Polizisten fanden, wurde er abermals aggressiv und flüchtete wiederum.

[398]

[397]

in Wien verantworten. Dabei wurde der 27-Jährige zu einer fünfjährigen Zusatzstrafe verurteilt.

[394] Unter dem Vorwand, dass es ein Feuer geben würde, drang ein Unbekannter in die Wohnung einer 83-Jährigen in Saalfelden (Pinzgau) ein und raubte sie aus.

[395] Am Straflandesgericht in Wien wurde ein 15-Jähriger zu viereinhalb Jahren Haft verurteilt, weil er einen 43-Jährigen mit einem Messer angegriffen hatte und ihm dabei nicht nur Teile der Ohrmuschel, sondern auch eine Strecksehne abtrennte.

[396] Selbst Buttermesser werden von Männern als Waffen eingesetzt, wie beispielsweise die Attacke auf einen Justizwachebeamten durch einen Häftling in der Justizanstalt Stein (Bezirk Krems) beweist.

[397] Ein 19-jähriger Krampus ging in Längenfeld im Ötztal (Tirol) mit der Rute auf Polizeibeamt*innen los. Zwar versuchte er zu flüchten, als er aber von der Polizei gefasst wurde, gelang ihm schlussendlich erneut die Flucht – durch einen Sprung in einen zugefrorenen Bach.

[398] Die Liste an jugendlichen Autofahrern, die sich mit der Polizei Verfolgungsjagden liefern, will nicht enden. In

MARION KIRK
DAN NORTH

14-Jähriger lieferte Verfolgungsjagd mit Polizei

Online seit heute, 18.18 Uhr

Ein 14-jähriger Pkw-Lenker hat sich heute in der Grazer Innenstadt eine wilde Verfolgungsjagd mit der Polizei geliefert. Verletzt wurde niemand.

[399]

ORF.at News

ENCE CHRONIK KULT

Kärntner köderte Mädchen für Sexvideos: Festnahme

Online seit heute, 15.31 Uhr

Ein 26 Jahre alter Mann aus Villach in Kärnten ist festgenommen worden, weil er im Verdacht steht, seit zumindest Anfang 2020 unzählige Mädchen für die Anfertigung von Videos mit sexuellem Inhalt kontaktiert zu haben. Bisher konnten 16 Opfer ermittelt werden, mit sieben von ihnen soll der Mann Videos mit sexuellem Inhalt gedreht haben. Das jüngste Opfer war zwölf Jahre alt.

CHRONIK

Vater drohte eigener Familie: Cobra-Einsatz

Ein 42-Jähriger hat am Montag im Bezirk Ried im Innkreis einen Großeinsatz der Polizei ausgelöst. Seine 16-jährige Tochter hatte die Polizeiinspektion Obernberg alarmiert und geschildert, dass ihr Vater gedroht habe, die Familie auszulöschen.

zammgeräumt wie du merkst ist bereits Dezember und zammgeräumt auch hier demnächst gehleck [397] wieder eine Verfolgungsjagd mit Kiwaran nicht Hawaran und ich bin vierzehn Jahre alt [398] so junge fische ich mir dann halt Mädchen für meine Videos und das bringt mich jetzt dahin dass sie mich nehmen ganz fest heran zu sich auch mit ein paar Gittern [399] und so ich also drohe meiner Familie dieser drohe mit ihrer Auslöschung nun da kommt dann die Cobra daher denn das geht nicht so geht das nicht [400] dass ich mich erweitere und entgrenze über mein Grundstück über meine Grenzen über mein Haus hinaus und schieße und scheiße das Nachbarhaus samt der ganzen Menschheit mit mir und meinem Sein zu das sich aus mir hinausbegeben will mit allem samt

GERICHT

Schüsse auf Nachbarhaus: Prozess gegen Ex-FPÖ-Politiker

Am Landesgericht Salzburg beginnt am Mittwoch der Prozess gegen einen Ex-FPÖ-Gemeindepolitiker aus dem Flachgau: Der 58-Jährige soll von seiner Wohnung aus Schüsse auf ein Nachbarhaus und ein geparktes Auto abgegeben haben. Es war nicht der erste derartige Zwischenfall.

Grazer Synagogenangriff: Täter zurechnungsfähig

Online seit heute, 10.12 Uhr

Jener 31-Jährige, der Angriffe gegen die jüdische Gemeinde in Graz und andere Einrichtungen verübt haben soll, ist laut einem psychiatrischen Gutachten zurechnungsfähig, zudem wurde die U-Haft gegen den Mann verlängert.

Mehr dazu in **steiermark.ORF.at**

Graz (Steiermark) wurde erneut ein 14-jähriger Pkw-Lenker von der [400]
Polizei gestoppt.

[399] Ein weiterer sexueller Missbrauchsfall wurde in Villach (Kärnten) bekannt, wo ein 26 Jahre alter Mann zahlreiche Mädchen und junge Frauen auf Social Media-Kanälen kontaktiert hatte, um mit ihnen Videos mit sexuellem Inhalt zu drehen, die er anschließend auf
[401] Fetischplattformen verkaufte. Den Mädchen bot er dafür 3.000 Euro an, zumeist erhielten sie jedoch lediglich 20.

[400] Ein weiterer Fall von Morddrohungen von Männern gegen Familienangehörige wurde im Bezirk Ried im Innkreis (Oberösterreich) bekannt. Ein

[402]

meiner scharfen Kugeln ja die schieße ich so gern ab aus mir und von mir und durch mich vom Balkon [401] und wo ich da die Synagoge und den Chef von dieser angegriffen da sprechen sie mir jetzt die Fähigkeit zum Zurechnen ab und sagen dass ich nicht bin fähig zu rechnen wie der Mensch rechnet bin ich also das nicht [402] dann drohe ich dem Bundespräsidenten und gehe als Folge zwei Jahre in Haft [403] dann steche ich auf meinen schlafenden Bruder ein und gehe als Folge in eine Anstalt für geistig abnorme Rechtsbrecher [404] dann lagern wir

ORF.at News

NDHEIT CHRONIK KULT

Prozess wegen Drohung gegen Bundespräsident gestartet

Online seit heute, 13.32 Uhr

Ein ungewöhnlicher Fall wird heute in Graz verhandelt: Ein Häftling hatte an den Bundespräsidenten einen Brief geschrieben, in dem er die Begnadigung seines Zellengenossen einforderte. Dabei drohte er auch mit Terroranschlägen.

[403]

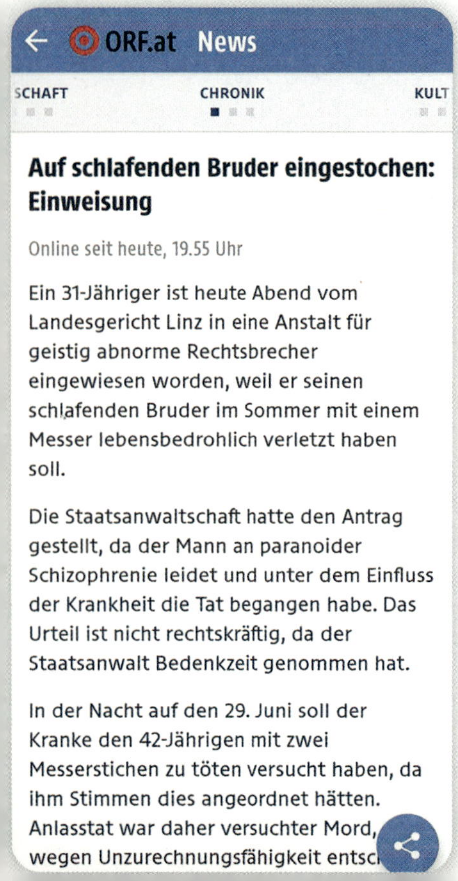
ORF.at News

SCHAFT CHRONIK KULT

Auf schlafenden Bruder eingestochen: Einweisung

Online seit heute, 19.55 Uhr

Ein 31-Jähriger ist heute Abend vom Landesgericht Linz in eine Anstalt für geistig abnorme Rechtsbrecher eingewiesen worden, weil er seinen schlafenden Bruder im Sommer mit einem Messer lebensbedrohlich verletzt haben soll.

Die Staatsanwaltschaft hatte den Antrag gestellt, da der Mann an paranoider Schizophrenie leidet und unter dem Einfluss der Krankheit die Tat begangen habe. Das Urteil ist nicht rechtskräftig, da der Staatsanwalt Bedenkzeit genommen hat.

In der Nacht auf den 29. Juni soll der Kranke den 42-Jährigen mit zwei Messerstichen zu töten versucht haben, da ihm Stimmen dies angeordnet hätten. Anlasstat war daher versuchter Mord, wegen Unzurechnungsfähigkeit entsc

[404]

Mann, der im Besitz mehrerer Waffen war, drohte damit, „die Familie auszulöschen". Sowohl Polizei als auch orf.at framen die Tat als „Familienstreit", und beschreiben, dass „die Situation eskaliert" sei. Dass orf.at zudem damit titelt, dass der Mann der „eigenen Familie" drohte, suggeriert, dass es schlimmer sei, wenn es eine andere Familie getroffen hätte bzw. die Betroffenen nicht in Beziehung zum Täter gestanden hätten.

[401] Einer Verurteilung entging jener FPÖ-Politiker, der 2019 im Flachgau (Salzburg) mit einer Pistole auf das Nachbarhaus und -auto geschossen hatte, der daher sein Gemeindemandat zurücklegen musste und aus der FPÖ ausgeschlossen wurde. Durch die Zahlung von 1.200 Euro wurde das Verfahren eingestellt.

[402] Jener 31-Jährige, der den Präsidenten der Jüdischen Gemeinde Graz (Steiermark), Elie Rosen, mit einem Holzprügel vor dem jüdischen Gemeindehaus angegriffen (siehe Fußnote 254), bei der Synagoge Scheiben zerschlagen und Mauern beschmiert sowie beim schwul-lesbischen Verein Rosalila PantherInnen Schaufenster eingeschlagen hatte, wurde für zurechnungsfähig erklärt. Die unterschiedlichen Angriffsziele verdeutlichen, dass Antisemitismus und Homo-Bi-Transfeindlichkeit oft eng beieinander liegen und in der mutmaßlichen Ideologie des Täters auf intersektionale Weise miteinander verwoben sind.

[403] Am Straflandesgericht in Graz (Steiermark) wurde ein 23-Jähriger zu zwei Jahren Haft verurteilt, weil er in einem Brief an den Bundespräsidenten die Begnadigung eines Zellengenossen mit der Androhung von Terroranschlägen

rechtsextremes Netzwerk fein Waffen wie Maschinengewehre so Uzis in Massen und Munition und Sprengstoff obendrauf gedacht als Basis der rechtsradikalen Miliz wie wir sie sind und sie heben das aus und freuen sich und wir freuen uns nicht mehr [405] wobei wir uns dann doch gleich wieder freuen mein Spezl und ich hauen uns in ein Freilichtmuseum rein und wüten und pracken und hacken und zerstören dort und hauen kaputt von A bis Z alles was wir finden und was nur geht hehe und als Folge werden wir angezeigt [406] dann töte ich meine hochschwangere Geliebte was da ist Mord und Schwangerschaftsabbruch und als Folge erhalte ich lebenslange Haft [407]

RECHTER TERROR

Waffenlager in Österreich für deutsche Miliz

Die Dimensionen haben selbst die Ermittler überrascht: Die Wiener Polizei deckte ein Netzwerk zwischen Organisierter Kriminalität, rechtsextremer Szene und Waffenhandel auf. Mit Geld aus Drogenhandel wurden Waffen beschafft, die für Deutschland bestimmt waren. Dort sollte laut Innenminister Karl Nehammer (ÖVP) eine „rechtsradikale Miliz" aufgebaut werden.

[405]

arlberg ORF.at

CHRONIK

Museum verwüstet: Zwei Verdächtige ausgeforscht

Nach den Verwüstungen im Alamannen Museum in Mäder hat die Polizei zwei Verdächtige ausgeforscht. Ein 18-Jähriger und ein 19-Jähriger sollen sich in alkoholisiertem Zustand Zugang zu dem Haus verschafft und sich ein paar Stunden

[406]

ORF.at News

CHAFT CHRONIK RELIG

Mord an Schwangerer: OGH bestätigt Urteil

Online seit heute, 16.35 Uhr

Der Oberste Gerichtshof (OGH) hat das Urteil im Mordprozess in Kärnten bestätigt. Jener Familienvater, der seine schwangere Geliebte in Feffernitz (Kärnten) getötet haben soll, ist laut OGH schuldig. Der Schuldspruch ist damit rechtskräftig, jetzt

[407]

gefordert hatte. Im Prozess führte der Angeklagte aus, dass sein Mithäftling, der eine neunjährige Freiheitsstrafe zu verbüßen hat, ihm den Brief und das Einfügen von Anschlagsandrohungen diktiert hätte, um das Schreiben „realistischer" klingen zu lassen.

[404] Ein 31-Jähriger, der im Sommer zwei Mal auf seinen schlafenden Bruder eingestochen und ihn dabei schwer verletzt hatte, gab vor Gericht an, dass er schon seit längerem Stimmen höre, „die

Bewaffneter überfiel Tankstelle

Online seit heute, 9.40 Uhr

In Leonding (Bezirk Linz-Land) ist gestern Abend eine Tankstelle überfallen worden. Laut Polizei zückte der Täter vor der Angestellten eine Pistole und bedrohte sie damit. Dann nahm sich der Unbekannte selbst Geld aus der Kassa und flüchtete.

[408]

[409]

ORF.at News

SCHAFT CHRONIK KULT

Pensionisten in Kärnten zum Drogenanbau angestiftet

Online seit heute, 15.26 Uhr

Bei der Durchsuchung des Wohnhauses eines 66 Jahre alten Pensionisten in Villach (Kärnten) hat die Polizei Cannabiskraut und Suchtgiftutensilien gefunden. Der Mann gab an, von einem 65 Jahre alten Pensionisten zum Anbau von Cannabis angestiftet worden zu sein. Der 65-Jährige wurde verhaftet.

Streit zwischen Vater und Sohn über „Kinderzimmer"-Party

Online seit heute, 18.55 Uhr

In einem Haus in St. Veit an der Glan in Kärnten hat der Vater eines 18 Jahre alten Sohnes gestern eine Privatparty im „Kinderzimmer" abgebrochen. Weil er und sein Sohn wegen dieses Vorfalls in Streit gerieten, musste die Polizei einschreiten.

dann überfalle ich eine Tankstelle mit meiner Pistole und als Folge verfolgen sie mich jetzt [408] dann stifte ich Pensionist einen anderen Pensionisten an zum Drogenanbau und als Folge kommt die Cobra und forscht auch noch andere aus, denen wir das Zeug geschenkt haben zum Rauchen unentgeltlich [409] dann veranstalte ich eine Party mit Cannabis in meinem Kinderzimmer und mein Vater kommt und schmeißt alle raus und wir streiten uns und als Folge kommt die Polizei und schlichtet und durchsucht mein Zimmer und findet Cannabisreste und eine Cannabismühle haha was ist denn das bitteschön da merkt man dass die Kanalratten von Journalisten tunlichst bedenken, dass ihre Seite nur von Leuten im Pensionsalter konsumiert wird und diese nicht wissen können, was denn ein Grinder ist infolgedessen sie das Werkzeug Cannabismühle nennen und an diesem Wort eigentlich vor Lachen und Weinen sofort und auf der Stelle ersticken müssten zumindest vor

[411]

ORF.at News

ORT CHRONIK KULT

Zwölf Jahre Haft für 13-fachen Mordversuch in Wien

Online seit heute, 16.00 Uhr

Kurz vor seiner Delogierung soll ein 61-Jähriger im Juli in Ottakring versucht haben, eine Gasexplosion in seiner Wohnung herbeizuführen. Heute ist er vor Gericht nicht rechtskräftig zu zwölf Jahren Haft wegen mehrfachen Mordversuchs verurteilt worden.

ihn beauftragen, Dinge zu tun".
Er wurde daher vom Landes- [410]
gericht Linz (Oberösterreich) in eine Anstalt für geistig abnorme Rechtsbrecher*innen eingewiesen.

[405] Im Zuge von Razzien bei Mitgliedern eines Netzwerks aus organisierter Kriminalität, rechtsextremer Szene und Waffenhandel stellte die Wiener Polizei 76 automatische bzw. halbautomatische Waffen, 14 Faustfeuerwaffen und dazugehörige Munition, Sprengstoffe wie TNT und Hexogen-Sprengstoff, Bargeld und eine umfangreiche Sammlung von Wehrmachtsgegenständen, Waffenstützen und Gewehrscheinwerfern sicher. Die Waffen waren mit Erlösen aus dem Drogenhandel gekauft worden und sollten für den Aufbau einer rechtsextremen Miliz in Deutschland eingesetzt werden. Auch in Österreich sollte eine kampfbereite neonazistische Gruppe als Teil des internationalen Neonazi-Netzwerks „Europäische Aktion" aufgebaut werden. In einem Container sowie in einer Lagerhalle in Niederösterreich waren die Waffen, Munition und Sprengstoff gehortet worden. Parallel zur Aktion in Österreich

Schmach und Schande im Boden versinken und aus Ehr- und Standesbewusstsein gegenüber des heiligen Berufs des Berichterstatters sich am nächsten Baum aufhängen nun einen Schlagring finden sie auch noch bei mir dazu und jetzt sprechen sie ein Waffenverbot aus weil der Schlagring eine gefährliche Waffe ist[410] hey mir steht einiges bis zum Hals und ich komme mit nichts mehr nach zu zahlen und es heißt Delogierung und ich versuche des Öfteren mit Gas mir einen Ausweg zu finden und diesen Ausweg suche ich dreizehn Male und beachte dabei nicht, dass ich dabei auch andere in den Tod mitreißen könnte und in der Folge muss ich für diese Versuche und die Scheiße, die mir bis zum Halse steht, für zwölf Jahre weg aus dem Leben und aus der Freiheit und nachdem ich schon sechsundsechzig bin und die Lebenserwartung soundso hoch, kann ich mir ausrechnen, dass ich die Welt nicht mehr sehe in diesem Leben ja das ist so[411] mit meinen Freunden in der Wohnung haben wir Spaß ja das haben wir und ich mach mir einen Jux und schieße mit der Schreckschusspistole aus dem Fenster und denke mir nicht viel dabei warum denn auch[412] als ÖVPler muss man sich auch an Gesetze halten und ich vergewaltige halt meine Mitarbeiterin und das gleich drei

kam es in Deutschland zu zwei Festnahmen, bei der große Mengen Drogen beschlagnahmt wurden.

[406] Zwei Jugendliche im Alter von 18 und 19 Jahren brachen in alkoholisiertem Zustand in das Alemannen-Museum in Mäder (Voralberg) ein und verbrannten dort fast das gesamte Inventar in der Feuerstelle des Hauses.

[407] Der Oberste Gerichtshof (OGH) hat das Urteil in einem Prozess wegen eines Femizids, bei dem 2019 ein damals 35-Jähriger seine schwangere Geliebte in Feffernitz (Kärnten) mit einer Kombination aus stumpfer Gewalt, vor allem gegen den Kopf, und Ertränken in der Badewanne getötet hatte, bestätigt.

[408] Im Zuge eines Überfalls auf eine Tankstelle in Leonding (Bezirk Linz-Land) bedrohte der Täter die Angestellte mit einer Pistole und erbeutete Geld aus der Kasse.

[409] Never too old for drugs. Nachdem die Polizei bei einem 66-Jährigen in Villach (Kärnten) „Cannabiskraut und Suchtgiftutensilien" sichergestellt hatte, beschuldigte er einen gleichaltrigen Mann, von diesem angestiftet worden zu sein, Cannabis anzubauen.

[410] Nachdem ein 18-Jähriger in St. Veit/Glan (Kärnten) im elterlichen Haus eine Party

CHRONIK

20-Jähriger feuerte mit Waffe aus Fenster

Einen Großeinsatz der Polizei hat am Sonntagnachmittag ein 20-Jähriger in Brigittenau ausgelöst. Er feuerte mit einer Schusswaffe aus dem Fenster seiner Wohnung. Wega-Beamte konnten den jungen Mann festnehmen. Verletzt wurde niemand.

[412]

CHRONIK

Politiker wegen Vergewaltigung vor Gericht

Ein oberösterreichischer Landtagsabgeordneter der ÖVP steht ab 14. Jänner wegen mehrfacher Vergewaltigung, sexueller Belästigung und Verleumdung vor Gericht. Der Politiker, für den die Unschuldsvermutung gilt, bestreitet die Vorwürfe.

[413]

Mal und zeige sie dann, weil sie mich anzeigt, wegen Verleumdung an und muss mich dennoch vor Gericht jetzt anschuldigen lassen von dieser und muss prozessieren, ich armes ÖVPlein kleines ÖVPlilein das ist ja zum Speibilein mit so Schweindilein wie mir da muss ich ja mir ja selbst gleich eine reinbetonieren von vorne und hinten damit es gerecht ist vor dem Herrn[413] denke ich mich als was ich will und jetzt denke ich mich als Arzt und muss dafür nicht studiert haben diese Medizin und diese ganze lustige Auslegungssache denn ich kann auch einfach sagen, dass ich ein Arzt bin und bin dann auch ein solcher und das auch noch spezialisiert auf die Frauenheilkunde fix betäube dann die Frauen ganz lässig und raube sie dann aus[414] soll es mit diesen Kiwaran nicht Hawaran sein und schieße auf diese hin mit meiner Puffen es ist eine Schrotflinte und die hat schon eine Kraft das kennst du aus den Filmen[415] so wie Vergewaltigung und schwere sexuelle Misshandlung wie ich sie als Reitlehrer tue ist es freilich völlig irrelevant welch Berufliches

CHRONIK

Falscher Arzt betäubte und beraubte Frauen

Die Polizei hat einen 37-Jährigen festgenommen, der sich im Bezirk Wiener Neustadt als Frauenarzt bzw. Chirurg ausgegeben haben soll. Er soll zwei Frauen betäubt und anschließend beraubt haben. Die Polizei vermutet weitere Opfer.

[414]

ORF.at News

ORT CHRONIK KULT

Mit Schrotflinte auf Polizisten geschossen

Online seit heute, 10.05 Uhr

In Empersdorf im Bezirk Leibnitz in der Steiermark hat ein 51-Jähriger mit einer Schrotflinte durch ein geschlossenes Fenster auf Polizisten geschossen. Verletzt wurde niemand, der Mann wurde von der Cobra festgenommen.

[415]

veranstaltet hatte, die von seinem Vater abgebrochen wurde, musste am darauffolgenden Tag die Polizei einschreiten, um eine Auseinandersetzung zwischen Vater und Sohn zu schlichten. Dabei fanden die Beamt*innen Cannabis und eine verbotene Waffe.

[411] Jener Mann, der kurz vor seiner Delogierung versucht hatte, eine Gasexplosion in seiner Wohnung hervorzurufen (siehe Fußnote 209) wurde wegen mehrfachen Mordversuchs zu zwölf Jahren Haft verurteilt.

[412] In Brigittenau (Wien) schoss ein 20-Jähriger mit einer Waffe aus dem Fenster seiner Wohnung. Wie so oft hatte sich der junge Mann nichts dabei gedacht und zum Spaß aus dem Fenster gefeuert. Zur Erinnerung: Erst vor wenigen Wochen hatte der Terroranschlag in Wien stattgefunden.

[413] Nachdem sich die Vorwürfe gegen einen Landtagsabgeordneten der ÖVP, eine Mitarbeiterin zwischen 2014 und 2016 drei Mal vergewaltigt und zwei Mal sexuell belästigt zu haben, konkretisierten, gab der Angeklagte seinen Rücktritt bekannt. Das Beispiel macht wiederum deutlich, dass sexualisierte Gewalt von Männern aus allen gesellschaftlichen Schichten und mit allen Bildungshintergründen begangen wird. Die zentrale Gemeinsamkeit fast aller Taten besteht

mich beschäftigt lediglich zur bildhaften Ausschmückung verschissener Gedanken dieser Nachrichtenkonsumentinnenschaft ja dass dies hier und jetzt ins Treffen geführt bin ich weggenommen aus der Freiheit für der Jahre es sind fünfeinhalb [416] nun haue und schlage und verdresche trete prügle sie und schenke dieser meiner Frau ein was geht und was geht das ist viel und sie stirbt verstirbt an mir und an meinem Körper und an meinen Fäusten und Füßen und an meinem ausgewaschenen Schädel und meinen unfertigen losen Zuständen ja sie stirbt an mir der ich nicht bin wie der Mensch zu sein eigentlich ist es eine bodenlose Frechheit und dass ich noch immer hier stehe und nicht längst schon wer von euch [416]
aufgestanden und diese Geschichte diese schlechte Episode von Sein beendet und mich unmittelbar erschlagen und mich hinfort geräumt mich niedergestochen niedergeschlagen oder niedergeflascht ja das frage ich mich schon und ich frage auch euch was denn da los wo wir denn da angekommen sind jetzt [417] wenn mein Freund nicht abhebt in der Nacht und ich voll fett bin dann ruf ich den Notruf und das gleich hundert Mal in der einen Nacht ja das geht du siehst es ja dass das geht [418] nicht alles und nur weil wir

Reitlehrer wegen Vergewaltigung vor Gericht

Online seit heute, 14.53 Uhr

Wegen vierfacher Vergewaltigung und schwerer sexueller Misshandlung steht seit heute in Graz ein Reitlehrer vor Gericht. Insgesamt soll er über neun Frauen hergefallen sein. Der 56-Jährige ist geständig.

vielmehr darin, dass sie von Männern verübt werden, die meist in einer sozialen Beziehung, wenn nicht gar Autoritätsverhältnissen oder Machtpositionen zu den Opfern stehen.

[414] Ein 37-Jähriger, der sich auf Internet- bzw. Dating-Plattformen mit den Pseudonymen Dr. Prokop und Dr. Senner als Frauenarzt und Chirurg ausgegeben hatte, um Kontakt zu Frauen aufzunehmen, wurde von der Polizei festgenommen. In mindestens zwei Fällen hatte er Frauen betäubt und anschließend ausgeraubt.

[415] Ein 51-Jähriger schoss mit einer Schrotflinte durch ein geschlossenes Fenster auf Polizist*innen, die seine Tochter auf seinen Wunsch hin gerufen hatte, weil er dachte, dass jemand um ihr Haus in Empersdorf im Bezirk Leibnitz herumschleichen würde.

[416] Ein 56-jähriger Reitlehrer wurde wegen vierfacher Vergewaltigung und schwerer sexueller Misshandlung an neun Opfern zwischen zwölf und 17 Jahren in Graz

Frau nach Gewalt gestorben, Lebensgefährte verdächtigt

Online seit heute, 16.00 Uhr

Eine Ende November in Bregenz schwer verletzt aufgefundene 37-jährige Frau ist inzwischen an den Folgen von Gewalteinwirkung gestorben. Des Tötungsdeliktes verdächtig ist laut Polizei der Lebensgefährte des Opfers, ein 37-jähriger Deutscher.

[417]

CHRONIK

Mann wählt fast 100-mal den Notruf

Fast 100-mal hat ein 41-jähriger Rumäne aus dem Bezirk Rohrbach in nur einer Nacht den Notruf angerufen, ohne dass über' Notfall vorlag. Der alkoholisierte konnte nur einen Freund am Hanc erreichen und wollte das nicht ak

[418]

so deppert streiten müssen mein lieber

CHRONIK

Familienstreit ließ Indoor-Plantage auffliegen

Ein Streit zwischen Vater und Sohn in Pischelsdorf am Kulm in der Südoststeiermark hat Dienstagabend die Polizei auf den Plan gerufen. Schnell fand sich der Streit-Auslöser: eine professionelle Hanfplantage.

Online seit heute, 15.45 Uhr Teilen

Ein 26-Jähriger Südoststeirer hatte die Hanfplantage im Haus seines Vaters angelegt. Als der 51-Jährige, wie er selbst aussagte, ein „seltsames Zelt" im Gästezimmer entdeckte und sich

Sohn und ich dass dann die Kiwara nicht Hawara kommen sie uns drauf dass wir einiges an Hanf anbauen ja schon einiges [419] ist immer zu sagen und in der Familie noch viel mehr und es ist ja schon

[419]

Dezember in der Weihnachtszeit das ist die Hochzeit von Feindseligkeit wie Aggression wie Streit Krieg und Tod denn das ist ja die Ankunft von Jesus Christ Superstar und das macht was mit den Leuten ja sicher und weil ich mit meiner Familie schon wieder so heftig streiten muss kommt Kiwara nicht Hawara und findet Kalaschnikow deppert gelaufen [420] weil auch vieles einfach so deppert laufen muss und ich greif den Kiwara nicht Hawara mit meinem Messer an und da zieht der die Puffen und schießt also er gibt einen Schuss ab und das ist schon besonders oder nicht und man macht das als Schlagzeile denn nicht dass ich den Kiwara angreife ist besonders sondern

[420]

(Steiermark) zu fünfeinhalb Jahren Haft verurteilt. Zwar zeigte sich der Mann im Prozess geständig, behauptete aber, „Signale" von den Mädchen und jungen Frauen erhalten zu haben. Anstatt die dabei transportierte Vorstellung, die Opfer ‚hätten es gewollt', ‚ihn verführt' oder ‚angemacht', zu problematisieren, setzt orf.at falsche Signale, indem von betroffenen Frauen die Rede ist, obgleich es sich bei den Opfern um Minderjährige gehandelt hat.

[417] Auch Ende 2020 titelt orf.at im Fall eines weiteren Femizids auf verharmlosende Weise mit „Beziehungstat: Frau getötet". Der 37-jährige Lebensgefährte des Opfers hatte die Frau Ende November in Bregenz (Vorarlberg) am Kopf so schwer verletzt, dass sie kurze Zeit darauf an den Folgen der Gewalteinwirkung verstarb. Offensichtlich war für die Polizei wie auch für orf.at, dass die Frau „mit ihrem Lebensgefährten in Streit geraten war", im Zuge dessen er ihr die Verletzungen zugefügt hatte.

[418] Stalking der besonderen Art betrieb ein alkoholisierter 41-Jähriger, der

ORF.at News

ORT CHRONIK GESUNI

Bei Einsatz wegen Familienstreits Kalaschnikow sichergestellt

Online seit heute, 8.15 Uhr

Beim einem Einsatz wegen eines Familienstreits in Heiligenkreuz am Waasen (Steiermark) hat die Polizei gestern Waffen - darunter eine Kalaschnikow - und Suchtgift sichergestellt.

[421]

T CHRONIK

Schussabgabe wegen Messerangriff

Im Zuge einer Amtshandlung der Polizei ist es am Freitagnachmittag in Innsbruck zu einer Schussabgabe gekommen. Der Mann war mit einem Messer auf einen Polizisten losgegangen, daraufhin schoss ein Beamter auf den Mann und ve

21:15

ORF.at News

ORT CHRONIK KULT

Steiermark: Sohn verletzte Vater mit Eisenrohr schwer

Online seit heute, 16.15 Uhr

In Ragnitz im Bezirk Leibnitz (Steiermark) ist gestern ein Streit zwischen Vater und Sohn eskaliert. Der 35-jährige Sohn attackierte seinen 71-jährigen Vater mit einem Eisenrohr und verletzte ihn schwer.

ORF.at News

ORT CHRONIK KULT

Drogendeal im Darknet aufgeflogen

Online seit heute, 17.41 Uhr

Einen Onlinedrogendeal haben Polizisten aus Deutschland und Österreich in der Landeshauptstadt Salzburg auffliegen lassen. Ein 26-Jähriger hatte sich im Juli über das Darknet ein Kilo Amphetamin bestellt. Die Zollfahndung in Köln wurde auf das Paket aufmerksam.

dass der einen Schuss abgibt ist die Essenz der Geschichte nicht wahr du stimmst dem doch zu oder findest du da was komisch daran dann mach endlich auf dein Goscherl [421] in sein solches Goscherl hau ich meinem Stammhalter sprich Vater sprich Erzeuger spricht der dann nicht mehr so mit diesem Eisenrohr den herwasche und in die Marille schlag damit dass es schirch ausschaut hernach [422] checke ich mir ein Kilo Amphetamin im Darknet und das lassen sie mir nicht gelten [423] und festnehmen tun sie uns auch im Zusammenhang mit dem Anschlag sie nennen es Terror wir nennen es Gerechtigkeit die liegt auch in DNA-Resten [424] in einem Bach liegt mein Auto das tut mir weh in den Augen und in allem glaube ich doch an die Macht des PKWs und dass ich schneller und besser fahren kann als ein Kiwara nicht Hawara [425] und will ich mich an dieser Dreizehnjährigen vergehen an der Bushaltestelle bin übergriffig nun sie tritt mich gegen das Bein und schubst mich weg und sie suchen mich jetzt [426] und dieses verdammte Scheißjahr dieses Scheißenjahr dieses hingeschissene Scheißdrecksjahr mit mir Scheißherbert der einzig zum Scheißen nicht einmal sogar dazu zu deppert zum Scheißen einfach zu

im Bezirk
Rohrbach [422]
(Oberösterreich)
ca. 100
Mal den
polizeilichen Notruf wählte,
weil er
einen
Freund
nicht

[423] erreichen
konnte.

[419] Wenn sich zwei streiten, freut sich nicht selten eine dritte Partei, wie in diesem Fall die Polizei, die im Zuge der Schlichtung eines Streits zwischen einem Vater und dessen Sohn in Pischelsdorf am Kulm (Steiermark) eine professionelle Hanfplantage entdeckte.

[420] In Heiligenkreuz am Waasen (Bezirk Leibnitz) stellte die Polizei im Zuge der Schlichtung eines angeblichen Familienstreits ein Sturmgewehr AK47 (Kalaschnikow), zwei Magazine, drei Faustfeuerwaffen und eine Langwaffe sicher und entdeckte in einem Kellerraum außerdem eine Indoor-Cannabis-Plantage sowie rund 100 Gramm Marihuana.

CHRONIK

Nach Anschlag: Zwei Männer festgenommen

Nach dem Terroranschlag in Wien vom 2. November sind am Freitag zwei Personen in Wien festgenommen worden, die im Zusammenhang mit dem Attentat stehen dürften. Auf den Tatwaffen wurden DNA-Spuren eines der Männer gefunden.

Online seit heute, 9.09 Uhr (Update: 9.23 Uhr) Teilen

Die DNA-Spuren stammen von einem 26-jährigen Österreicher mit afghanischen Wurzeln. Laut „Kronen Zeitung" soll eine der Festnahmen durch die Spezialeinheit Cobra durchgeführt worden sein. Zu den beiden Festnahmen kam es am Freitag, hieß es am Sonntag seitens der Staatsanwaltschaft Wien.

Bei dem zweiten festgenommen Mann handelt es sich um einen 30-Jährigen, der „im Zuge der Ermittlungen als Verdächtiger ausgeforscht wurde", sagte eine Sprecherin der Staatsanwaltschaft gegenüber Radio Wien.

[424]

deppert dieser verschissene hingeschissene Herbert mit seinem Drecksficksjahresmistdreck ist noch immer nicht um und ich halte es echt langsam nicht und nicht mehr aus und wie ich mich heute ansaufen werde oh da werden die Leute schauen wenn ich erst fertig bin mit mir Herbert und das verfickte Jahr fertig wo sie jetzt tüfteln wie wir in Haft gehen als Terrorbeteiligte nein Gerechtigkeitsbeteiligte so tüftelt da auch eine andere Hand an ihren Tasten die sind schwarz und es wird schon ganz schwarz in deren Angesicht vor lauter Blödheit wie diese Herbertfigur sie tut nur ist das halt eine Figur wie sie ist in realo in realo in realo in realo in realo ja das ist keine Geschichte die sich diese Textimmohur für euch ausdenkt nein ich Herbert bin

[421] Nachdem ein Mann mit einem Messer auf einen Polizisten losgegangen war, schoss der Beamte auf den Mann und verletzte ihn dabei schwer. Es stellt sich die Frage, warum scharfe Munition angewendet wurde und ob nicht die Anwendung anderer Mittel ebenfalls ihren Zweck erfüllt hätten.

[422] Zu einer weiteren brutalen Auseinandersetzung zwischen einem Vater und seinem Sohn ist es in Ragnitz (Bezirk Leibnitz) gekommen, bei der der 35-jährige Sohn seinen 71-jährigen Vater mit einem Eisenrohr attackierte und ihn dadurch schwer verletzte.

[423] In Salzburg wurde ein 26-Jähriger bei einem Online-Drogendeal erwischt. Er hatte sich über das sogenannte Darknet ein Kilo Amphetamin bestellt.

[424] Im Nachgang des Terroranschlags in Wien wurden zwei Personen verhaftet, deren DNA sich auf den Tatwaffen befand.

[425] In einem Bach landete ein

ORF.at News

CHRONIK GESUND

Verfolgungsjagd: Auto landete in Bach

Online seit heute, 18.06 Uhr

Ein 22-Jähriger hat in der Stadt Salzburg versucht, mit seinem Auto der Polizei zu entkommen. Nach der Verfolgungsjagd landete der Pkw in einem Bach.

[425]

ORF.at News

IT CHRONIK GESUND

Innsbruck: Übergriff auf 13-Jährige

Online seit heute, 16.39 Uhr

An einer Bushaltestelle in der Hallerstraße in Innsbruck ist ein 13-jähriges Mädchen von einem unbekannten Mann angegriffen worden. Der Vorfall ereignete sich bereits am 15. Dezember. Heute veröffentlichte die Polizei einen Zeugenaufruf.

[426]

die Wirklichkeit und bin dein Mann dein Exmann dein Bruder dein Vater dein Nachbar dein Freund dein Kollege der Hawara kein Kiwara und der Kiwara kein Hawara auch und ich bin vor dir und hinter dir an der Kassa im Supermarkt und ich bin so ziemlich überall und jeder und selbst du bist Herbert du Missgeburt die du das hier liest und siehst vor deinen ungläubigen Augen ja du ebenso du Herbert du ich weiß es genau denn ich bin ja der Herbert und wer könnte es sonst besser wissen als ich mein Schatz ich hab dich schon und erwischen brauch ich dich gar nicht denn ich hab dich längst und du liegst in meinen Armen und du hältst mich ebenso fest hier mit deinen Händen hältst du den Text und ich freue mich mit dir zu sein ja ein herzliches Grüß Gott an dich und Aufwiedersehen ist bald denn diese Sache geht dem Ende zu[427] hey lustig ich bin der Stefan ich bin Stefan Petzner und was ich sage das gilt und ich sage was ich will ja gut ich auch du Dreckswürstel du weiches und langes Würstel du von denen wir an jedem Würstelstandel leuchtendere haben sie also deine Rede verurteilt nun ja das kann dir passieren[428] dass du dich gegen Kiwara nicht Hawara wenden musst mit deinem Messer[429] ich Sonderfall von Kiwara nicht Hawara nämlich ein Arzten von solchen auch noch also eine Doppelung von Perversität auf diesem Erdball gibt es so etwas vermutlich kein zweites Mal so einen Berufesstand werde nun endlich meiner gerechten Strafe zugeführt in der Frauverprügeln-Angelegenheit[430] ja ich bin ein Nazi ein sogenannter neuer

W CHRONIK

Haftstrafe für möglichen Beteiligten an Anschlag

Einer der möglichen Tatbeteiligten am Terroranschlag vom 2. November ist heute am Landesgericht wegen terroristischer Vereinigung und krimineller Organisation zu zwei Jahren Haft verurteilt worden – teilbedingt.

Online seit heute, 13.06 Uhr

Sechs Monate wurden unbedingt ausgesprochen, 18 Monate bekam der 18-Jährige unter Setzung einer dreijährig Probezeit auf Bewährung nachgesehe

[427]

22-jähriger Autofahrer, der in Salzburg versucht hatte, einer Polizeikontrolle zu entkommen.

[426] In Innsbruck wurde eine 13-Jährige von einem unbekannten Mann bei einer Bushaltestelle angegriffen. Das Mädchen wehrte sich, indem sie dem Täter einen Fußtritt verpasste und ihn schubste.

[427] Ein Mann, der den Attentäter des Terroranschlags in Wien in jungen

„Schlitzaugen-Virus“: Stefan Petzner verurteilt

Online seit heute, 12.44 Uhr

Der ehemalige BZÖ-Politiker und nunmehrige Buchautor und PR-Berater Stefan Petzner ist heute am Wiener Landesgericht für Strafsachen wegen Verhetzung verurteilt worden. Er hatte Ende Mai in Zusammenhang mit der CoV-Pandemie von einem „Schlitzaugen-Virus“ gesprochen.

[428]

Messerattacke auf Polizisten im Waldviertel

Online seit heute, 13.23 Uhr

In Eggern im niederösterreichischen Waldviertel sind heute zwei Polizisten Opfer einer Messerattacke geworden. Ein Beamter wurde durch mehrere Stiche schwer verletzt, sein Kollege einmal gestochen, teilte die Landespolizeidirektion Niederösterreich mit. Den Beamten gelang es, trotz ihrer Verletzungen den 45-jährigen Angreifer zu überwältigen und festzunehmen.

ORF.at News

ORT CHRONIK GESUND

Frau in Bar verprügelt: Polizeiarzt angeklagt

Online seit heute, 14.22 Uhr

Ein burgenländischer Polizeiarzt muss sich vor Gericht verantworten, weil er im Oktober in einer Bar im Bezirk Baden (Niederösterreich) eine 32-jährige Frau

[430]

Jahren mit IS-Propagandamaterial versorgt hatte, wurde wegen Bildung einer terroristischen Vereinigung und krimineller Organisation zu zwei Jahren Haft verurteilt.

[428] Ein weiterer Fall von Rassismus wurde auf der orf.at Startpage zwar thematisiert, aber nicht explizit als rassistisch benannt. Als der ehemalige BZÖ-Politiker Stefan Petzner vom Landesgericht für Strafsachen wegen Verhetzung verurteilt wurde, weil er Covid-19 als „Schlitzaugen-Virus" bezeichnet hatte, kommt es im Beitrag zu keinen Erläuterungen zu antichinesischem oder antiasiatischem Rassismus.

[429] Im Zuge eines Einsatzes wegen Lärmerregung in Eggern (Bezirk Gmünd) attackierte ein 45-Jähriger zwei Polizisten mit einem Messer, wobei er einen schwer, jedoch nicht lebensgefährlich verletzte.

[430] Die Landespolizeidirektion Burgenland

ORF.at News

NÖ CHRONIK

Neonazi lagerte Sprengstoff im Keller

Im Zuge der Ermittlungen um ein rechtsextremes Netzwerk haben am Dienstagabend in Niederösterreich zwei Hausdurchsuchungen stattgefunden. Dabei stießen die Ermittler in einem Kellerabteil auf zwei Kilogramm TNT, Munition und vollautomatische Waffen.

Online seit heute, 15.39 Uhr

Die Sprecherin der zuständigen Staatsanwaltschaft Wien, Nina Bussek, bestätigte der APA einen entsprechenden Bericht der Tageszeitung „Kurier". Eine Hausdurchsuchung betraf einen Wohnsitz des Hauptverdächtigen im Industrieviertel - der 53-Jährige gilt als einer der prominentesten heimischen Neonazis, der schon in den 1990er Jahren bei den Briefbomben-Ermittlungen in den Fokus der Behörden geraten war.

Nazi ein ganz
[429] neuer halt eh
nicht denn das geht ja nicht in der Anlage der Natur von der Anlage der Natur her unmöglich in diesen Scheißhaufen von Denke noch irgendwas Neues reinzubringen ich Herbert du Herbert alle Herbert wir sind Herbert und lagern die Stoffe zu sprengen die Menschheit in unserem Keller drin und unten und oben haben wir auch genug mit dem wir sprengen[431] nun gut go further jetzt zammreißen auf den letzten Metern weiter und weiter gehts wir Herbert-Brüder streiten und stechen uns ein bisschen an mit den Messern den unseren Messern das ist

[431]

ORT CHRONIK KULT

Streit unter Brüdern endete mit Messerstich

Online seit heute, 9.47 Uhr

Ein 48-Jähriger hat gestern in Kirchschlag (Bezirk Urfahr-Umgebung) im Streit seinen 50-jährigen Bruder mit einem Küchenmesser attackiert und in den Rücken gestochen.

[432]

[433]

CHRONIK

Streit um Playstation 5 eskalierte

Der Privatverkauf einer Spielkonsole ist in der Nacht auf den Heiligen Abend in Wien-Landstraße eskaliert. Eine 43-Jährige und ein 16-Jähriger wollten von einem 35-Jährigen eine Playstation 5 erwerben.

Online seit heute, 14.09 Uhr Teilen

Der Deal war über eine Online-Plattform eingefädelt worden. Der Verkäufer konnte laut Polizeisprecher Christopher Verhnjak aber keine Rechnung vorweisen, deshalb kam es zum Streit. Der 35-Jährige zog ein Messer und bedrohte die Kunden mit dem

[434]

CHRONIK

2.700 gestohlene Rasierklingen sichergestellt

Ein Streit zwischen zwei mutmaßlichen Seriendieben ist in der Nacht auf den Heiligen Abend in der Brigittenau eskaliert. Dabei erlitt einer der Männer Schnittverletzungen. Die Polizei stellte bei dem Einsatz 2.700 offenbar gestohlene Rasierklingen sicher.

Online seit heute, 9.59 Uhr Teilen

Gegen Mitternacht wurde die Polizei von einem Nachbar alarmiert. Der Hausbewohner gab an, dass es einen lautstarken Streit zwischen zwei Männern gegeben hatte und einer blutend durch das Stiegenhaus gelaufen ist. Die Blutspuren im Stiegenhaus führten die Beamten direkt zu einer Wohnungstüre.

12:02

ORF.at News

DIEN CHRONIK RELIG

Messerattacke auf Ehefrau knapp vereitelt

Online seit heute, 10.50 Uhr

In der Stadt Salzburg hat ein 25-Jähriger gestern versucht, seine 22-jährige Ehefrau mit einem Messer zu attackieren. Familienmitgliedern, die zu diesem Zeitpunkt ebenfalls anwesend waren, gelang es, den Angreifer auf dem Balkon auszusperren.

ein Streit mit Messerstich yes [432] dann gehts um eine Playstation um die streiten wir Herberts uns auch so richtig dass es nicht mehr ganz normal ist aber was ist schon normal unter Herberten [433] flauche ich die Rasierklingen en masse und ui jetzt werden die mir abgenommen [434] ja was soll ich sagen ich gehe auf meine Frau los mit dem Messer geht es besser [435] dann wird diese Frau sie ist ein Kiwara nicht Hawara schwer verletzt von mir [436] und bewaffnet bin ich mit meiner Bande mit meiner Crew den vielen Herberten all wir Herberten und das bringt dann viele Kiwara nicht Hawara heraus aus ihren Nestern zu uns und das ist ein Einsatz der ist groß oh ein sehr großer Einsatz nenn es Großeinsatz bitte korrekt [437] ja ich streite mich wieder mit meiner Familie und wieder ist es ein Messer in meiner Hand und wieder wende ich mich gegen meine Bande gegen mein innerstes Rudel ja was ist denn da los muss man einmal

CHRONIK

Polizistin bei Einsatz schwer verletzt

In Steyr ist eine Polizistin, die zu einer Schlägerei auf offener Straße gerufen worden war, schwer verletzt worden. Denn die Polizistin wurde plötzlich zur Zielscheibe für die Aggressionen eines stark betrunkenen Mannes. Er attackierte sie und brach ihr dabei einen Finger.

Online seit heute, 8.26 Uhr (Update: 12.03 Uhr) Teilen

Die Polizei wurde in der Nacht zum Christtag über Notruf zu einer Schlägerei in

entschied doch schon vor
Prozessbeginn, das Dienst- [435]
verhältnis mit jenem Polizeiarzt zu beenden, der eine 32-jährige Frau in einer Bar im Bezirk Baden verprügelt und ihre Begleiterin niedergestoßen hatte (siehe Fußnote 326 und 353).

[431] In Niederösterreich fanden zwei weitere Hausdurchsuchungen im Zuge der Ermittlungen gegen ein rechtsextremes Netzwerk statt, bei denen zwei Kilogramm TNT, Handgranaten, Anti-Personen-Minen, Munition und mehrere vollautomatische Waffen in einem Kellerabteil sichergestellt wurden.

[432] Mit einem Küchenmesser ging ein 48-Jähriger in Kirchschlag (Bezirk Urfahr-Umgebung) auf seinen 50-jährigen Bruder los und verletzte ihn dabei am Rücken.

[433] Weil eine 43-Jährige und ein 16-Jähriger im Zuge eines Privatverkaufs einer Playstation 5 eine Rechnung sehen wollten, ging der Verkäufer mit einem Messer auf die beiden los und drohte ihnen, sie umzubringen.

[434] In Brigittenau (Wien) gerieten zwei Männer in einen Streit, bei dem einer mit mehreren

[436]

[437]

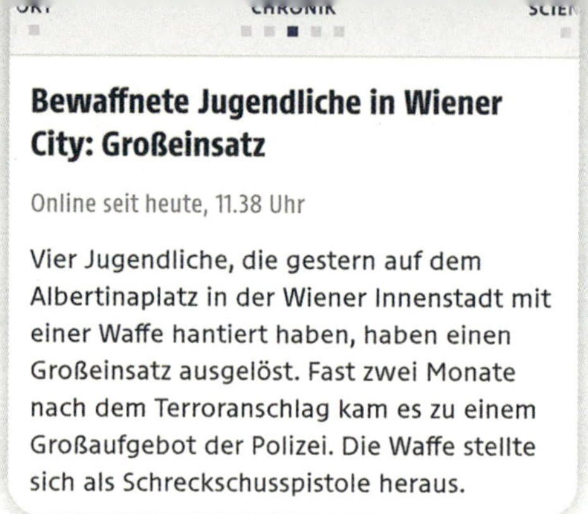

Bewaffnete Jugendliche in Wiener City: Großeinsatz

Online seit heute, 11.38 Uhr

Vier Jugendliche, die gestern auf dem Albertinaplatz in der Wiener Innenstadt mit einer Waffe hantiert haben, haben einen Großeinsatz ausgelöst. Fast zwei Monate nach dem Terroranschlag kam es zu einem Großaufgebot der Polizei. Die Waffe stellte sich als Schreckschusspistole heraus.

echt fragen immer Messer und immer streiten und immer ich Herbert mit dem Messer in der Hand und das endet ja doch nie anders[438] ist es nicht auszuhalten im Schädel was ich tue töten meine beiden Kinder meine Töchter sind neun Monate und zwei Jahre alt die erwürge und ersticke ich nehme ihnen das Leben die Luft zu leben ja das braucht der Mensch braucht Luft zum Leben die sei ihnen genommen durch mich und von mir Herbert sag an wer lebt und wer nicht[439] und was du nicht zusammenkriegst im Schädel kriege ich sehr wohl zusammen und mache, dass es ist und mache, dass meine Frau nicht mehr ist und dass danach selbst ich nicht mehr töte uns zusammen[440] sind wir eine schöne Truppe mit Baseballschlägern und

Streit endete mit Messerattacke

Online seit heute, 13.25 Uhr

In Hirm (Burgenland) ist am Freitag ein Streit außer Kontrolle geraten. Ein Mann wurde bei einer Messerattacke verletzt.

[438]

T CHRONIK

Zwei Kinder getötet, Vater tatverdächtig

In der Ötztaler Gemeinde Längenfeld (Bezirk Imst) sind Montagnachmittag zwei kleine Mädchen getötet worden. Der Vater der Kinder steht unter Tatverdacht. Die Kriminalpolizei ermittelt derzeit. Noch ist unklar, was genau passiert ist.

[439]

Messerstichen verletzt wurde. Im Zuge des Einsatzes fand die Polizei 2.700 original verpackte und vermutlich gestohlene Rasierklingen.

[435] In Salzburg versuchte ein 25-Jähriger mit einem Messer auf seine 22-jährige Ehefrau loszugehen, wurde jedoch von anderen Familienmitgliedern auf dem Balkon ausgesperrt und somit daran gehindert.

[436] Im Zuge einer Amtshandlung verletzte ein stark betrunkener Mann eine Polizistin in Steyr (Oberösterreich), indem er sie angriff und ihr einen Finger brach.

[437] Eine Anzeige wegen des Verdachts der gefährlichen Drohung und Verstoßes gegen die Covid-19-Notmaßnahmenverordnung erhielten vier Jugendliche, die in Wien mit einer Schreckschusspistole repetierten und so einen Großeinsatz der Polizei auslösten.

[438] Von einem ‚Familienstreit' in Hirm (Bezirk Mattersburg), der ‚aus dem Ruder gelaufen' war, berichtet orf.at auch in Bezug auf zwei Männer, die sich bei einer Messerstecherei verletzten.

[439] In Längenfeld (Tirol) tötete ein 28-jähriger Vater seine zwei Töchter im Alter von neun Monaten und zwei Jahren, indem er sie erstickte und erwürgte. Als Motiv nannte er berufliche

← ORF.at News

NDHEIT CHRONIK KULT

Totes Ehepaar in Oberösterreich gefunden

Online seit heute, 8.31 Uhr

In Steinbach an der Steyr im Bezirk Kirchdorf (Oberösterreich) ist ein betagtes Ehepaar tot in seinem Haus gefunden worden. Laut ersten Informationen wiesen beide Schussverletzungen auf.

Pfeffersprays haben wir auch ja klar warum denn auch nicht legen wir die Schläger über die Schultern von uns Herberten und gehen dahin und rauben dich jetzt aus und wenn du uns nix gibst ziehen [440] wir die kleinen Sprays aus den Taschen aus unseren schicken kleinen Handtaschen da Gucci Moschino oder Prada leiwand raus egal wie viele wir egal wie viele du bist und was du kannst und was du hast das ist so ich bitte dich, gib doch einfach alles her und stell dich nicht so deppert an dann gibts auch keine Probleme das muss doch nicht mit Schmerzen enden sondern kann ganz friedlich und freundlich zu einem Schluss finden final rück doch raus was du hast und sei nicht immer so widerspenstig du Koffer du das ist doch nicht so schwer oder warum musst du immer Probleme machen und siehst nicht dass es gar nicht anders geht nur wegen dir ist die Gewalt da müsste sie ja nicht sein mein lieber Schwan hast du in diesem Jahr echt nichts gelernt oder was ist das hier eine schöne Ansage an diesem Silvesterabend und das kannst dir gleich als Neujahrsvorsatz nehmen nämlich dass du endlich dich drehst und dein Denken anders machst und endlich checkst, dass du das bist, was geändert werden muss, denn mich Herbert änderst du fix nicht oh nein nicht in tausend Jahren findet hier Änderung statt Bussi baba der Hauswand so gleicher Hirntod.

[441]

und private Überforderung, die, wie bereits in Fußnote 220 ausgeführt wurde, in engem Zusammenhang mit hegemonialen patriarchalen Geschlechterbildern steht.

[440] Zu einem Suizid-Femizid kam es in Steinbach an der Steyr (Oberösterreich), wo ein älteres Ehepaar mit tödlichen Schussverletzungen in ihrem Haus aufgefunden wurden. Obgleich ein Abschiedsbrief entdeckt wurde, ist, wie bereits in Fußnote 138 beschrieben, die Freiwilligkeit entsprechender Taten durchaus in Frage zu stellen, zumal davon ausgegangen werden kann, dass der 83-jährige Mann zuerst seine Frau tötete und im Anschluss Suizid beging.

[441] In Salzburg versuchte eine Gruppe von rund 15 unbekannten Personen, mehrere Männer mit Baseballschlägern und Pfeffersprays zu überfallen und auszurauben.

← ORF.at News

ORT CHRONIK SCIEN

Versuchter Raub mit Baseballschläger und Pfefferspray

Online seit heute, 12.24 Uhr

Im Salzburger Stadtteil Lehen hat in der Nacht auf heute eine Gruppe von zehn bis 15 unbekannten Personen versucht, vier Männer im Alter von 18 bis 20 Jahren mit Baseballschlägern und Pfeffersprays auszurauben. Die mutmaßlichen Täter konnten flüchten.

Mehr dazu in **salzburg.ORF.at**

HELPLINE 0800 222 555
ALPEN
adidas

Judith Goetz ist Literatur- und Politikwissenschaftlerin, Gender-Forscherin und setzt sich u. a. mit politischer Bildung und Bekämpfung von Rechtsextremismus auseinander. Für „Du Herbert" hat sie den literarischen Text mit erklärenden Kommentaren zu den Taten ergänzt.

Lydia Haider hat Germanistik und Philosophie studiert. Sie lebt in Wien und Berlin als freie Schriftstellerin. Eine Stimme der österreichischen Literatur, die ihresgleichen sucht. Für „Du Herbert" hat sie den literarischen Text verfasst.

Marina Weitgasser lebt in Wien und arbeitet im Bereich Projektmanagement. Für „Du Herbert" hat sie ein Jahr lang Screenshots männlicher Gewalttaten auf der Startseite von orf.at gesammelt und diese im Text platziert.

Impressum

Stadt Wien Kultur

Gefördert von der Stadt Wien Kultur.

Auflage:
4 3 2 1
2026 2025 2024 2023

HAYMON verlag

Innsbruck-Wien
www.haymonverlag.at

ISBN 978-3-7099-8146-7

Lektorat: Haymon Verlag / Katharina Schaller
Projektleitung: Haymon Verlag / Katharina Schaller; Sarah Wegscheider
Umschlaggestaltung, Buchinnengestaltung, Vor- und Nachsatz: actu&tactu, Aileen Dietrich & Carlotta Weiser, www.actu-tactu.de
Gemälde auf Buchcover: Sophia Süßmilch, www.sophiasuessmilch.com
Autorinnenfotografien: Apollonia Theresa Bitzan, www.apolloniabitzan.com
Schriften: Euripides von Tanvi Sharma und Softie von Bianca Seidel

FSC® www.fsc.org
MIX
Papier aus verantwortungsvollen Quellen
FSC® C014138